기독교 문학과 삽화의 토착화

- 『천로역정』(*The Pilgrim's Progress*)에서 『만사성취』로 -

기독교 문학과 삽화의 토착화

-『천로역정』(*The Pilgrim's Progress*)에서『만사성취』로 -

박정세 지음

연세대학교 대학출판문화원

A Contextualization of Christian Literature and Illustration

- from Bunyan's *The Pilgrim's Pregress* to Gil's *Mansaseongchwi* -

ChungSe Park

YONSEI UNIVERSITY PRESS

기독교 문학과 삽화의 토착화

- 『천로역정』(*The Pilgrim's Progress*)에서 『만사성취』로 -

지 은 이　박 정 세
펴 낸 곳　연세대학교 대학출판문화원
주　　소　서울특별시 서대문구 연세로 50
전　　화　02) 2123-3380~2
팩　　스　02) 2123-8673
홈페이지　http://www.yonsei.ac.kr/press
E-mail　ysup@yonsei.ac.kr
인　　쇄　(주)일흥피앤피

2013년 11월 12일 1판 1쇄
ISBN 978-89-6850-053-4 (93230)

값 18,000 원

머리말

이 책은 조선의 한 젊은이가 '어느 한 외국 사람이 죄 짐을 벗고 구원에 이르는 과정'을 읽고, 나라 잃은 슬픔 가운데서 '자신의 동포 모두를 구원에 이르게 하려는 대망으로 엮어낸' 한 저서에 대한 감동에서 시작되었다. 이는 또한 정신적으로나 정치적으로 피폐해 있던 구한 말, 개신교 선교사를 통해 전달된 기독교가 이 땅에 살던 사람들에게 과연 어떻게 그 고난을 감내하게 하며 용기와 희망이 되었는가를 자명하게 보여주는 한 역사적 사실을 대변하고 있다. 아울러 이러한 과정이야말로 기독교 복음의 토착화에 진귀한 한 모델이라 하겠다.

지난 2008년 필자가 『기독교 미술의 원형과 토착화』를 출판한 후에 점차 시간이 지나면서, 그렇다면 우리나라의 기독교 미술은 어떻게 시작 되고 발전되었을지를 생각하게 되었다. 마침 숭실대학교에 갈 일이 생겨 교내에 있는 〈기독교 박물관〉을 찾아갔는데 『텬로력뎡』의 삽화가 눈에 띄었다. 그리고 『기독교박물관 소장품 목록 및 해설집』을 살피던 중 선교사 게일이 번역한 『텬로력뎡』이 우리나라에서 최초로 직접 삽화를 넣은 책이라는 것을 알게 되었다. 물론 이보다 앞서 구약과 신약성서에 기반한 『성서도설』이 최초로 번역되면서 삽화가 들어가기는 했지만 이는 서양 원판의 삽화를 그대로 넣은 것 이었다.

관련된 논문들을 찾아 읽기 시작하는 가운데, 내가 참석하고 있던 〈성화감상회〉 월례모임에서 김준근의 풍속화와 『텬로력뎡』삽화와의 관계에 관한 발표를 들으면서, 『텬로력뎡』의 삽화 가운데 '은혜의 기름'에 나오는 갓 쓴 분이 한국 최초의 '한국인 예수'일 수 있다는 것을 파악하게 되었고, 영국의 저본 삽화를 확인하는 과정을 걸친 후, "한국인이 그린 최고(最古)의 '갓 쓴 예수' 그림 발견, 운보 김기창의 갓 쓴 예수 보다 55년 빨라"라는 제목으로 〈국민일보〉에 기사(2010. 12. 24)를 제공하기도 하였다.

그 후『텬로력뎡』의 번역의 특징과 최초의 선녀와 선인 모습의 천사, 그리고 최초의 신선계 천국 등을 토착화의 관점에서 살피는 가운데 "게일(J. Gale)의『텬로력뎡』과 김준근의 풍속화"를 논문으로 발표(2010)하였다. 그런데 이 논문을 준비하는 과정에서 한국 개신교 초창기 '평양대부흥운동'을 이끌었던 길선주 목사가 청년시절에 바로 이 책『텬로력뎡』을 읽게 된 것이 그가 기독교인이 된 중요한 계기 중 하나라는 사실을 알게 되었다. 그가 이 책으로부터 받은 감명은 신학생 시절에『해타론』이라는 전도문서로 발간하게 하였으며 한일합방이 되자 그는 이를 대대적으로 개정증보 하여 민족 구원을 대망하는『만사성취』로 출판했던 것이다. 이에 필자는『만사성취』에 관심을 가지고 이를 살폈고 이 책이야말로 '한국판『천로역정』'이라는 것을 알게 되어 "길선주의『만사성취』및 삽화 고찰"이라는 논문을 발표(2012)하였다.

필자는 이러한 과정을 거치며 이 책의 변천과정이야말로 서양의 한 기독교 문학과 삽화가 피선교국에서 토착화되는 한 귀감이 될 수 있다는 생각을 갖게 되었다. 이 때 한 미술사 관련 학회지에서 논문게재 요청이 왔기에 영국의『천로역정』의 삽화에 관해 검토하게 되었는데 마침 미국의『천로역정』삽화에 관한 논문도 발견하게 되어, 이를 엮어 "번연의『천로역정』삽화와 그 변천"으로 발표(2012)하였다. 이런 과정을 거치며 다시 번연의 생애와『천로역정』의 본문 내용에 관해서 추가로 살피고 그동안 발표하였던 논문들의 자료를 보강하여 책으로 출판하게 되었다.

이 책의 내용을 전반적으로 살펴 볼 때, 그 내용이 여러 분야에 산만하게 걸쳐 있기에 미비한 점이 많아 출판을 망설이기도 하였다. 특히 번연과『천로역정』원작 자체에 대한 기존의 방대한 연구가 있음에도 불구하고 이를 최소한으로 정리한 것이 마음에 걸렸다. 그러나 이러한 부분에 관하여 전반적으로 정리하려면 상당한 시간이 필요한 반면 필자의 관심사는 기독교문학과 삽화가 그 시대에 어떻게 토착화 하였는가를 제시하는 것이기에, 그리고 우리나라에서는 아직 이 분야에 관한 연구가 없는 점을 감안하여 후학들에게 자료를 제공한다는 마음으로 용기를 내었다. 연세대를 정년퇴임하기 전에 마치려하였으나 영국의 저본과 중국 광동어역, 그리고 일본의 화이트역의 본문과 삽화를 확인하는 작업으로 인해 한 학기가 늦어지게 되었다.

끝으로 이 책을 기꺼이 출판하기로 결정하고 여러모로 수고해주신 연세대 출판문화원 임직원들과 삽화와 관련하여 조언을 해준 박효은 선생(홍익대강사, 미술사), 국내외의 다양한 자료를 찾아준 연세학술정보원의 김명주 선생과 조지영(일본 동지사대 박사과정) 양, 그리고 『만사성취』 영인본 전체를 부록에 넣을 수 있도록 이미지 사용을 허락해주신 김재현 원장(한국고등신학연구원, KAITS)께 감사드린다.

2013. 2.

목 차

기독교 문학과 삽화의 토착화

-『천로역정』(*The Pilgrims' Progress*)에서 『만사성취』로 -

I 『천로역정』(*The Pilgrim's Progress*)

II 『텬로력뎡』

Ⅲ 『만사성취』

Ⅳ 토착화 과정과 그 특성

I

『천로역정』

(*The Pilgrim's Progress*)

I

『천로역정』(*The Pilgrim's Progress*)

1. 존 번연

존 번연(John Bunyan, 1628-1688)은 1628년 11월 영국 베드포드주(Bedfordshire)의 한 작은 마을 엘스토(Elstow)에서 태어났다. 원래 이 지역사람들은 예로부터 독립심이 강한 기질을 가진 것으로 알려져 있는데 특별히 이 주의 북쪽 지역 사람들 중에는 강직한 청교도들이 많아 그 중에서 신앙의 자유를 찾아 미국 뉴 잉글랜드에 정착한 개척적인 청교도(Pilgrim's Fathers) 들이 많이 나왔다. 번연의 선조는 정복자 윌리엄(William the Conqueror)이 영국을 정복한 후 영국으로 건너온 노먼 귀족의 가신으로 베드포드주에 정착하여 번영된 생활을 누렸으나 존의 조부 대에 와서 몰락하기 시작했고,[1] 존의 부친은 땜질을 업으로 삼았다.

번연의 어린 시절은 경제적으로 곤궁하지는 않았고 그의 아버지는 아들에게 초등교육(Grammar School)을 시킬 수 있는 능력과 식견이 있었던 듯 하다.[2] 번연이 받은 정식 교육은 이것이 전부로 번연은 그의 자서전에서 이 학교에서 읽고 쓰는 정도를 배웠다고 하였다. 그는 태어날 때부터 이상할 정도로 예민한 감수성을 지녔고 풍부한 상상력을 가지고 있었다. 이러한 성격에 더하여, 그 지역의 강열한 종교적 분위기에 영향을 받아 그는 다양한 신앙적 공포감도 갖게 되었고 악

---

1) 존 번연/황찬호 역, 『천로역정 정편』(서울대학교 출판부, 2001), 213.

2) 위의 책

몽에 시달리고 섬뜩한 환상에 겁에 질리기도 하였다.[3)]

그는 16세(1644)에 국회군의 한 수비대(Newport Pagnel)에 입대하게 되는데, 당시 영국은 국교를 강화하기 위해 비국교도를 탄압하는 왕당파와 이에 맞서는 비국교도의 갈등이 고조되던 때로 청교도가 다수인 베드포드주는 비국교회파의 중요한 기반이 되어 이 지역 사람들이 국회군에 많이 입대하였다 한다. 군생활 중 번연은 생사를 오가는 한 사건을 겪게 된다. 어느 날 그가 일단의 병사들과 함께 작전에 차출 되어 임지로 막 출발하려할 때 차출되지 않은 한 병사가 참가하기를 원해 번연은 이 작전에서 제외되게 되었다. 그런데 얼마 후 이 병사가 작전지에서 보초를 서던 중 머리에 총을 맞고 죽었다. 이로 인해 번연은 일시적으로 충격을 받게 되나 곧 일상의 삶으로 되돌아갔고 그는 일상적으로 죄 짓는 일들을 반복하며 하나님께 반항을 계속하다가 입대한지 2년 반 후 제대하였다 한다.

번연은 20세(1648)에 결혼을 했는데 번연과 신부 모두 가난하여 결혼에 필요한 것들을 제대로 준비하지 못한채 신부는 『범인으로 천국에 가는 길』(Arthur Dent, *The Plain Man's Pathway to Heaven*, 1601)과 『신앙의 실천』(Lewis Bayly, *The Practice of Piety*, 1612)이라는 두 권의 책을 가져왔다. 처의 권유에 따라 그는 이 책을 읽었지만 그로 인해 당장 신앙적인 각성이 이루어지지는 않았다. 그러나 책도 그렇고 장인이 매우 신앙심이 깊고 경건한 분임을 처에게 계속 들으면서 악한 생활을 청산하고 남들처럼 신앙생활을 열심히 해보고 싶은 열망이 생기기 시작하였다.[4)] 그래서 열심을 내여 교회에 나가기 시작하였지만 이는 외적인 것에 경탄하고 형식적인 것에 치중된 신앙생활이었다.

어느 주일 날 설교를 들으며 그는 목사님이 그의 악행을 공개할 목적으로 저런 설교를 하시는구나 하는 생각이 들어 심한 양심의 가책을 받았는데, 이를 통해 그는 죄책감이 무엇인지를 알게 되었다고 한다.[5)] 그는 설교시간 내내 죄책감에 시달

---

3) 존 번연/이길상역, 『죄인괴수에게 넘치는 은혜』, 22.

4) 위의 책, 28.

5) 위의 책, 29.

리다가 잔뜩 주눅이 들어 집으로 돌아갔는데 자신이 전에 즐기던 놀이에 시들해지고 자신에게 기쁨을 주던 것들이 싫어지기도 하였는데 이러한 마음이 오래가지는 않았다. 집에 돌아와 식사를 마치기도 전에 죄책감이 슬며시 사라졌고, 이때 그는 다시 마음껏 죄에 탐닉할 수 있게 된 것이 무척 좋았다고 한다.[6]

그런데 바로 그 날, 놀이에 흠뻑 빠져있던 순간 갑자기 하늘에서 들려온 음성에 그의 영혼이 뒤흔들리게 되었으니 그 음성은 바로 "죄를 버리고 천국에 가겠느냐, 아니면 죄를 끌어안고 지옥에 가겠느냐?"였다. 짐짓 놀라 하늘을 쳐다보니 예수님께서 몹시 언짢은 표정으로 자신을 내려다보시는 것 같았다. 이때 그의 뇌리에 자신이 지은 죄들이 뚜렷이 떠올랐다. 그는 자신이 지금까지 너무 큰 죄를 저질러서 주님이 자신의 죄를 용서하지 않을 것이라는 생각에 심한 좌절감에 빠져 차라리 계속해서 죄를 짓기로 마음먹고 한 달 여를 온갖 탐욕을 다 동원하여 못된 짓을 했는데 성이 차지 않았다고 한다.

어느 날 그는 동네 어느 가게 앞에서 어떤 미친 사람에게 심한 욕을 하고 희롱하다가 가게 주인에게 크게 꾸지람을 듣게 되었는데, 속으로 매우 수치스러웠고 또 하나님 앞에서 몹시 부끄러움을 느끼게 되었다. 그런데 어찌된 일인지 이 일이 있은 후 그동안 늘 말끝마다 욕하던 습관이 완전히 사라졌다. 그리고 이러한 일이 일어난 직후에 어떤 가난한 신자들을 알게 되었는데, 그들은 성경과 신앙문제에 관해 즐겁게 이야기하는 사람들이었다. 번연도 그들이 하는 말을 듣는 것이 너무도 좋아서 자신도 성경을 아주 재미있게 읽기 시작하였다고 한다.[7]

그는 성경을 읽어가며 점차 그 말씀에 재미를 느끼고 새롭게 깨달아 가면서 더욱 본격적으로 신앙생활에 매진하게 되었고 어느 정도 자신감도 갖게 되고 생활의 활력도 생겨 열심히 일하게 되었다. 그러던 어느 날 베드포드(Bedford)의 한 길가에서 몇몇 여인들이 신앙에 관해 이야기를 나누고 있는 광경을 목도하게 되었다. 그런데 그들의 모습이 어찌나 평화스럽고 기쁨으로 자신들이 믿는 바에 관해 이야

---

6) 위의 책, 30.

7) 위의 책, 30-33.

기 하던지 번연 자신의 믿음은 그들에 비할 바가 되지 않음을 깨닫게 되었다. 그는 다시 기도에 매진하고 성경말씀을 읽는 일에 더욱 매진하는 가운데 그 여인들이 소속된 교회의 기포드(Giford) 목사의 설교에 감화를 받아 그 교회(Bedford)에서 세례를 받게 되었다.

그는 끊임없이 기도하고 성서를 읽음으로써 새 힘을 얻어 신앙생활에 열심을 내었다. 하지만 성서의 여러 구절들이 자신은 용서 받지 못할 죄인임을 뼈저리게 느끼게 했고 이에 큰 좌절을 겪으며 병약해져 여러 가지 환상에 시달리면서 자살하지 않으면 미쳐버릴 것 같은 절망의 구덩이에서 헤매다가 불현듯 다른 성경말씀에서 새로운 구원의 가능성을 읽고 다시 희망을 갖고 일어서는 등 길고 끈질긴 전진의 과정을 겪었다.[8] 번연은 이러한 영적인 고뇌를 수차에 걸쳐 반복하다가 드디어 하나님의 구원의 확신을 얻게 된다.

번연은 세례를 받은 지 2년 후인 1653년에 베드포드로 이사했고 25세의 나이에 베드포드 교회의 집사가 되었는데, 바로 그 해에 그가 추앙하던 기포드 목사가 소천하였다. 후임으로 버튼(John Buton) 목사가 추대되어 목회를 맡았으나 그도 몸이 허약하여 1960년에 소천하게 된다. 상황이 이렇게 되자 번연은 친구의 권유로 가끔 설교를 했는데 그의 설교는 청중들에게 깊은 감명을 주었다. 그의 풍부한 상상력과 정확한 표현력, 그리고 그의 해박한 성서 지식에서 한걸음 더 나아가 남들이 알지 못하는 깊은 영적 경험이 설교를 뒷받침하였기 때문이다. 점차 설교 요청이 많아졌고, 점점 그의 설교에 감동하는 사람이 늘면서 더욱 설교요청이 많이 들어와 그는 매우 분주해졌을 뿐 아니라 그의 설교는 점점 영향력이 커갔다.

번연이 설교를 시작한지 5년 정도 지날즈음 왕정이 복고되어 찰스 2세(Charles Ⅱ)가 즉위하자 비국교도들에 대한 박해가 다시 시작되고 국교회(성공회)의 성직자 이외에는 공적으로 설교할 수 없도록 하였다. 그러나 번연은 이에 굴하지 않고 비밀리에 계속적으로 설교를 하였다. 1660년 10월 12일 그가 베드포드 남쪽에 있는 어떤 작은 마을에서 비밀집회를 갖는다는 정보가 주정부 관리에게 알려져 그에

---

8) 번연/이길상 역, 『죄인괴수에게 넘치는 은혜』, 8.

게 체포령이 내렸다. 번연은 그 사실을 미리 알고 있었지만 이를 피하지 않고 그곳에서 설교를 함으로써 체포되었다. 주 관리들은 그가 비국교파의 집회에서 설교를 하지 않는다는 서약만 하면 풀어주려 하였으나 그는 신념을 버리지 않고 타협하지 않았기 때문에 결국 베드포드 감옥으로 호송되었다.

이리하여 번연은 1666년 여름까지 6년간 감옥에 있다가 풀려나왔지만 곧 다시 설교를 했고 두 번째 투옥되어 6년간을 수감되어 모두 12년의 감옥생활을 하게 되었다. 번연은 1차로 6년간 감옥에 있으면서 그의 고백록적 신앙 자서전인 『죄인의 우두머리에 넘쳐흐르는 은총』(*Grace Abounding to the Chief Sinners*)을 집필하여 1666년에 출간하였으며, 2차로 6년간 감옥에 있으면서 불후의 명작이 된 『천로역정』(*The Pilgrim's Progress*)를 집필하기 시작하여 출감 후인 1678년에 출간하였다.

당시의 상황을 살펴보면 왕정복고 직후에는 번연에 대한 취급이 매우 엄격했지만 청교도에 대한 악감정이 차차 줄어들면서 관대해졌다. 이에 두 번째 투옥 중에는 비공식적으로 옥 밖으로 나와 가족을 방문할 기회도 주어지고 심지어는 밤에 몰래 부근 마을에 가서 설교하는 것도 묵인되었다. 당시 찰스 2세는 프랑스의 루이 14세와 은밀히 접촉하여 프랑스의 재정적인 원조를 얻어내려고 했고, 그 조건으로 자신도 가톨릭으로 개종하며 영국 내의 가톨릭 신자들을 보호할 것을 약속했다. 또한 정책적으로 청교도의 박해를 줄이면서 1672년 〈신앙자유의 선언〉을 발표하게 되었다. 물론 이는 절대적인 종교적 자유를 보장하지는 않았지만 정부가 집회장소와 설교자를 허가해주는 공인제도를 통해 1672년 5월까지 3천 건 이상의 비 국교주의 예배가 허가 되었다고 한다. 이러한 시대적 변화에 따라 번연의 공식 석방일은 1672년 9월13일이었지만 이미 5월에는 실질적으로 석방된 상태였다.

감옥에서 나온 번연은 얼마 후 베드포드 교회의 목사가 되어 본격적인 설교활동을 했는데 가끔 런던에서 설교를 할 때에는 그의 설교를 들으러 수천 명씩 몰려들곤 하였다고 한다. 1672년 봄 다시 비국교도의 박해가 시작되어 번연은 세 번째 감옥 생활을 하게 되었으나 친구의 노력으로 그는 6개월 만에 풀려나왔다.[9)] 설교를 하고 집필도 하느라 분주한 나날을 보내던 그는 1688년 8월 런던으로 가는 길에 어떤 부자간의 불화를 해결해주려고 레딩(Reading)까지 말을 타고 갔고 그의 주선으로 일은 잘 해결 되었다. 하지만 말을 타고 런던으로 가는 길에 비를 맞은 것이 원인이 되어 런던에 도착한 후 고열로 자리에 누웠고 열흘 만에 세상을 떠나고 말았다(8월31일). 당시 그의 나이는 60세였다. 베드포드 사람들은 그의 유해를 고향에 안치하고 싶었지만 사정이 여의치 않아 번연은 런던의 번힐휠즈(Bunhill Fields) 묘지에 묻혔다.

앞에서 언급된 책 이외에 번연의 주요 저서는 다음과 같다.

– *The Doctrine of Law and Grace Unfolded, 1569.*
– *Profitable Meditation, 1661.*
– *The Holly City, 1665.*
– *The Pilgrim's Progress(Part 2), 1684.*
– *The Life and Death of Mr. Badman, 1680.*
– *The Holy War, 1682.*
– *The Greatness of the Soul, 1683.*
– *The Acceptable Sacrifice(posthumously published), 1689.*

2. 천성을 향한 순례 여정과 단계

1678년에 영국에서 출판된 번연의 『천로역정』(*The Pilgrim's Progress*)은 주인공인 〈기독도〉가 자신의 죄를 깨닫고 장차 올 심판을 면하기 위해 집을 떠나 여러 난관 속에서도 은혜로운 손길들의 도움을 받는 순례의 여정을 통해 급기야 천성에 이르러 영원한 생명을 누리게 됨을 그려낸 소설이다. 이는 전문적으로 기독교 신

9) 『천로역정정편』, 224.

앙을 다룬 믿음의 책이지만, 근대 소설의 효시로 문학사에서 중요한 역할을 해 왔을 뿐 만 아니라 1830년에 영국정전문학(English Literature Canon)으로 명명되었고 지금까지 성경 다음으로 가장 많이 번역되고 읽히는 책으로 잘 알려져 있다.[10]

이 책의 순례 이야기에는 믿음과 구원에 관한 다양한 이해와 사건들이 다수 포함되어 지속적으로 변화된 환경을 제시하기에 한 개인이 신앙생활을 하는데 접할 수 있는 여러 면모를 간접적으로 나마 잘 체험할 수 있다는 장점을 가지고 있다. 반면에 이 과정들은, 보기에 따라서는, 언급되는 소주제가 각양각색이라 그 전체를 일목요연하게 파악하는 것이 쉽지 않다. 이는 번연의 풍부한 상상력과 다양한 경험이 감옥 속에서 연상에 연상을 거듭한 때문으로 보인다.

그러나 이 책이 기독교의 순례과정의 하나의 귀한 모범 혹은 모델을 제시한다는 점에서 일반 기독교인들이 그 과정을 좀 더 기억하기 쉽게 정리해볼 필요가 있다. 즉, 이 순례의 여정을 일종의 신앙성장과정으로 보고 이에 따르는 난관과 단계를 구분해 놓음으로써 그 내용을 구조적으로 이해할 수 있도록 하는 것이다. 물론 그 단계를 구분하는 일은 결코 간단한 작업이 아니다. 앞에서도 언급하였듯이, 이 책의 내용은 총체적 기획 하에서 이루어졌다고 보기 보다는, 꿈의 연장선과 같은 풍부한 상상력으로 전개되기 때문이다.

필자는 그 순례의 여정을 면밀히 검토하는 가운데, '신앙의 성숙화'라는 관점에서 그 변화를 유심히 살펴보면서, '천성을 향해 나선 사람'(혹은 믿음의 길로 나선 사람)이 겪을 수밖에 없는 다양한 난관을 통해, 하나님이 허락하시는 어떤 질적인 변화의 장에 도달하는 것을 하나의 매듭으로 삼을 수 있다고 보았다. 따라서 크게는 20여개의 대 단락으로 포괄될 수 있는 이 순례여정에서 접하게 되는 다양한 논의를 적어도 3단계 정도의 신앙성숙과정으로 구분할 수 있다고 본다.

첫 단계는, 번민의 날이 계속되다가 '좁은 문'을 향해 파멸의 도시를 떠나는데서 시작하여 십자가 앞에서 죄 짐을 벗은 후 고난의 언덕 위에 있는 '미궁'에 도달

---

10) Nathalie Collé-Bak, "The Roll of Illustrations in the Reception of *The Pilgrim's Progress*," *Religious & Discourse*, vol.33, Bern: Peter Lang, 2007. 97.

하여 환대를 받으며 마음을 굳게 다지고 믿음의 전신갑주를 입고 새롭게 순례를 준비하는 부분까지다. 물론 이 단계 속에는 '좁은 문'에 도달하는 것과 '십자가 앞'에서 죄 짐이 사라지는 일이 각각 매우 중요한 변화의 순간으로 보이나, 전체적으로 볼 때 이를 준비과정의 일환으로 하나로 묶는 것이 바람직하다고 보았다. 둘째 단계는, 순례의 여정의 거의 대부분으로, 고난의 언덕을 내려가 '굴욕의 골자기'로 들어가는 데서 시작하여 온갖 난관을 극복하고 드디어 '천국의 정원'에 이르는 데까지로 구분하였다. 여기에서도 생명수강에 도착하여 안식을 취하는 것을 중심으로 전반과 후반을 다른 단계로 구분하는 것을 비중 있게 검토하였지만 그 여정의 내용에 어떤 질적인 변화가 확실하게 드러나지는 않는다는 점에서 동일단계로 수용하였다. 그리고 셋째 단계는, '죽음의 강'을 힘겹게 건너는 데서 시작해서 '천성문'을 통과한 후 하나님 앞에서 칭송을 받고 기쁨을 나누는 데까지로 보았다. 이와 같은 구분에 따라 기독도가 접하는 난관과 도움, 그리고 그 교훈을 중심으로 정리하였다.

1) 첫 단계 : 집을 떠나 믿음의 전신갑주로 무장하기까지

(1) 좁은 문을 향하여

〈기독도〉(a Man, Christian)는 스스로는 벗을 수 없는 '죄 짐'(a great Burden upon his back)을 진 채로, 성경(a Book)을 읽다가 자신이 용서받지 못할 죄인임과 자신이 살고 있는 곳도 하늘의 심판으로 멸망할 수밖에 없음을 분명히 깨닫는다. 그러나 가족들을 생각해 이러지도 저러지도 못하며 한숨과 눈물로 지내다가 〈전도자〉(Evangelist)의 말에 확신을 얻고 파멸의 도시를 떠나 '좁은 문'(Wicket Gate)을 향해 황야로 나아간다.

(2) 절망의 늪

그러나 기독도는 얼마 가지 못해서 그만 '절망의 늪'(Slough of Despond)에 빠지게 된다. 한껏 결심을 하고 순례의 길에 나서기는 했지만 그의 마음은 과연 이 선택이 옳은 것인지 아닌지 의심과 불안이 커져가다가 결국 낙담하여 쓰러지고 만 것이다. 그러면서도 '좁은 문' 쪽으로 헤쳐 나가려하니 〈온조〉(Helper)이 손을 뻗혀 건져내어 준다.

(3) 세속의 현자

다시 길을 가다가 기독도는 소위 〈세상의 현자〉(Worldly Wiseman)를 만나게 된다. 자신의 '죄 짐'을 벗기 위한 방법을 물으니, '도덕촌'(Morality)의 〈준법〉(Legality)을 찾아가면 된다는 말에 현혹된다. 그래서 그가 가르쳐준 대로 불붙는 높은 바위산(모세의 율법의 산)을 오르려 하나 그 길로 가는 것은 거의 불가능함을 파악하고 어찌하지 못할 때 〈전도자〉가 다시 나타나 그 길이 잘못된 것임을 알려줌으로써 그는 다시 '좁은 문'을 향하게 된다.

(4) 좁은 문

그는 드디어 〈전도자〉가 가리켜준 '좁은 문'에 도착하였다. 〈선의〉(Good Will)가 나와 환대하며 그를 좁은 길(Narrow Way)로 안내하며, 이 길은 이스라엘의 조상들과 예언자들과 그리스도와 그 제자들의 손으로 만들어진 곧은 길로, 그가 바로 이 길로 가야됨을 일러준다. 이에 기독도는 〈선의〉에게 자신의 '죄 짐' 벗기를 청하니 그는 '짐을 벗을 장소'(the place of Deliverance) 까지 참고 견뎌야 한다고 말해준다.

(5) 해설자의 집

그 길을 따라가니 〈해설자〉의 집(House of Interpreter)에 도달하게 되어 그 집에 들어가 〈해설자〉의 설명을 듣는다. 먼저, 면류관을 쓰고 손에는 책을 들고 하늘을 보고 있는 사람의 모습을 보며 세상을 등지고 말씀을 기준으로 천성을 향하여 가는 사람은 면류관을 얻게 된다고, 다음으로 한 남자가 집 안의 수북한 먼지를 제거하기 위해 한 남자가 그냥 비로 쓸어내려다 먼지만 일으키는 모습을 보여주며 이 '먼지'는 그의 원죄(his Original Sin)로 이는 '율법'(the Law)의 길이며, 물을 뿌려 먼지를 안정시켜 깨끗이 쓸러내는 것이 '복음'(the Gospel)의 길이라고 알려준다.

또한 벽에 타오르는 불을 끄려고 물을 퍼부으나 꺼지지 않는 모습을 보여주며 믿음을 갖게 되는 사람의 마음에 타오르는 은총의 불을 마귀가 끄려고 애쓰나 그리스도가 벽 뒤에서 '은혜의 기름'(the Oil of Grace)을 부어주심으로 결코 끌 수 없다는 것을 보여주고, 두 소녀의 행태를 통해 인내로써 영광을 누릴 수 있음을 이해하게 한다. 그리고 천성을 상징하는 아름답고 장엄한 궁전과 그 내부를 보여주며 여기에 들어가는 데는 '용기'가 필요하다고 일러주고, 아울러 어두운 방 철창에 갇힌 사람을 보여주며 이 사람은 하나님의 말씀을 의심하고 육체의 욕구대로 살다가 사탄에게 붙잡힌 것임을 깨닫게 해준다. 또한 침대에서 막 일어나 덜덜 떨고 있는 사람을 만나게 해주어 그가 심판의 날에 아무 대비도 못함을 깨달은 때문임을 알려 주며 이 모든 일들을 곰곰이 생각해보라고 충고한다.

(6) 십자가

등짐으로 인해 힘들지만 양쪽이 돌로 쌓인 '구원의 담'길을 달려 오르막 쪽으로 가니 십자가(the Cross)가 우뚝 서 있고 그 아래로 돌무덤이 있었다. 기독도가 십자가 앞에 서자 어깨에 매고 있던 죄 짐이 저절로 풀리며 떨어져 돌무덤 안으로 굴러들어가 사라졌다. 기독도가 놀라며 기쁨에 넘쳐 눈물을 흘리니 세 천사(Shining Ones)가 나타나 각각, "당신은 이제 죄를 용서 받았소"하고는 남루한 옷을 벗겨 새 옷으로 갈아입혀주고, 그의 '이마에 인을 치고'(set a Mark on his forehead) 봉인한 '두루마리'(a Roll)를 주며 이것을 읽고 '천성문'(Coelestial Gate)[11] 에서 내보이라고 했다. 기독도는 기쁨에 넘쳐 껑충껑충 뛰며 노래를 불렀다.

(7) 고난의 언덕

다시 순례의 길에 들어선 기독도는 길가에서 족쇄를 찬 채로 잠들어 있던 〈얼간이〉, 〈게으름뱅이〉, 〈시건방〉과 대화를 나누고, 다시 길을 가다가 담을 넘어오는

---

11) 원문에서 '천성의' 문의 표현은 계속해서 'Coelestial'을 사용하다가 끝에 가서 'Celestial'로 바꾼다.

〈형식꾼〉과 〈위선자〉와 율법과 의식에 관해 논란을 한 후 '고난의 언덕'(the Hill Difficulty) 기슭에 도달하여, '위험의 길'을 택하여 어렵게 올라가니 중턱쯤에 '정자'(Abour)가 있기에 거기에서 쉬면서 품속에 있던 두루마리를 꺼내 읽다가 그만 잠이 들어 그 두루마리를 땅에 떨어트리게 되었다.

얼마 후 어떤 사람이 잠을 깨우자 기독도는 놀라 허둥지둥 언덕 꼭대기로 달려갔는데 이때 〈겁장이〉와 〈못믿어〉가 뛰어 내려오며 "이 길은 갈수록 험하고, 사자 두 마리가 길을 막고 누워있다"고 했다. 기독도는 마음을 가다듬기 위해 두루마리를 품속에서 꺼내려다 없어진 것을 알게 된다. 그는 허겁지겁 그 정자로 뛰어 내려가 그 두루마리를 다시 찾게 되었다.

(8) 미궁

산길을 다시 오르니 '미궁'(Palace of Beautiful)이 있는데 길 양 옆에 사자 두 마리가 있으므로, 기독도가 망설이자 〈파수꾼〉(Watchful)이 말하기를, "묶여 있는 것이니 믿음으로 한 가운데로 오라"고 했다. 집 안에 이르러 그 곳의 여인들에게 환대를 받으며 순례의 길에 관한 이야기를 나누고 그곳에서 묵었다.

다음 날 그들은 서재에서 진귀한 문헌들을 보여 주고 '무기고'로 데려가 순례자를 위해 준비된 투구와 갑옷들 그리고 모세의 지팡이 등 다양한 무기를 보여주며, 하루를 더 머물고 날씨가 좋으면 옥상에 올라가 멀리 보이는 '환희산'(Emanuel's Land)을 보고 가라고 한다. 다음 날 그들은 기독도를 머리부터 발끝까지 무장시켜 산기슭까지 바래다주었다.

2) 둘째 단계 : 굴욕의 골짜기에서 천국의 정원에 이르기

(1) 굴욕의 골짜기

기독도가 '굴욕의 골짜기'(Valley of Humiliation)에 들어서자 보기만 해도 소름 끼치는 모습의 무서운 악마의 왕 〈아파륜〉(Apollyon)이 나타났다. 파멸의 도시를 배후에서 조정하는 이 마귀는 순례를 포기하고 집으로 돌아가라고 위협했으나 그 말이 통하지 않자 기독도를 죽이려 했다. 기독도는 '믿음의 방패'로 공격을 막아냈으나 큰 상처를 입고 죽을 힘을 다해 '말씀의 검'으로 일격을 가했다. 이에 치명적인 상처를 입은 아파륜은 날개를 펴 도망쳐 버렸다. 기독도가 감사의 노래를 부르자 생명나무 잎을 든 손이 나와서 상처를 곧 아물게 해주었다.

(2) 죽음의 골짜기

굴욕의 골짜기 끝에는 '죽음의 골짜기'(the Valley of the Shadow of Death)가 하나 더 있었는데 기독도는 여기에서 아파륜과 싸울 때 보다 더 궁지에 몰린다. 이 골짜기는 그 끝까지 오른 쪽에는 깊은 도랑이고 왼쪽은 매우 위험한 수렁으로 그 가운데로 매우 좁은 길이 나있다. 그리고 길이 하도 어두워 앞으로 가려고 한발을 들으려면 그 발을 어디에 내려놓아야 모를 지경이었다. 길 중간쯤에 지옥의 입구가 보이는데 때때로 불길과 연기가 불꽃을 튀기고 무시무시한 소리를 내며 마구 뿜어 나오기 때문에 그는 하는 수 없이 검을 칼집에 꽂고 '오로지 기도'(All Prayer)라는 다른 무기에 몸을 맡기며 나갔다. 문득 마귀 떼가 다가오는 것을 느끼고 기독도는 격한 목소리로, "나는 하나님의 능력으로 걸어가리라"(시 71:16) 하고 외치자 더 다가오지 못했다. 기독도의 마음은 고통과 불안으로 너무도 산란해서 자기 목소리를 알아듣지 못할 정도가 되어 곤혹함을 금치 못하게 되었다. 아침이 되어서야 이 계곡을 벋어난 기독도는 홀로 걸어온 그 외로운 길에서 직면했던 모든 위험에서 자신이 구원을 받았음에 깊은 감동을 받는다.

(3) 황야를 지나며

계곡을 빠져나오자 '황야'(a Wilderness)가 이어 진다. 기독도는 여기에서 고향 사람인 〈진충〉(Faithful)을 만나게 되어 고향 소식과 그가 이곳에 이른 사연을 들으며 〈진충〉이 같은 길을 왔어도 자신과는 또 다른 고난과 유혹을 극복하였음을 알게 된다. 계속 길을 가다가 또 고향 사람인 〈수다쟁이〉(Talkative)를 만나게 된다. 수다쟁이가 불필요한 논리로 수다를 떨자, 〈진충〉이 "당신의 종교는 술집과 탐욕과 거짓말과 허영된 교제 등등과 어울려 있다"고 비판했고, 수다쟁이는 그에게 "얘기를 나눌 상대가 되지 않는다"고 하며 다른 길로 가버렸다.

기독도와 〈진충〉이 계속 길을 가다가 다시 〈전도자〉를 만나게 된다. 전도자는 그들이 그간 난관을 극복한 이야기를 듣고 기뻐하며 앞으로 다가올 일에 관해 미리 알려주며 그곳에서 〈진충〉이 죽게 되나 생명의 면류관이 주어질 것이고 이는 다른 순례자들 보다 고통 없이 먼저 천성에 도착하는 축복을 받는 것이라 말한다.

(4) 허화시

황야를 벗어나니 전도자가 말해주던 허영의 마을 '허화시'(Vanity-Fair)을 지나게 되었다. 이는 순례자들이 이곳을 지나가지 않을 수 없음을 파악한 마귀대왕 〈바알세블〉(Beelzebub)이 오래 전에 '허영에 빠지게 하는 모든 것'으로써 순례자를 타락시키기 위해 만든 곳이었다. 순례자 복장을 한 그들이 들어서자 시장사람들이 온통 술렁거리고 마을 전체가 이들 때문에 야단법석이었다. 한 상인이 다가와 조롱조로 무얼 사겠냐고 물으니, 두 순례자는 정색을 하고 "우리는 진리를 사려오"라고 대답했다. 이 대답으로 인해 시장에는 대 소란이 벌어졌다고 두 사람은 결국 소란을 일으킨 장본인들이라 하여 감옥에 갇히고, 기소되었다.

그들은 〈미움 경〉(Lord Hate-Good)이라는 재판관의 재판을 받게 되는 바, 그 기소의 요지는 이 두 사람이 허화시 사람들을 적으로 보고, 그들의 상업을 방해하고, 마을에 소동과 분쟁을 일으켰으며, 그들의 왕의 법률을 모욕하고, 위험천만한 사상에 동조하는 패거리를 만들었다는 것이다. 결국 두 사람은 거짓 증인과 불의

한 배심원들로 인해 사형평결을 받게 된다. 먼저 〈충직〉이 화형 되었는데 군중 뒤에 대기하던 마차가 〈진충〉을 태워 곧바로 구름을 뚫고 천성으로 갔다. 그러나 기독도는 잠시 집행이 유예되어 감옥에 있게 되는데 이 때 하나님의 섭리로 그곳을 빠져 나가게 되었다.

(5) 이득의 언덕

기독도는 순례의 길을 함께 하던 〈진충〉 잃고 혼자 가던 중 〈소망〉(Hopeful)을 만나게 되어 함께 가게 된다. 그는 허화시에서 〈기독도〉와 〈진충〉의 모습을 지켜보고 다시 순례를 시작한 것이다. 〈사심〉(By-ends)를 만난 이들은 그의 실리적인 신앙관을 못마땅히 여기며, 이득을 위해 신앙생활을 하는 것은 옳지 않다며 동행하지 않으려 한다. 얼마 후 〈세속〉(Hold-the-World)과 〈애금〉(Mony-love), 그리고 〈구두쇠〉(Save-all)가 함께 뒤따라와 자신들의 견해를 내세워 논쟁을 펴나, 기독도는 예수님과 종교를 이용하여 현세의 쾌락을 즐긴다는 것은 몹쓸 짓이라 비판하고 그들을 앞서간다.

'이득의 언덕'(a little Hill called Lucre)에 있는 '은광'(Silver-Mine) 앞에 서 있던 〈데마〉(Demas)가 그들에게 이 광산에 들어가면 힘 안들이고 한 몫 잡을 수 있다고 유혹하니, 〈소망〉이 가보려 하나 기독도가 강하게 반대하여 그 곳을 떠난다. 뒤에 오던 사람들은 은광으로 들어간 후 다시는 보이지 않았다. 길가에 오래된 기념비 같은 것이 있어 살펴보니 그것은 소금기둥이 된 〈롯〉(Lot)의 부인이였다. 그들은 이득의 언덕을 잘 넘어선 것에 감사를 드렸다.

(6) 생명수 강

그들이 계속 길을 가다가 쾌적한 강가에 이르렀는데 바로 '생명수의 강'(the River of the Water of Life)이었다. 길이 강둑 위로 나있어서 걸으며 강물을 마시니 물맛이 상쾌하고 심신에 생기가 돌았다. 그들은 강둑에 있는 나무의 다양한 열매를 맛있게 배불리 먹고 드러누워 잠을 잤다. 잠에서 깨어나자 또 열매를 따먹고 물을 마시고는 또 잤다. 그들은 며칠 밤낮을 이렇게 보내며 노래를 불렀다.

(7) 의심의 성

아직도 목적지에 도착하지 못했기에 그들은 다시 출발하였다. 얼마 안가서 강과 길이 갈라졌다. 이 길은 매우 험했는데 그 곁에 '초원으로 가는 샛길'(By-Path-Meadow)이 있었다. 기독도는 이 길로 가면 편할 것 같으니 같이 가자는 제안에 그 길로 가게 된다. 그런데 밤이 되자 천둥과 번개와 비바람이 몰아쳐 더 이상 갈 수가 없었다. 그리고 그들이 있던 곳은 저지대여서 빗물이 몰려와 높은 곳으로 피할 수밖에 없었다. 그들은 지칠 대로 지쳐 잠에 빠지고 말았다.

그들을 깨운 이는 고약하게 생긴 〈절망거인〉(Giant-Despair)으로 이들이 자신의 땅인 '의심의 성'(Doubting-Castle)을 침범하였다며 어둡고 냄새나는 토굴에 가두어 버렸다. 굶주림과 매질에 시달린 기독도는 도저히 견딜 수 없어 자살을 생각하기에 이르렀으나 〈소망〉의 위로와 격려로 겨우 버텨 나가게 되었다. 한밤중에 함께 기도를 하던 중 기독도가 이상한 말을 하더니, 자신의 품속에 '약속'(Promise)이라는 열쇠가 있는데 몰랐다고 했다. 그 열쇠로 문을 여니 모두 열려서 이들은 재빨리 '의심의 성'을 탈출하여 '왕의 대로'(The King's Highway)로 다시 돌아오게 되었다.

(8) 낙산

그들은 미궁 주인의 소유인 '낙산'(Delectable Mountain)에 도달하였다. 그들은 이 산에 올라가 화원, 과수원, 그리고 포도밭과 샘물을 보고 샘물을 마시고 몸을 씻고 포도를 실컷 따먹었다. 그들은 그 산마루에서 양을 치는 목자들을 만나게 되었는데 〈지식〉(Knowledge〉, 〈경험〉(Experience), 〈경계〉(Watchful)와 〈성실〉(Sincere)이었다. 목자들은 이들에게 여러 가지를 알려주었다.

먼저 '이단산'(The Top of a Hill, called Error)으로 데리고 가 절벽 밑에 떨어져 조각난 시체를 보여주며 이는 육체의 부활에 대한 이설에 귀 기울이다 몸을 망친 사람들이라고 했다. 그리고 '조심산'(Caution) 꼭대기로 대려가 무덤 사이를 헤매는 두 소경을 보여주면서 그들은 샛길로 빠졌다가 〈절망거인〉에게 눈이 뽑혀 헤매게 된 것이라고 했다. 또 언덕아래에 있는 문을 열고 들여다보게 했는데, 그 안은 캄캄하고 연기가 자욱한데 불이 활활 타오르는 소리와 누군가의 비명소리가 들리고 유황

냄새가 진동했는데 그곳은 위선자들이 가는 지옥의 샛길이라고 했다.

또한 목자들은 이 두 사람이 확신과 용기를 갖게 하려고 '청명대'(Clear)라는 높은 언덕 꼭대기로 대려가 '망원경'(Perspective-Glass)으로 천성문을 보게 하니 손이 떨려 정확하지는 않지만 문 같은 것과 영광이 둘러친 것 같은 것을 보게 되었다. 이후 그들이 감사의 노래를 부르며 다시 길을 떠나려 할 때 목자들은 두 사람에게 '안내도'(a Note of the Way)를 주며 〈아첨꾼〉(The Flatterer)을 조심하고 '마법의 땅'(The Enchanted Ground)[12] 에서 절대 잠들지 말라고 일러주었다.

(9) 마법의 땅

순례자가 산을 내려와 '천성으로 향하는 큰 길'(the Highway towards the City)을 따라가다가 왼쪽의 '자만국' (the Country of Conceit)에서 나오는 〈무지〉(Ignorance)를 만나게 되었다. 그도 천성을 향해 간다고 하자 기독도는 그에게 순례 길을 처음부터 제대로 오지 않고 샛길로 오면 천성 문을 통과하지 못할 것이라고 알려준다. 그러나 〈무지〉는 자신이 하나님의 뜻을 잘 알아 나름대로 성실하게 살았고 기도하고 금식을 했으며 십일조를 하고 자선도 했으니 문제가 될 것이 없다며 막무가내로 뒤를 따라 왔다.

그들이 앞서 간지 얼마 되지 않아 어두컴컴한 오솔길로 접어들었는데, 한 사나이가 일곱 가닥의 굵은 줄에 묶여 일곱 마귀에게 끌려가는 것을 보게 되었다. 두 사람은 공포에 질려 누구인지 살피니 〈변절〉(Turnaway) 같아 보였는데 등에는 "음탕한 신자, 지옥에 떨어져야 할 배교자"[13] (Wanton Professor, and damnable Apostate) 라고 쓰여 있었다. 기독도는 이 근방에서 일어났던 일이 생각난다며 〈소신〉(Little-Faith)이 〈겁장이〉(Faint-heart)와 〈불신〉(Mistrust) 그리고 〈유죄〉 (Guilt)에게 강탈 당하고 다 죽게 되었던 이야기를 하며 〈소망〉과 이 사건이 주는 교훈을 되새겼다.

---

12) 원문 127쪽(신판112쪽)에는 Inchanted Ground 로 되어 있음

13) 존 번연/황찬호 역, 『천로역정 정편』 (서울: 서울대학교출판부, 2001) 162.

그들은 계속해서 길을 가다가 갈림길을 만나 망설이고 있는데 밝은 옷을 입은 사람이 다가와 어디로 가느냐 묻고는 자신을 따라오라고 하여 무턱대고 따라갔다가 그만 그물에 걸려 꼼짝 못하게 되어 어찌할 바 몰라 울며 한탄하고 있었다. 이때 한 〈천사〉(a Shining One)가 와서 그들을 풀어주고, 목자가 안내도를 주며 〈아첨꾼〉을 경계하란 말에 경각심을 갖지 않은 것을 크게 질책하고는 제 길로 대려다주었다. 그들은 감사의 노래를 부르며 바른 길로 갔다.

그들은 큰 길을 가던 중 앞에서 오는 사람을 만나게 되었다. 그는 〈무신론자〉(Atheist)로 그도 천성을 찾으려고 지난 20년간 노력했지만 아무것도 찾지 못해서, 이제는 없는 것을 찾아 헤매기보다는 예전으로 다시 돌아간다고 했다. 기독도가 〈소망〉에게 이 말이 사실인가를 물으니 〈소망〉이 기독도를 크게 질책했고, 기독도는 자신을 의심해서가 아니라 〈소망〉을 시험해서 〈소망〉이 지닌 성실함을 나누고 싶었기 때문이라며 계속 길을 가자고 하였다. 이에 〈무신론자〉는 이들을 비웃으며 자기 갈 길로 갔다.

그들이 어떤 지방에 이르렀는데 그 곳 공기는 사람을 졸리게 만들었다. 〈소망〉이 졸려 눈을 뜰 수 없다며 한잠만 자고가자고 청하자, 기독도는 이전에 목자 한분이 '마법의 땅'(the Enchanted ground)을 경계하라고 했던 말을 상기시키며 졸음을 막기 위해 서로 이야기를 주고받기로 했다. 기독도가 〈소망〉에게 어떻게 해서 순례의 길에 들어서게 되었는지에 관해 구체적으로 물으니 〈소망〉은 자신이 어떻게 살았고 처음에 어떻게 회개를 하게 되었으며 어떻게 주님을 만나게 되었는지 그리고 어떻게 변하게 되었는지에 관해 소상하게 말해주었다.

〈소망〉이 뒤를 돌아보니 〈무지〉가 뒤따라오는 것을 보고 그를 기다렸다 함께 가며 대화하였다. 〈무지〉에게 하나님과 그의 영혼의 관계를 물으니, 자신은 좋다고 하며 이를 나름대로 설명하자, 기독도가 안타가워서 계속 질문을 해가며, 〈무지〉가 주장하는 "자신에 관한 좋은 생각"이 과연 무엇이며 "하나님에 관한 좋은 생각"이 무엇인지를 구체적으로 지적해준다. 그리고 "그리스도를 믿는다"는 그의 신앙이 잘못 되었음을 낱낱이 지적한다. 그러나 〈무지〉는 그 말에 동의하지 않고 이들에게 먼저 갈 것을 청한다.

다시 기독도와 〈소망〉 만 걷게 되자, 이들은 〈무지〉의 끝이 좋지 않을 것을 걱정하며, 사람들이 왜 죄의식을 느끼지 않는 지 혹은 자각하려 하지 않는 지에 관해 서로 말을 나눈다. 기독도는 "참되고 의로운 두려움"은 어떤 것이며, 사람들은 이를 "어떻게 억누르려 하는 지"에 관해 구체적으로 지적한다. 또한 그들은 화제를 바꾸어 '타락' (Graceless)이라는 마을에 살던 〈일시〉(Temporary)에 관한 이야기를 하며, 그와 같이 한 때 크게 각성했다가 뒷걸음질 치는 양상과 그 이유에 관해 구체적으로 이야기하며 '마법의 땅'을 벗어나게 된다.

(10) 안식과 평화의 땅

기독도와 소망은 '불라'(The Country of Beulah)에 들어섰다. 이곳은 평화와 안식의 땅으로 끊임없이 새들의 노래가 들리고 꽃들이 만발한 맑고 상쾌한 곳이었다. 또한 이곳은 천성과 경계를 이루는 지역이어서 빛나는 천사들도 많이 걸어 다니고 있었다. 두 사람은 여기에 잠시 앉아서 피로를 풀었다. 그곳에서는 진주와 보석으로 장식된 도성과 도로가 금으로 포장된 천성을 모두 볼 수 있었다. 그들은 원래 아름다운데다 햇빛의 반사로 더욱 아름답게 보이는 천성에 대한 그리움으로 고통스러울 지경이었다. 기운도 차리고 고통도 견딜만하자 그들은 앞으로 발걸음을 옮겼다.

(11) 천성의 정원

점점 가까이 가다보니 과수원과 포도원 그리고 화원이 있는데 그 문은 큰 길을 향해 열려 있었다. 기독도와 〈소망〉이 정원지기에게 이 정원에 관해서 물으니 이는 순례자들을 위해 가꾸어놓은 천성 왕의 정원(King's gardens)것이라며, 그들을 안으로 들여 맛 좋은 포도를 먹고 기운을 내라고 권했다. 정원지기는 그들에게 왕의 산책로와 즐겨 머무는 정자도 보여주었다. 그들은 거기에 머물다 잤다. 그들은 자면서도 포도 맛에 취해 많은 이야기를 주고받았고 잠에서 깨자 도성으로 올라갈 채비를 했다. 천성은 순금으로 되어 있기에 햇빛의 반사가 너무도 찬란해서, 그들은 천성을 바로 바라보지 못하고 이를 보기 위해 만든 도구(an Instrument)를 이용하여 바라다보았다.

3) 셋째 단계 : 죽음의 강을 건너 천성에 이르기까지

(1) 죽음의 강

그들이 계속 걸어가다가 옷과 얼굴이 황금처럼 빛나는 두 사람을 만났다. 그들은 기독도와 〈소망〉을 성문이 보이는 곳까지 안내했다. 그들과 성문 사이에는 신앙으로 건너야 하는 '강'(a River)이 가로막혀 있었는데 물이 깊었다. 기독도와 〈소망〉이 강에 발을 디디는 순간 가라앉으면서 칠흑 같은 어둠과 공포가 기독도를 덮쳤다. 그는 앞이 보이지 않고 점점 더 깊이 빠져들자 침착성을 잃고 절망에 빠졌다. 그러나 〈소망〉의 부축과 격려로 급기야 두려움에서 벗어나 하나님을 바라보게 되었고 용기를 얻은 두 사람은 무사히 '죽음의 강'을 건넜다.

(2) 높은 곳

강둑에는 빛나는 두 사람이 기다리고 있었다. 그 곳에서 기독도와 〈소망〉은 '죽음의 옷'(mortal Garments)을 벗어 버렸다. 그러자 그들의 몸은 새털 같이 가벼워졌다. 천성은 구름보다 더 '높은 곳'(a mighty Hill)에 세워져 있었다. 그러나 그들은 두 천사의 팔을 잡고 순식간에 오를 수 있었다. 그들은 천사들에게 아주 짧은 시간에 천성에 관해 수 없이 많은 이야기를 들을 수 있었다.

(3) 천성

그들이 천성 문에 가까이 오게 되자 그들을 환영하기 위해 무수한 천군이 나왔다. 성문 위에는 금 글자로, "생명나무를 가질 수 있는 권리를 얻고 성문으로 그 도성에 들어가려고 계명을 지키는 사람은 복이 있다"라고 쓰여 있었다. 성문 앞에서 이 순례자들은 각기 출발 시에 받은 '증명서'(Certificate)를 내밀었다. 이 증명서가 왕에게 바쳐지자 왕은 기쁜 마음으로 문을 열어주라고 하셨다.

그들이 '천성'(Paradise of God)에 들어서자 그들의 모습은 바뀌고 빛나는 황금빛의 옷이 입혀졌다. 또 수금과 관(Crown)을 가진 사람들이 그들을 영접하며 그들에게 수금과 관을 주었다. 성 안에 모든 종들이 울리며 "와서 네 주인과 함께 기쁨을 나누라"는 소리가 들렸다. 도성은 태양처럼 빛나고 길에는 많은 사람들이 머리에 관을 쓰고 손에는 종려나무 가지를 들고 찬송을 하기 위해 수금을 가지고 걸어 다녔다. 그 중에는 날개달린 사람들도 있어서 서로 서로 "거룩하시다, 거룩하시다, 거룩하시다, 주 하나님"이라고 주고받고 있었다. 이 때 문이 닫혔다.

한편, 〈무지〉가 강가에 도착하여 '헛소망'(Vain-Hop)의 나룻배를 타고 강을 쉽게 건넜다. 그는 혼자서 천성 문이 있는 높은 산을 올라갔다. 그러나 아무도 맞아 격려하는 사람이 없었다. 문 앞에 이르러 그는 문을 두드리기 시작하였다. 성문 위에서 내려다보고 있던 사람들이 누구냐고 물으며 왕에게 보일 증명서를 내놓으라고 했다. 〈무지〉가 없다고 하자, 그 말을 전해들은 왕은 그를 보려고도 하지 않고 두 천사에게 〈무지〉의 팔다리를 묶어서 쫓아내라고 명하셨다. 그래서 그들은 〈무지〉를 붙잡아 공중으로 그 언덕 중턱에 보이던 구멍 있는 곳으로 데리고 가서 그 속으로 밀어 떨어트렸다. 지옥으로 가는 길은 천성 문에도 있었다.

3. 내용적 특성

존 번연의 『천로역정』은 1678년에 처음으로 출판되었는데 이 책은 그가 감옥에 있을 때 구상하기 시작한 것이다. 출옥 후 출간된 이 책은 호평을 받았고 주위 사람들은 계속해서 2부를 써 보라고 권유하였다. 6년 후인 1685년에 번연은 제 2부를 출판한다. 1부와 2부의 내용을 비교하여 보면, 1부는 그가 직접적으로 체험한 다양한 신앙적 갈등이 그의 상상력을 통해 확대되고 정리된 것이지만 2부는 그가 의도적으로 써나간 것이기에, 1부와 같은 강력한 영감과 열정이 없고 설교와 같은 느낌이 강하며 어찌 보면 평범한 센티멘털리즘이 느껴진다고 한다.[14] 따라서 『천로역정』의 진정한 가치는 1부에 있다고 하겠다.

『천로역정』은 영국에서 처음 출판이후 현재까지 백가지 이상의 언어로 번역되

---

14) 존 바니언/황찬호 역, 『천로역정 정편』, 225

었고 그 독자들도 매우 다양한데, 『천로역정』 원본이 지닌 매력 중의 하나는 본문을 기록한 영어문장이라 한다. 그의 생애를 통해 알 수 있듯이 번연의 학력은 초등학교(Grammar School)를 다닌 정도이고 그가 말했듯이 그는 이 교육을 통해 읽고 쓰는 정도를 배웠다. 그럼에도 불구하고 그는 자신의 신앙적 문제를 해결하기 위해 성경에 몰두할 수밖에 없었으며 계속해서 성경을 수없이 되풀이 읽음으로써 성경의 영어를 그대로 자신의 언어로 체화한 것으로 보인다. 또한 그의 타고난 상상력과 예민한 감수성으로 그의 영어는 순수하고 소박하고 쉬우면서도 비속하지 않고 은유가 풍부하다고 평가된다.[15)]

『천로역정』이 갖고 있는 가장 큰 특징은 바로 성경과의 깊은 관계라 할 수 있다. 그 당시에는 이미 1560년에 번역된 개신교 성경인 제네바 성경(*Geneva Bible*)과 또 다른 번역의 성경들이 있었지만 번연이 애용한 성경은 1611년에 번역된 흠정역 성경(King James Version)이다. 따라서 그의 책은 17세기 영어로 쓰여 철자나 의미, 그리고 어법 등이 현대영어와 많이 다르지만 지금까지 출간된 영어본은 거의 모두가 번연의 원본 그대로 출판되고 있다. 또한 출판된 책 중 일부에는 내용의 성경 구절과 관련한 주석을 달았는데 번연이 1부에서 인용한 성경구절은 410개나 된다고 한다.[16)] 당시 개신교(주의)인들이 가톨릭에 대항한 자신들의 모습을 주체화 하는 방식의 하나는 성서를 읽는 태도였다. 루터와 틴달(William Tyndale, 1494-1536)은 성서는 읽고 명상하고 설명하는 데는 굳이 성직자의 도움이 필요치 않으며 성경은 일반인을 위한 일상적이고 평범한 문체(Plain texts for plain people)로 되어 있다고 한 바 있다.[17)]

『천로역정』의 첫 장면에서, 기독도가 절망에 가득 차 울부짖으며 "어찌해야 내가 구원을 받을 수 있을까?"하는 탄식은 바로 사도행전 16:30에 기록된 감옥에 갇

---

15) 위의 책.

16) 위의 책

17) Roger Pooley, "*The Pilgrim's Progress* and the line of a allegory," *The Cambridge Companion to Bunyan*, Cambridge: Cambridge University Press, 2010, 82.

힌 사도 바울의 탄식이다. 이와 같이 성경은 번연의 알레고리의 중심적 주제이며, 번연이 그의 삶과 구원을 위해 진정으로 문제 삼았던 유일한 책이다. 그는 모든 성경의 말씀은 하나님의 계시로 쓰였다고 기록한 디모데 후서 3:16의 기록을 읽으며 하나님의 말씀은 믿음을 신성하게 하는 모든 하나님의 일에 관해 완벽한 지시를 해줄 수 있다고 믿었다. 그는 성경과 주석책 한권이 그가 책을 쓰는데 유일하게 사용한 것이라 말했다.[18)]

물론 번연의 이러한 성경에 대한 경외는 17세기 영국에서 특별하지 않다. 당시에 성경은 종교적인 최고의 권위뿐만 아니라 예술적, 과학적, 정치적, 경제적 사유의 절대적 중심으로 간주되었기 때문이다. 현재와 달리 당시 영국에서는 성경이 문자습득과도 연계되었다. 읽기를 배우는 핵심은 성경을 읽을 수 있게 하기 위한 것이어서, 어린이가 기본적인 글자 읽기를 마치면 처음으로 읽는 책이 성경이었다.[19)]

젊은 시절 번연은 성경의 '역사적 부분'을 읽는데 큰 기쁨을 얻은 반면 바울의 편지나 교리적인 내용은 별로 좋아하지 않았다고 했다. 그러나 브레포드의 가난한 여인들의 대화와 그들이 대화하는 모습을 본 후에 그에게 큰 변화가 생겼다. 번연이 언급하기를 그들은 성경의 말씀을 기쁨이 충만함으로 언급하고, 또 말하는 동안 그 모습이 은혜로 가득차 있어서 자신에게는 마치 새 세상을 찾은 것 같아 보였다고 하였다. 이러한 경험이 그로 하여금 성경을 새로운 눈으로 보게 하였고 그는 이전과 전혀 다르게 성경을 읽게 되었다고 하는데 특히 사도바울의 서간들이 기쁨으로 다가왔다고 한다.[20)]

그래서 번연은 그 후로 성경을 벗어나지 않고 늘 성경을 읽거나 명상하고, 또 하나님 앞에 울부짖으며 진리를 깨닫고 하늘나라의 그 영광에 이르는 길을 알게

18) W. R. Owens, "Bunyan and Bible," *The Cambridge Companion to Bunyan,* Cambridge: Cambridge University Press, 2010, 39.

19) *Ibid.*, 39-40

20) *Ibid.*, 42-43

해달라고 간구하였다. 어떤 면에서 그의 회심 경험은 강박적이고 신경증적으로 성서의 본문과 씨름한 것으로 볼 수 있다. 말하자면 그가 자신을 천벌로 위협하는 어떤 구절로 인해 절망에서 빠져 헤어나지 못하는 바로 그 때 구원의 약속으로 보이는 어떤 다른 구절을 그가 발견하는 형식이다.[21)]

그의 저서 『넘치는 은혜』(*Grace Abounding*)에 보면 번연은 성경의 본문내용을 눈으로 그리며 자신이 바로 그 상황 속에 있는 것으로 상상하였다 한다. 그가 성경을 읽는 모습을 복음서의 주님과 관련해 보면, 주님이 태어나는 것을 본 것처럼, 그가 성장하는 것을 본 것같이, 그가 이 세상을 걸어 다니는 것을 본 것처럼 그리고 주께서 요람에서 십자가에 달리시기까지, 아니 부활의 현장을 직시한 것처럼 생각된다고 하였다. 이러한 과정을 걸쳐 번연은 드디어 신경증을 극복하게 되었고 점차적으로 성경말씀을 어떻게 이해하고 해석하는 방법을 터득하게 됨으로써 대립되는 구절들로 고민하지 않게 되었다고 한다.[22)]

그는 조심스런 마음과 예민한 눈으로 진중하게 모든 구절들을 살피고 떨리는 마음으로 부지런히 각각의 구절들을 살피며 그 자체가 지닌 자연적인 힘과 위치를 숙고하게 되었다. 이러한 과정을 통해 번연은 성경은 통전적으로 읽어야 하며 성경은 성경 자체로 최고의 해석자임을 파악하게 되었고, 그는 성경 자체가 판단하도록 하기 위해 성경구절을 비교하여 그 뜻을 알게 되었다.[23)]

『천로역정』에서는 한사람이 성경을 읽는 광경으로 시작하여 성경을 배우고 해석하는 것이 이 책의 가장 중요한 주제들 중에 하나이다. 번연의 경험(character)은 성서적 인물들의 삶과 동일한 유형을 지닌다(be patterned on the lives of Biblical character).[24)] 또한 획기적으로 기독도의 삶을 순례과정으로 은유한 것은 히브리서 11장6절에서 온 것인데 여기에는 구약의 족장들이 땅에 낯선 사람들 사이에서

21) W. R. Owens, Bunyan and Bible, 43

22) *Ibid.*, 43-44

23) *Ibid.*, 44

24) *Ibid.*, 47

순례하는 것이 언급되고 있다. 그들은 하나님은 자기를 찾는 사람들에게 상을 주시는 분이라는 점을 확신하며 보다 나은 나라 즉 하늘나라를 갈망하였다.[25)]

이러한 구체적인 여정은 성서와 연계된다. 애굽을 탈출한 이스라엘이 여러 난관에 봉착하지만 급기야는 약속의 땅을 향해 요단강을 건너야 하는 것처럼 번연의 생애에서 그의 신앙이 성장하는 과정 역시 출애굽 여정에 대비될 수 있다. 따라서 『천로역정』의 순례과정 역시 이를 기초로 한 것이라 하겠다. 순례여정에서 일어나는 대부분의 재난과 사고, 역경과 불운, 그리고 실패와 모험들은 성경과 구조적으로 연결된다. 예를 들면 기독도가 고난산에서 구원문서(roll)을 잃어버린 후 이를 찾기 위해 다시 돌아 내려갔던 것은 이스라엘이 민수기 14장25절의 다시 세기와 유사한데 이는 이스라엘의 죄 때문에 생긴 일로 그들은 홍해의 옆 길로 다시 돌아가야 했다. 또한 허화시의 재판에서 재판관 〈미움경〉(Lord Hate good)이 배심원(Jury)에게 한 말은 바로(Pharaoh)가 모든 히브리 사내아이는 물속에 수장하라는 말, 느브갓네살(Nebuchadnezzar)이 금 우상에 절하기를 거부하는 자는 불붙는 용광로에 처넣으라는 말, 그리고 다리우스(Darius) 시절 왕이 아닌 신에게 기도하는 자는 사자우리에 처넣으라는 말과 연결된다.[26)]

한편, 앞에서도 언급하였지만, 이 순례 이야기에서는 성경읽기 자체가 중요한 주제를 형성한다. 여행을 시작할 때 〈세지〉(Mr Worldly-Wisman)가 기독도에게 어떻게 해서 등짐을 지고 왔냐고 물을 때, 기독도는 자기 손에 있는 "이 책(성경)을 읽음으로써" 라고 대답한다. 이에 대해 〈세지〉는 성경을 읽기가 그닥 좋은 생각이 아니라며 자신은 성경을 신중하게 읽는 것을 좋아하지 않는다고 한다. 반면에 번연은 성서 숙독에 대해 〈얌전〉(Prude)과 〈경건〉(Piety), 그리고 〈자비〉(Charity)를 통해 미궁에서 말하기를 '성인들이 했던 일 중에서 성경을 읽는 것은 중요한 일'이라며 기독도의 순례 길을 도울 목적으로 언급한다.[27)]

---

25) *Ibid.*

26) *Ibid.*, 47

27) *Ibid.*, 48

번연은 우리에게 성경을 대하는 잘못된 혹은 불충분한 방법의 예를 알려준다. 〈수다쟁이〉(Talkative)는 성경을 많이 읽은 사람이지만 이는 오직 말로 지껄이는데 사용될 뿐 그의 내적 및 영적 상태는 그의 화려한 언변과 일치함이 지적되고 있다. 성경을 대하는 태도는 번연이 해온 숙독과 단순히 읽는 것이 근본적으로 다르다. 왜냐하면 번연에게 성경은 '바로 하나님의 말씀'(the very word of God)으로 그는 이 말씀에 몰입되고 전념하여 그 말씀에 마음을 흠뻑 적셨기 때문이다.[28)]

『천로역정』의 또 다른 특징은 번연의 경험과의 깊은 관계이다. 『천로역정』은 『넘쳐흐르는 은총』이 직설법으로 쓰여 진 것과 달리 상징으로 표현된 우화수법으로 쓰여 졌다. 기독도는 물론이고 〈충직〉, 〈무지〉, 〈아폴리온〉, 〈거인〉, 〈절망〉도 단순히 우화에 등장하는 상징적인 인물이 아니라 모두가 번연이고 그 자신의 직접적인 경험으로 번연의 분신이라고 할 수 있다. 또한 이 모든 것은 그의 신생경험을 기반으로 한다.[29)]

또한 번연이 분명하게 언급하지는 않았지만 이 책의 등장인물은 그의 주변 사람들과 어느 정도 연계가 있다. 예를 들면 〈전도자〉(Evangelist)는 기포드 목사(Rev. John Gifferd)의 이미지에 근거하고. 허화시(Vanity Fair) 재판관 〈미움경〉(憎善卿, Lord Hate-good)은 번연의 재판을 맡았던 켈린지 경(Lord John Kelynge)과 연계된다.[30)]

그리고 여기에 등장하는 사람들이나 부각되는 정황은 번연이 저항하는 요소와 연계된다. 절망성의 거인은 억압적이고 비기독교적인 법과 재산권 제도로 대표되며, 아울러 허화시의 극단적인 시장경제, 비국교주의자에 대한 박해, 그리고 사회적 속물근성(재산 권력)에 대한 그의 비판은 그곳의 지도자 〈허영경〉(虛榮卿, the Lord of Desire of Vain-glory), 〈탐욕경〉(貪慾卿, Sir Having Greedy), 〈사치경〉 (奢侈卿, the Lord Luxurious)이라는 이름을 통해 대변되고 있다. 따라서 번연은 불가

---

28) *Ibid.*, 48-49

29) R. Pooly, *The Pilgrim's Progres of the line of allegory*, 81

30) *Ibid.*, 84.

피하게 당대의 부자와 기득권자에 대한 비판에 동조하고 있다. 또한 배심원들의 이름 역시 전혀 정의를 기대할 수 없음을 부각시킨다. 〈맹인 씨〉 (Mr Blind-man), 〈악의씨〉(Mr No-good), 〈잔인 씨〉(Mr Cruelty), 〈혐광 씨〉(Mr Hate-light)가 바로 그것이다. 이러한 작명은 어떤 면에서는 번연이 자신의 박해자들에 대해 그에 걸맞은 이름을 붙여 복수하는 것이라고 하겠다.[31)]

또한 보면 『천로역정』은 민담과 연계가 깊다. 순례 과정은 경직되고 정교하지도 않다. 이 순례에서 기독도가 직면하는 것은 둘 중 하나로, 그에 대한 방해이거나 인도이다. 누구도 단순한 즐거움을 위해 등장하지 않고 실제적 효과(reality effect)를 더하지도 않는다. 기독도에게 누가 친구고 누가 적인지 모호할 때도 있다. 어떤 때는 전도자와 현명한 조언자의 도움을 받고 어떤 때는 세상지혜의 도움을 받다가 또 심술궂은 존재로 인해 잘못되기도 한다. 그럼에도 그러한 경직된 구분(rigidity of classification)으로 인해 다양한 기능이 수행된다고 하겠다. 이러한 면에서 『천로역정』은 그 구조에서 다분히 민담적(folk-tale)이라 할 수 있는데, 실제로 민담적인 요소인 거인, 아폴리온 용, 피난처(housed refuge), 그리고 신비한 메시지의 내포 등 넓게 보면 민담과 공통점이 많다. 이러한 점들이 이 책의 독자를 폭넓게 만든 요소이기도 하다.[32)]

4. 삽화의 역사와 특성

앞에서도 언급한 바와 같이 1678년에 출간된 『천로역정』(*The Pilgrim's Progress*)은 1830년에 영국정전문학(English Literature Canon)으로 명명되었다. 이 책이 영국정전문학의 영예를 얻게 된 데에는 번연의 뛰어난 상상력과 문장력이 기본이 되었지만 이 책이 끊임없이 대중적인 관심을 불러 일으키고 그 내용을 보

31) *Ibid.*,

32) *Ibid.*, 88-89.

다 구체적으로 표현한 삽화의 역할도 매우 중요했다고 한다.[33)]

번연의 『천로역정』의 첫 출판은 1678년이지만 이 책에 삽화가 실리게 된 것은 제4판인 1680판부터이다. 그러나 여기에는 권두화와 내용과 관련있는 삽화 1점이 전부이다.[34)] 실제로 온전한 삽화가 처음 실리게 되는 것은 이로부터 2년 후인 1682년의 제5판이다. 여기에는 동판으로 인쇄된 13점의 삽화가 추가되고 이를 각각 1실링씩 따로 팔기도 하였다.[35)]

이렇게 삽화가 들어가면서 이후 영국에서 출판되는 거의 모든 『천로역정』에는 삽화가 들어가게 되었는데 당시 책의 내용을 활용한 삽화의 디자인과 제작 기술이 아직 발달하지 않은 상태였다. 당시 이들 삽화 가운데 가장 인기 있는 그림은 '기독도가 전도자를 만남', '죄 짐이 벗어져나감', '사자 사이를 통과함', 그리고 '아파륜과의 싸움' 등이다.[36)]

처음에는 보조품(physical auxiliaries)으로 풍자적 표현을 하는데서 시작되었지만 점차 유수한 삽화가들이 두 세기에 걸쳐 좋은 작품들을 내어 놓으면서 삽화는 삽화대로 그 자리를 굳혀가게 되었다. 19세기에 들어서면서 삽화 자체에 대한 해석에 관심이 증폭되고 그 중요성도 점점 커져갔다. 따라서 삽화가 본문에 들어가든 별권으로 마련되든 본문의 이야기와 또 다른 그 자체의 독자적인 성격을 갖게 됨으로써 본문 없이도 그 내용의 설명을 가능하게 하였다.[37)]

삽화의 역할에 대해서는 여러 가지로 논의될 수 있지만 콜레박(Nathalie Collé-Bak)는 다음의 네 가지를 강조한다.[38)] 먼저 삽화의 존재는 독자로 하여금 불가피

---

33) Nathalie Collé-Bak, "The Roll of Illustrations in the Reception of *The Pilgrim's Progress*," *Religious & Discourse*, vol.33, Bern: Peter Lang, 2007. 97.

34) Gerda S. Norvig, *Ibid.*, 215.

35) *Ibid.*, 119.

36) David Smith, "Illustrations of American Editions of *The Pilgrim's Progress to 1879*," 16.

37) "The Roll of Illustrations in the Reception of *The Pilgrim's Progress*," *Religious & Discourse*, vol.33, (Bern: Peter Lang, 2007) 96.

38) Nathalie Collé-Bak, *Ibid.*, 96-97.

하게 순례의 길로 접근하도록 환기시키고 천성을 향해가는 여행에 대한 이해와 관심을 이끌어 내었고, 둘째로 국내의 문맹자에게 기독교의 메시지를 비유적으로 전달하는 교훈적 목적을 갖는데 사용하든, 혹은 식자들에게 강력한 인상을 불러일으키게 하든, 삽화는 항상 본문에 딸린 눈요기(visual baggage) 이상의 것이었다. 셋째로 삽화는 장신구 역할이 아닌, 이야기를 확실하게 확장했고, 따라서 그 평판을 점점 좋게 하는 도구적 역할을 함으로써 특히 영국에서 인쇄 문화가 정착할 수 있도록 독자층을 형성하고 또 형성되게 하였다. 마지막으로, 『천로역정』의 삽화는 역사적으로나 지리적으로 각각 다양한 상황에 처한 독자들에게 번연의 텍스트를 폭넓게 이해하도록 돕고 있다.

17세기에서 19세기에 이르는 무수한 독자들은 이 책의 삽화를 봄으로써 그 본문을 확고하게 받아들이는데 도움을 받았고, 또한 각각의 극적인 장면들에 대한 인상을 삽화를 통해 마음에 구체적으로 새기게 되었다. 어떤 면에서는 삽화를 떠올림으로서 중요한 장면들이 생각날 정도였다고 할 수 있다.[39]

1) 17세기 『천로역정』 삽화

(1) 최초의 삽화

『천로역정』이 처음 출판된 것은 1678년으로 이 책에는 삽화가 없었다. 그로부터 2년 후 1680년에 삽화가 들어간 책이 처음으로 출판되는데 그것은 제4판으로 이 인쇄본(impression)에는 2점의 삽화가 있다. 이는 화이트(Robert White, 1645-1703)가 새긴(engraved) 전통적인 첫 권두화와 허화시(Vanity Fair)에서 〈진충〉(Faithful)이 화형으로 순교하는 목판화이다.[40]

화이트는 런던 출신으로 도안공(draughtsman)이자 판화가(engraver)로 권두화(frontispieces), 장서표(book-plate), 역도(曆圖, almanacs), 건축도(architectural

39) Nathalie Collé-Bak, *Ibid.*, 7.

40) Gerda S. Norvig, *Ibid.*, 215.

view), 행렬도(procession), 그리고 그의 화제가 되는 이야기의 판화를 만들었다. 그러나 그가 집중한 것은 주로 초상판화(portrait engraving)로, 자신이 직접 그림을 그리고 그것을 새긴 후 흑연으로 송아지(양) 피지에 인쇄하였는데 그의 초상화 솜씨와 판각인쇄 기술은 매우 뛰어나 당대에 그를 능가할 사람이 없었다고 한다.[41]

이 책의 몇몇 다른 인쇄본(copies)은 13점의 동판화를 따로 값을 내고 구입 할 수도 있도록 하였는데,[42] 표지삽화 이외의 14점의 목판화나 동판화가 누구의 작품인지는 알 수 없다. 이 후 6, 7 쇄(impression)가 나오고 나서 1682년에 제5판이 나오는데 여기에는 첫 장의 번연 초상화 이외에 처음으로 전체를 포괄하는 14점의 삽화가 한 벌(complement)로 실렸는데,[43] 이 역시 작가에 대해서는 기록이 없다.

이 책에 실린 14점의 삽화의 주제는 다음과 같다.[44]

41) Oxford Dictionary of National Biography, Oxford University Press, 2004; online edn, Jan 2008.

42) Gerda S. Norvig, *Ibid.*, 119, 215.

43) *Ibid.*, 215.

44) *Ibid.*

1〉 기독도가 전도를 만나다(Christian Meets Evangelist)

2〉 기독도가 세지에게 이끌리다(Christian Directed by Worldly Wiseman)

[삽화 : 1]

[삽화 : 2]

3〉 좁은 문에 도착한 기독도(Christian at Wicket Gate)

4〉 십자가 앞에서 죄 짐을 면한 기독도(Christian Loses his Burden at the Cross)

[삽화 : 3]

[삽화 : 4]

5〉 휴식정의 기독도(Christian at the Arbour)

6〉 기독도가 사자들 사이를 통과하다(Christian Passes the Lions)

[삽화 : 5]

[삽화 : 6]

7〉 기독도가 무장을 하고 나아가다(Christian Goes Forth Armed)

8〉 기독도가 아파룐을 대적하다(Christian Fights Apollyon)

[삽화 : 7]

[삽화 : 8]

9〉 죽음의 그림자 계곡(The Valley of the Shadow of Death)

10〉 허화시에서 재판을 받다(On Trial at the Vanity Fair)

[삽화 : 9]

[삽화 : 10]

11〉 충직의 화형(The Burning of Faithful)

12〉 의심의 성 앞의 절망거인(Giant Despair Before Doubting Castle)

[삽화 : 11]

[삽화 : 12]

13〉 희락산의 목자들(The Shepherds of the Delectable Mountains)

14〉 구름 위의 순례자들(The Pilgrims Riding the Clouds)

[삽화 : 13]

[삽화 : 14]

(2) 루이켄 삽화

1685년에는 네델란드(Dutch)의 출판업자 뵉홀트(Joannes Boekholt)가 플라망어(Flemish-Franch)로 『천로역정』을 출판 했는데 이 책에는 루이켄(Jan Luiken, 1649-1712)이 그린(engraved) 9점의 새로운 동판화가 포함되었다.[45] 스미스는 이 동판화들에서는 전문적인 장인정신이 분명히 드러난다고 하였다.[46]

루이켄은 암스테르담 출신의 판화가이자 시인으로 특히 신앙시(devotional poem)를 많이 썼다. 그는 24세에 메노나이트 교회에서 세례를 받았으며 26세에 회심하게 되면서 과거와 절연하고 판화 제작에 힘쓰고 묵상을 계속하며 신비적인

45) *Ibid.*, 216.

46) David Smith, *Ibid.*, 16.

느낌이 깃든 시들을 썼다. 그는 렘브란트 이후 네델란드의 중요한 다재다능하며 창조적인 판화가이자 동판화가로 평가되며 3,275점의 작품을 남겼다. 그의 작품은 그 표현의 명료성(clarity)이 특징인데 그의 가장 뛰어난 삽화는 그 자신의 시집들에 많이 수록되어있다.[47]

이 책에 실린 일련의 삽화 9점의 주제와 삽화는 다음과 같다.[48]

1〉 시내산의 기독도(Christian at the Mount Sinai)

2〉 좁은 문에 도착한 기독도(Christian at the Wicket Gate)

[삽화 : 1]

[삽화 : 2]

47) http://www.gameo.org/encyclopedia/contents/L9.html

48) Gerda S. Norvig, *Ibid.*, 216.

3〉해설자의 집을 청소하는 남자(The Man Sweeping the Interpreter's Parlor)

4〉기독도가 천박과 나태와 자만을 만나다(Christian Meets Simple, Sloth, and Presumptuous)

[삽화 : 3]

[삽화 : 4]

5〉기독도가 고난산을 오르다(Christian Climbs Hill Difficulty)

6〉기독도가 아파륜과 싸우다(Christian Fights Apollyon)

[삽화 : 5]

[삽화 : 6]

7〉 죽음의 그림자 계곡(The Valley of the Shadow of Death)

8〉 허화시(Vanity Fair)

[삽화 : 7]

[삽화 : 8]

9〉 죽음의 강을 건너는 기독도와 미도(Christian and Hopeful in the River)

[삽화 : 9]

한편, 1695년에는 제14판이 나오는데, 여기에는 그동안 출판되었던 4판(1680년)에 있던 화이트의 첫 장 그림(frontispiece)인 번연의 초상과 1685년 네델란드판에 루이켄의 삽화를 표절한 7점, 그리고 제5판(1682년)에 나온 삽화 7점을 뒤섞은 14점의 삽화로 구성되어 있다. 이렇게 모아진 삽화들은 그 후 30년 이상 『천로역정』의 표준삽화(standard icon model)로 사용 되었다.[49]

2) 18세기 『천로역정』 삽화

(1) 스터트 삽화

18세기에 들어선 후 1728년에는 클라크(J. Clarke)가 이 해에 즉위한 케롤라인 여왕 기념판(Queen Caroline Edition)으로 『천로역정』 제22판을 발간한다. 여기에는 삽화를 모두 새롭게 디자인한 스터트(John Sturt, 1658-1730)의 작품 14점을 실었다. 스터트의 삽화 역시 이전의 다양한 삽화들의 영향을 크게 받아 조화를 이루는 연속성을 지니으면서도 나름의 전문성과 미적인 요소를 살린 것으로 평가 된다.[50]

스터트는 런던 출신의 판화가로 처음으로 『천로역정』의 권두화를 그린 로버트 화이트에게서 견습하였다. 그는 매우 근면한 성품으로 많은 작품을 남겼는데 『천로역정』 삽화를 그리기 전에 브레그(Brgge)의 구세주의 수난(*Passion of our Saviour*, 1694), 웨슬리(Wesley)의 신구약 말씀의 역사(*History of Old and New Testament in Verse*, 1704), 하몬드(Hamond)의 성경의 역사적 서사(*Historical Narrative of the Whole Bible*), 등 많은 삽화를 그린 바 있다. 특히 그는 세밀화 전문으로 은전(silver penny) 하나에 사도신경을 다 새겨 넣을 수 있었다.[51]

스터트 삽화의 주제는 다음과 같다.[52]

49) *Ibid.*, 121, 216.

50) Gerda S. Norvig, *Ibid.*, 121, 217; David Smith, *Ibid.*, 16.

51) Oxford Dictionary of National Biography, online edn.

52) Gerda S. Norvig, *Ibid.*, 217-218

1〉 기독도가 전도를 만나다(Christian Meets Evangelist)

2〉 시내산의 기독도(Christian at Mount Sinai)

[삽화 : 1]

[삽화 : 2]

3〉 좁은 문에 도착한 기독도(Christian at the Wicket Gate)

4〉 십자가 앞에서 죄짐을 면한 기독도(Christian Loses His Burden at the Cross)

[삽화 : 3]

[삽화 : 4]

5〉 기독도 고난산을 오르다(Christian Climbs Hill Difficulty)

6〉 기독도가 사자들 사이를 통과하다(Christian Passes the Lions)

[삽화 : 5]

[삽화 : 6]

7〉 기독도가 아파륜을 대적하다(Christian Fights Apollyon)

8〉 죽음의 그림자 계곡(The Valley of the Shadow of Death)

[삽화 : 7]

[삽화 : 8]

9〉 허화시(Vanity Fair)

10〉 허화시에서 재판을 받다(On Trial at Vanity Fair)

[삽화 : 9]

[삽화 : 10]

11〉 진충의 처참한 죽음(The Cruel Death of Faithful)

12〉 기독도와 미도가 의심의 성을 탈출하다(Christian and Hopeful Escape Doubting Castle)

[삽화 : 11]

[삽화 : 12]

13〉희락산의 목자들(The Shepherds of the Delectable Mountains)

14〉순례자들이 강을 건너다(The Pilgrims Pass the River)

[삽화 : 13]

[삽화 : 14]

(2) 스터다드 삽화

1788년에는 스터다드(Thomas Stothard, 1755-1834)가 본편과 속편 각각 8점의 삽화를 그렸다. 예쁘게 그려진 이 삽화들은 여전히 풍속화적인 분위기를 띄는데 인기도 높고 영향력도 컸다.[53] 이 삽화들은 1788년에 출판된 『천로역정』과 분리되어 인쇄되었는데, 이후 1792판에는 다른 화가들의 삽화처럼 책 속에 포함시켰다. 이는 이후 19세기 초반 십년간 나온 판본 대부분에 포함되었다.[54]

스터다드는 런던 출신의 화가(painter)이자 삽화가(illustrator)이다. 그는 22세에 왕립학교(Royal Academy School)에 입학하여 학교는 물론이고 화이트(William White)와 평생 인연을 맺게 되며, 1778년에 이 학교에서 그의 첫 전시

53) Gerda S. Norvig, *Ibid.*, 123

54) *Ibid.*, 218.

회를 열게 된다. 그가 『천로역정』의 삽화를 그리기 전에 벨(John Bell)의 『영국의 시인들』(*Poets of Great Britain*)에 40점의 삽화, 해리슨(John Harrison)의 『소설가의 잡지』(*Novelist Magazine*)에 244점의 삽화, 깁슨(J. Gibson)의 『숙녀 잡지』(*Ladeis'Magazine*)에 90점의 삽화 등 수많은 작품을 내었다. 또한 그는 자신의 유화 작품인 『맥클린 성경』(*Macclin's Bible*)의 '야곱의 꿈'(Jacob's Dream)과 '드라이어즈의 나르시스 발견'(Dryads Finding Narcissus)으로 역사화가로도 명성을 쌓아갔는데 그가 당대 최고의 역사화가 중 한명은 아닐지라도 18세기 후반과 19세게 초반에 걸쳐 책의 삽화를 가장 많이 그린 사람으로는 인정할 만하다고 한다.[55] 8점의 주제는 다음과 같다.[56]

1〉 경고: 기독도가 그의 아내와 가족들에게 자신의 생각을 털어놓는다(The Alarm: Christian Breaks His mind to His Wife and Family)
2〉 위로: 죄 짐은 면함, 기독도가 세천사를 만남(The Consolation: His Burden Lost, Christian Meets Three Shining Ones)

[삽화 : 1]

[삽화 : 2]

---

55) Oxford Dictionary of National Biography, online edn.
56) Gerda S. Norvig, *Ibid.*, 218

3〉 미궁에 들어감(Entering House of Beautiful)

4〉 승리: 기독도가 아파륜을 대적하다(Victory: Christian Fights Apollyon)

[삽화 : 3]

[삽화 : 4]

5〉 충직과 기독도가 허화시에 이르기 전에 전도를 만나다(Faithful and Christian Meet Evangelist Before Vanity Fair)

6〉 기독도와 미도가 의심의 성을 탈출하다(Christian and Hopeful Escape Doubting Castle)

[삽화 : 5]

[삽화 : 6]

7〉 희락산의 목자들(The Shepherds of the Delectable Mountains)

8〉 순례자들이 하늘 문에 이르는 강을 건너다(The Pilgrims Cross the River to Heaven's Gate)

[삽화 : 7]

[삽화 : 8]

3) 19세기 『천로역정』 삽화

(1) 블레이크의 수채화 삽화

블레이크(William Blake, 1757-1827)는 1824년부터 『천로역정』의 삽화를 수채화로 그리기 시작하였다. 그러나 원래의 계획을 다 이루지 못하고 28점으로 그치게 되었다. 그의 생전에는 이 삽화들이 출판되지 못하였고 1941년에 가서야 한정판(Limited Editions Club version)으로 출판되었다.[57]

블레이크는 런던 출신의 시인이자 화가이며 판화가로 스스로 글을 쓰고 삽화를 그려 넣은 책을 출간하기도 하였다. 그는 런던의 양말 공장 직공의 아들로 태어나 거의 독학을 하였으며 그의 모친은 결혼 전까지 모라비안 교도이었기에 어린 시절 모라비안의 영향을 받고 자랐을 것으로 보인다. 그는 일찍이 그리고 폭넓게 성경에 영향을 받았을 뿐 아니라 그의 전 생애를 통해 성경은 그의 영감의 근원이 되었다. 14세부터 오랫동안 판화가 바서(James Basire)에게 견습하며 오래된 성당

---

57) Gerda S. Norvig, *Ibid.*, 218; http://www.iupui.edu/~engwft/blake.htm

의 조각이나 중세의 사본을 만드는 일도 하였는데 이러한 경험도 그의 작품에 영향을 준 것으로 보인다. 그는 신비와 공상에 사로잡힌 화가로서 초상화나 풍경화처럼 외관을 복사하는 회화를 경멸하였으며 묵상 중에 상상하는 신비의 세계를 그렸다. 그는 회화에서 유화를 멀리하고 수채화야말로 최고의 표현이라 생각하며 자신의 시화집 각 페이지에 독창적인 색채를 넣은 수채화 삽화를 소량으로 인쇄하기도 하였다. 그의 시화집으로는 『천진난만의 노래』(*Song of Innocence*, 1789), 『천국과 지옥의 결혼』(*The Marriage of Heaven and Hell*, 1790), 『경험의 노래』(*Song of Experience*, 1794) 등이 있다. 그는 1825년에 성서 이야기 속에 신비한 사색을 곁들인 『욥기』(1826)를 내어 놓았고, 만년에는 단테의 신곡에 100점의 삽화를 기획했으나 미완성으로 끝났다.[58] 그의 『천로역정』 삽화의 주제는 다음과 같다.[59]

1〉 꿈꾸는 자가 꿈을 꾸다(Dreamer Dreams a Dream)

2〉 기독도가 성경을 읽다(Christian Reading in his Book)

[삽화 : 1]

[삽화 : 2]

58) Oxford Dictionary of National Biography, online edn; http://en.wikipedia.org/wiki/William_Blake

59) Gerda S. Norvig, *Ibid.*, 219.

3〉 기독도가 전도를 만나다(Christian Meets Evangelist)

4〉 기독도가 고집과 유순에게 쫒기다(Christian Pursued by Obstinate and Pliable)

[삽화 : 3]

[삽화 : 4]

5〉 기독도가 우울의 늪에 빠지다(Christian in the Slough of Despond)

6〉 기독도가 온조의 도움을 받아 늪을 빠져나오다(Christian Drawn out the Slough by Help)

[삽화 : 5]

[삽화 : 6]

7〉 기독도가 세지에게 이끌리다(Christian Directed by Worldly Wiseman)

8〉 기독도가 시내산의 불길을 두려워하다(Christian Fears the Fire of the Mountain)

[삽화 : 7]

[삽화 : 8]

9〉 기독도가 전도의 발아래 무릎을 꿇다(Christian Falls at the Feet of Evangelist)

10〉 기독도가 좁은 문을 두드리다(Christian Knocks at the Wicket Gate)

[삽화 : 9]

[삽화 : 10]

11〉 선의가 문을 열어주다(The Gate is Opened by Goodwill)

12〉 철창 속의 남자(The Man in the Iron Cage)

[삽화 : 11]

[삽화 : 12]

13〉 심판에 날에 대한 꿈을 꾼 남자(The Man Who Dreamed of the Day of Judgment)

14〉 십자가 앞에 선 기독도(Christian at the Cross)

[삽화 : 13]

[삽화 : 14]

15〉 기독도에게 세 천사가 나타나다(Christian Met by the Three Shining Ones)

16〉 기독도 고난산에 오르다(Christian Climbs Hill Difficulty)

[삽화 : 15]

[삽화 : 16]

17〉 휴식정의 기독도(Christian at the Arbour)

18〉 기독도가 사자들 사이를 통과하다(Christian Passes the Lions)

[삽화 : 17]

[삽화 : 18]

19〉 기독도가 무장을 하고 나아가다(Christian Goes Forth Armed)

20〉 기독도가 아파륜을 대적하다(Christian Fights Apollyon)

[삽화 : 19]

[삽화 : 20]

21〉 기독도가 충직과 대화를 나누다(Christian and Faithful Conversing)

22〉 허화시(Vanity Fair)

[삽화 : 21]

[삽화 : 22]

23〉 진충의 순교(Faithful's Martyrdom)

24〉 의심의 성에 갇힌 기독도와 미도(Christian and Hopeful in Doubting Castle)

[삽화 : 23]

[삽화 : 24]

25〉 기독도와 미도가 절망 거인에게서 도망치다(Christian and Hopeful Escape Giant Despair)

26〉 희락산의 목자들(The Shepherds of the Delectable Mountains)

[삽화 : 25]

[삽화 : 26]

27〉 강을 건너는 기독도와 미도(Christian and Hopeful in the River)

28〉 하늘의 문에서(At the Gates of heaven)

[삽화 : 27]

[삽화 : 28]

(2) 셀루스 삽화

1862-65년 경에 『천로역정』은 1, 2부를 합본하여 메과이어(Robert Maguire, 1826-1890) 목사가 주석을 단 책으로 출판되었다. 이 책에는 셀루스(Henry Courtney Selous, 1803-1890)와 프리올로(M. Paolo Priolo, 1818-1892)의 삽화가 들어 있는데 1부에는 58점이 들어 있다. 이 책은 1883년에는 출판사를 추가하여 영국뿐만 아니라 미국, 프랑스, 캐나다, 네덜란드 등에서 동시에 출판되며 1900년대까지도 지속적으로 재판을 냈다.[60]

셀루스는 런던 출신의 화가이자 삽화가로 초상화, 풍경화, 역사화 등 다양한 장르의 작품을 많이 남겼다. 그의 아버지는 세밀화 전문 화가로 어려서부터 셀루스의 음악과 문학 그리고 예술적인 기질을 잘 개발시켜 다른 아이들과 달리 14세 때 왕립학교에 입학할 수 있게 하였고 셀루스는 여기에서 엄격한 훈련을 받게 된

60) 신선영, "기산 김준근 회화 연구," 한국학중앙연구원 한국학대원 박사논문, 2012, 123.

다. 그는 세밀하게 원근법과 비례를 연구하여 그리스와 로마의 고전 작품들을 정교하게 그려냈는데 특히 인물소묘(figure drawing)에 깊은 수련을 하였다. 그의 재능이 크게 알려진 계기는 1829년 밀턴의 실낙원에 나오는 지옥의 수도 팬디모니엄(Pandemonium)을 그리면서인데 그는 1830년대에는 엘리옷의 화가의 초상(*Portraits of Painter*, vol.3)과 그의 동생이 역사적인 짧은 이야기를 모은 『렘블러 이야기』(*Tales of a Rambler*)의 삽화 12점을 필두로 삽화가로서의 경력을 키워나며 다양한 작품을 많이 남겼다. 그는 대형 작품을 만드는 데에도 관심을 갖고 1843년에는 영국의회 벽화에 도전하여 수상하기도 하였고 1844년에는 『천로역정』의 동판화 작업에 착수하며 계속 발전된 모습을 보였는데 예전의 다른 작품들에 비해 더욱 화려하고 역동이면서도 중심 주제를 명확히 드러내었다. 1950년대에는 모세의 생애 20점과 부르스(Robert Bruce) 생애의 일곱 사건의 삽화로 더욱 존경을 받게 되고 1863년에는 다빈치의 최후의 만찬(Last Supper) 모작을 대규모의 벽화로 만들었다. 또한 그는 1870년 초 예루살렘을 순례하고 성지의 실경을 그린 작품(topographical work)을 연작으로 내기도 하였다.[61)]

지금까지는 각 해당 작가의 삽화를 주제와 함께 실었으나, 셀루스 삽화의 경우 다음 장에서 다룰 『텬로력뎡』삽화와 전체적으로 비교하려 하기에 여기에는 삽화의 주제만 기록하면서, 참고로 여덟번째와 마지막 삽화만 싣는다.

1〉 표지 상징(Emblematical Heading)
2〉 전도가 기독도에게 좁은 문으로 향하는 길을 알려주다(Evangelist directs Christian to the Wicket-gate)
3〉 기독도가 멸망성을 떠나다(Christian setting out from the City of Destruction)
4〉 고집이 멸망성으로 되돌아가다(Obstinate goes back to the City of Destruction)
5〉 온조가 기독도를 우울의 늪에서 끌어내다(Help draws Christian out of the Slough of Despond)

---

61) Simon Cooke, "A 'Considerable Power': the Illustration of Henry Courtney Selous", *The Private Library*, Sixth Series, Vol.1:3 (Autumn 2008) 98-99;
Oxford Dictionary of National Biography, online edn;

6〉기독도와 세지(Christian and Worldy-Wiseman)

7〉시내산 아래의 기독도(Christian beneath Mount Sinai)

8〉좁은 문에 다다른 기독도(Christian at the Wicket-gate)

9〉인자가 기독도에게 길을 가리켜주다(Goodwill shows Christian the Way)

10〉효시가 기독도에게 먼지가 가득한 방을 보여주다(The Interpreter shows Christian the Room full of Dust)

11〉기독도가 욕심과 인내의 비유를 보게 되다(Christian is shown the Parable of Passion and Patience)

12〉효시가 벽에 난 불을 기독도에게 보여주다(The Interpreter shows Christian the Fire burning against the Wall)

13〉십자가 앞의 기독도(Christian in view of the Cross)

14〉허례와 위선이 담을 넘어 순례 길에 끼어들다(Formalist and Hypocrisy coming into the Way over the Wall)

15〉기독도가 소심과 불신을 만나다(Christian meets Timorous and Mistrust)

16〉기독도가 휴식정에서 잃어버렸던 표지를 찾는다(Christian discovers his lost Roll in the Arbour)

17〉기독도가 사자들 사이를 통과하다(Christian passes the Lions)

18〉근신이 기독도에게 질문하다(Christian is Questioned by Discretion)

19〉기독도가 미궁에 들어가다(Christian enters the Palace Beautiful)

20〉기독도가 자비와 그의 자매들에게 자기 가족에 관해 말하다(Christian tells Charity and her Sisters about his Family)

21〉신중, 근신, 경건, 인애가 기독도를 무장시키다(Christian is armed by Prudence, Discretion, Piety, and Charity)

22〉기독도와 아파륜의 대결(Christian's Combat with Apollyon)

23〉죽음의 계곡에 있는 기독도(Christian in the Valley of the Shadow of Death)

24〉죽음의 계곡에 동이 트다(Day breaks in the Valley of the Shadow of Death)

25〉거인 교황이 기독도를 위협하다(Giant Pope threatens Christian)

26〉진충이 기독도를 구하다(Faithful comes to the Help of Christian)

27〉진충이 첫 사람 아담과 다투다(Faithful's Struggle with Adam the First)

28〉진충이 치선에게 도전하는 말을 하다(Faithful resists Shame)

29〉지껄이는 동네(Prating Row)

30〉 충직이 수다쟁이와 대화하다(Faithful converses with Talkative)

31〉 기독도와 충직이 허화시로 들어가다(Christian and Faithful enter the Town of Vanity)

32〉 기독도와 충직이 허화시를 지나다 (Christian and Faithful pass through Vanity Fair)

33〉 기독도와 충직이 철창에 갇히다(Christian and Faithful put in Irons)

34〉 충직이 허화장터에서 순교하다(Faithful suffers Death at Vanity Fair)

35〉 미도가 기독도와 친구가 되다(Hopeful joins Company with Christian)

36〉 애금가가 위선을 가르치다(Mr. Money-love's Lesson in Hypocrisy)

37〉 데마가 기독도와 미도를 시험하다(Demas tempts Christian and Hopeful)

38〉 소금 기둥(The Pillar of Salt)

39〉 생명수 강(The River of the Water of Life)

40〉 기독도와 미도가 절망거인의 성에 갇히다(Christian and Hopeful in the Castle of Giant Despair)

41〉 기독도와 미도가 의심의 성을 탈출하다(Christian and Hopeful escape from Doubting Castle)

42〉 이단산의 목자들과 함께 한 기독도와 미도(Christian and Hopeful with the Shepherds of the Delectable Mountains)

43〉 이단산에서(The Hill Error)

44〉 위선과 불신과 원죄가 소신을 약탈하다(Faint-heart, Mistrust, and Guilt rob Little-faith)

45〉 기독도와 미도가 아첨에게 속다(Christian and Hopeful are led astray by the Flatterer)

46〉 기독도와 미도가 그물에서 벗어나다(Christian and Hopeful delivered from the Net)

47〉 기독도와 미도가 무신론자를 만나다(Christian and Hopeful meet with Atheist)

48〉 마법의 땅에서 잠드는 것을 경계하다(Beware of Sleeping on the Enchanted Ground)

49〉 미도가 기독도에게 자신의 경험을 말해주다(Hopeful tells Christian his Experience)

50〉 기독도가 무지를 가르치다(Christian Instruct Ignorance)

51〉 무지가 뒤로 처지다(Ignorance steps behind)

52〉 미도가 일시에게 충고하다(Hopeful advices Temporary)

53〉 기독도와 미도가 불라에 들어가다(Christian and Hopeful enter the Land of Beulah)

54〉 기독도와 미도가 불라의 두 사람을 만나다(Christian and Hopeful meet Two Man of the Land of Beulah)

55〉 기독도와 미도가 강을 건너다(Christian and Hopeful cross the River)

56〉 문이 열리다(The Gates are Opened)

[삽화 : 8]

[삽화 : 56]

4) 미국의 『천로역정』 삽화

미국에서 『천로역정』이 처음 출판된 때는 1681년인데 이 책에는 전혀 삽화가 들어가지 않았다.[62] 그 후 미국의 독자들은 영국과 네델란드 판의 삽화에 익숙해졌다. 미국에서 첫 번으로 삽화가 들어가는 책은 1740년 보스턴(Boston) 판이다. 이 책에는 꿈꾸는 자의 초상, 좁은 문을 두드리는 기독도, 아폴리온을 만남, 목자를 만남, 그리고 허화시의 삽화가 들어가 있는데 이는 영국판의 삽화들과 별다른 차이가 없다.[63]

미국적 삽화의 시작이라고 할 수 있는 책은 1794년의 앤더슨(Alexander Anderson)의 도판부터라 하겠다. 그러나 그의 도판들은 전반적으로 1820년까지는 다양성이 부족하고 그동안 소개되었던 도판을 모방한 것이었다. 비록 목판화에 새롭게 흰줄이 부각되게 새겨 넣는(white-line engraving) 방법을 도입하였지만 그러면서도 전통적인 것들을 중시하였다.[64] 앤더슨은 1790년 후반기에 목판 새김의 새 기술을 완성하였다. 그러나 그 디자인은 모방적이었고 스터다트(Thomas Stothard, 1755-1834) 등 이전의 삽화들을 부끄러움 없이 모방하였다.[65]

앤더슨만이 스터다트를 모방한 것은 아니었다. 앤더슨의 첫 제자 란싱(G. Lansing)도 앤더슨처럼 『천로역정』의 이전 삽화들의 모방으로 시작하였고(1805년), 대부분 앤더슨이 그렸을 것으로 추정되는 뉴욕판을 모방하였다. 그의 다른 제자 맨슨(W. Manson)은 1810년에 필라델피아로 옮겨가서도 다시 그의 초창기 삽화를 사용하였고, 제자 기버트(Gerge Gilbert)도 마찬가지 였다.[66] 따라서 19세기 초반까지는 미국판의 고유한 삽화로 인정받을 만한 것은 나타나지 않은 것으로 보인다.

---

62) David E. Smith, *Ibid.*, 16.

63) *Ibid.*, 17.

64) *Ibid.*, 18.

65) *Ibid.*, 19.

66) Gerda S. Norvig, *Ibid.*, 20.

1830년대부터는 지금까지의 정형화 되었던 주제와 디자인으로부터 자유롭게 되는 변화가 일어난다. 그래도 초창기 목판화는 모방적이었지만 적어도 예술적 활력과 정직한 장인 정신은 갖고 있었다. 그런데 유럽에서와 달리 미국에서의『천로역정』은 전반적으로 대량생산 기술과 현저한 상업주의 정신이 삽화의 예술적 레벨을 진부한 감상주의(sentimentalism)의 상태로 끌어내렸다.[67] 이러한 전형이 1844년 미국장로교 출판부의『천로역정』[68] 으로 1부와 2부 합본의 전체면 삽화는 모두 13점인데 그 중 1부에는 7점이 있다. 이는 산뜻하고 비싼 종이로 영국화가들에 의해 기획제작된 것으로 대부분은 영국의 인기 있는 삽화가 멜빌(H. Melville)의 것이며 순전히 경치를 강조한 삽화들이다. 그 결과 비록 투박하긴 해도 이전의 목판화를 통해서 부각시킬 수 있었던 기독교의 알레고리적 순례가 갖는 기본적 특질이 풍성하고 낭만적이며 광대한 조망의 경치들로 인해 상실되고 만다.[69] 그 삽화의 예를 들면 다음과 같다.

이 책의 삽화는 두 종류가 함께 들어 있는데, 한 부류는 위에서 언급한 독립적으로 삽입된 페이지 전체에 제목을 붙여 인쇄한 삽화 7점(이 그림은 인쇄면 보호를 위한 얇은 반투명지와 함께 삽입됨)과 다른 한 부류는 본문 줄 간에 제목 없이 한 면에 1/4정도의 크기로 삽입된 삽화 5점으로 모두 12점이다. 1부에 실린 삽화 12점의 주제를 열거하면 다음과 같다. 주제가 한글로만 기록된 것은 본래 제목이 붙여져 있지 않은 것을 필자가 붙인 것이고, 영문 제목이 있는 것은 한페이지 전체에 인쇄된 원본(직사각형)에 기록된데로이다.

---

67) *Ibid.*, 21

68) Bunyan, *Pilgrim's Progress*, (Philadelphia: Presbyterian Board of Publication, 1844)

69) Gerda S. Norvig, *Ibid.*, 21

1〉 꿈꾸는 자의 모습(멀리 죄 짐을 지고 있는 기독도와 전도도 포함됨)

2〉 시내산 아래서 기독도가 전도를 만나는 모습

[삽화 : 1]

[삽화 : 2]

3〉 좁은 문에 도착한 기독도(Christian Got Up to the Gate)

4〉 십자가 앞에서 죄 짐이 떨어져나가는 모습

[삽화 : 3]

[삽화 : 4]

5〉 사자가 가로막은 미궁에 도착한 기독도(The Place Called Beautiful)

6〉 거인 교황 옆을 지나는 기독도

[삽화 : 5]

[삽화 : 6]

7〉 허화시(Vanity Fair)

8〉 위험한 언덕(Lucre-hill)을 바라보는 모습

[삽화 : 7]

[삽화 : 8]

9〉 기독도와 미도가 의심의 성에서 잠을 자다가 절망 거인에게 발각되는 모습

10〉 기독도와 미도가 의심의 성을 탈출하다(Christian and Hopeful Escape from Doubting Castle)

[삽화 : 9]

[삽화 : 3]

11〉 희락산(The Delectable Mountain)

12〉 희락산에서 천성을 바라보다(Then said the shepherd one to another, let us here shew the pilgrim the gate of celestial city, if they have skill to look through our perspective glass)

[삽화 : 11]

[삽화 : 12] ▶

[파노라마 : 미궁(Palace Beautiful)]

또한 19세기 중반에는 영리한 흥행주들이 번연의 작품들에서 대중과 가족들이 즐길 수 있는 저녁 흥행오락프로그램으로의 가능성을 보았다. 1850년 메이(Edward May)는 『천로역정』의 삽화를 대형 파노라마로 만들어 미국 북부도시에서 대성공을 이루고 남쪽 도시에서도 흥행시켰다. 이를 위해 화가, 쇼맨, 그리고 드라마 작가가 동원되었으며, 1,000 피트의 캔버스에 그린 그림을 무대 양쪽에 감아 움직이게 하고, 여기에 음악과 악기연주까지 곁들여 대대적 흥행에 성공하기도 하였다. 이 과정에서 17~19세기에 출판된 『천로역정』의 삽화가 가지고 있는 고유하고 단순한 그러나 힘 있고 영향력 있던 목판화의 특성은 도외시되고 수풀과 경치 그리고 그 장엄한 경관을 부각시키는 경건적 감상주의가 이를 대치하

였다.[70)]

1850년대 말기에는 『천로역정』의 삽화들이 독립적으로 대형 그림으로 그려져 전시되기도 하였다. 이는 높이 12피트, 너비 18~30피트로 모든 형상은 실물 크기로 당대 유명화가들은 초대해 그렸다. 그래서 절묘한 풍광과 풍부한 역사적 건물을 삽입하거나 특징없는 추상수법 등을 동원하고 소설적 효과를 발휘하도록 하기 위하여 정해진 방향으로 연속 풍광을 볼 수 있게 하였다. 그러나 이러한 시도는 결국 원전이 가지고 있는 원래의 정신과 초기 목판화의 의도를 완전히 사라지게 하고 상업주의로 전락해버렸다.[71)]

미국 『천로역정』 삽화의 또 다른 변화의 모습은 아동들을 대상으로 한 것이다. 본래 『천로역정』이 어린이를 위해 쓰여 진 것은 아니지만, 이를 그 개관에서부터 모험이야기에 중점을 두어 거인과 괴물, 칼싸움, 영웅의 불행(고난), 그리고 모든 것을 성취한 결말(Happiest all ending) 등을 바탕으로 동화식으로 전개하기도 하였다.[72)] 그리고 한걸음 더 나아가 이 삽화는 소위 마법(metamorphosis) 그림같은 삽화로 등장하기도 하였다. 삽화들을 종이에 교묘하게 양면 인쇄하여 이를 아코디언처럼 접고 상단과 하단을 접은 것으로 각 섹션 마다 그림이 두 줄짜리 설명문과 함께 보이게 하고 아래쪽을 잡아당기면 그림이 하나씩 바뀌어 각각 15면의 다른 그림을 볼 수 있게 하였다.[73)]

---

70) Gerda S. Norvig, *Ibid.*, 22.

71) *Ibid.*

72) *Ibid.*, 25.

73) *Ibid.*, 26.

Ⅱ

『텬로력뎡』

Ⅱ
『텬로력뎡』

1. 제임스 게일

제임스 게일(James Scarth Gale, 1863-1937)은 1863년 2월 19일 카나다 온타리오 주의 토론토에서 그리 멀지 않은 구엘프의 한 농촌 알마(Alma)에서 태어났다. 그의 아버지 존 게일(John George Gale)은 스코틀랜드에서 캐나다로 이민 온 농부로 미국에서 카나다로 건너온 마이에미 브럿(Miami Bradt)과 결혼하였다. 게일은 6남매 가운데 다섯째로 어린 시절 비교적 보수적인 환경에서 성장하였다.[74)]

게일은 1884년 토론토 유니버시티 칼리지에 입학하였으며 재학 중 한 학기를 프랑스에서 공부하는 동안 프랑스의 개신교 선교단체인 맥콜선교단(McAll)에 참여했다가, 부흥사 무디(D. L. Moody)의 설교를 듣고 선교사가 되기로 결심한다. 그는 1886년 6월 문학사로 토론토 대학을 졸업(사진)한 다음 해에 토론토를 방문한 미국 학생선교운동의 선구자 윌더(R. P. Wilder)와 포만(J. N. Forman)을 만난 후 한국에 선교사로 가기로 마음을 정하고, 토론토 대학 YMCA 파송을 받아 평신도 선교사로서 그해 12월 15일에 부산항에 도착하였다.[75)]

1890년 7월 미국 북장로교 선교사 모펫(Moffett)을 만나게 되어 그가 학장으로 있

74) 김재현, "'한국의 마테오리치'-제임스 게일", 210.

75) 위의 책, 210, 230-231.

는 예수학당에서 영어를 가르치게 되었고, 영국 성서공회의 전임 번역위원으로 활동하게 되었다. 한편, 캐나다 토론토 대학 YMCA 선교부가 해체되어 선교비 지원이 중단되자 그는 재정적으로 어려움을 겪게 된다. 그러나 다음 해인 1891년 2월부터 3개월 정도 모펫, 서상윤과 함께 평양과 만주 등지를 여행한 후, 8월에 모펫(Moffett) 선교사의 도움으로 미국 북장로교 선교사로 임명되어 언더우드가 운영하던 고아원(경신학교의 전신)과 여학교(정신여학교 전신)을 대신 운영하게 된다.[76)]

게일은 1892년 4월 의료선교사로 제중원에서 활동하던 故 헤론 선교사의 미망인 깁슨(H. E. Gibson)과 결혼하였으며, 6월에는 새로운 선교 개척지인 원산으로 이주하여 활동했다. 여기에서 그는 이창직의 도움으로 적극적으로 한국어 저술활동을 시작하여 『ᄉᆞ도힝젼』(사도행전)을 번역해 간행하였고, 1893년에는 성서번역위원회 회원으로, 1894년에는 한국에 온 선교사들이 한국어를 쉽게 배울 수 있도록 『사과지남』(辭課指南, Korean Grammatical Forms)을 출간하였으며, 1895년에는 번연(John Bunyan)의 『천로역정』(*The Pilgrim's Progress*)를 『텬로력뎡』으로 번역 출간한다. 이 책의 삽화는 그의 전도로 후에 기독교인이 된 원산의 풍속화가 김준근이 그렸다. 1897년 5월 13일 그는 안식년으로 미국에 가서 모펫이 속해있는 미국 인디에나 주 뉴 알버니 장로교 노회에서 목사안수를 받고 6월에는 『한영자전』(Korea-English Dictionary) 초판을 출간하였다. 1899년 원산이 캐나다 장로교의 선교지역으로 정해지자 그는 가족과 함께 원산을 떠나게 된다.[77)]

서울로 온 게일은 연지골(현 종로구 연지동)을 중심으로 선교활동을 하는 가운데 1900년 5월에 연못골교회(현 연동교회)를 개척하여 담임목사로 시무하면서, 1901년에는 경신학교 교장직을 맡고 그 학교에서 교과서로 사용할 목적으로 120여 주제를 포괄적으로 다룬 『유몽천자』를 간행하고, 1903년에는 주요 창립 주도자로서 황성기독교청년회(YMCA)의 초대회장으로 추대되며, 1904년에는 그간의 성서번역과 한국문학번역 등의 업적으로 미국 하워드대학에서 명예신학박사 학

76) 위의 책

77) 위의 책, 232.

위를 수여 받게 된다. 한편 1907년에는 조선예수교 장로회 독노회 노회장으로 선출되었고, 1908년에는 결핵으로 부인이, 그리고 부모가 소천하게 되는데, 이 해부터 그는 평양신학교의 교수로 일하게 된다.[78]

1909년에는 한국의 역사, 문화, 언어 등을 다룬 *Korea in Transition*(전환기 한국)을 출간하고, 1910년에는 세일(Ada Louise Sale)과 결혼하며, 1911년부터 1916년까지 왕립 아시아학회(Royal Asiatic Society)의 한국학회 회장을 맡았다. 또한 1913년에는 그가 정리하여 번역한 *Korean Folk Tales*(한국의 민담)을 출판하고, 1915년에는 연희전문학교 설립에 참여하며, 1916년에는 평양신학교의 신학노선의 고루함을 비판하며 교수직을 사임한다. 1917년에는 피어선 기념성서학원 원장으로 활동하며, 조선의 시가(詩歌)에 관심을 가지고 조선음악연구회를 조직하고 찬송가 개편에 착수한다. 그리고 그는 이해조가 지은 『옥중화』(獄中花)를 완역해 '춘향전'이라는 제목으로 발표하고 김만중의 『구운몽』을 번역하여 출간하고 『크루소 표류기』를 번역하는 등 한국관련 전문 서적과 기독교의 신앙에 관한 수많은 책들과 서양 소설을 번역하여 내놓았다.[79]

1927년 5월 그는 연동교회를 사임하고, 6월 22일 "내 마음은 언제까지나 한국과 함께할 것입니다"(My heart will always be in Korea)라는 말로 작별을 고하고 한국을 떠나, 다음해인 선교사 정년까지 미국 북장로교회의 모금활동을 돕다 은퇴하였다. 그는 온타리오에 있는 의회 도서관에서 동양전문가 직책을 맡아달라는 요청이 있었으나 이를 거절하고 부인과 함께 영국 남부에 있는 배스(Bath)에 정착하였는데, 자신이 평소 존경하던 영국의 작가 디킨스(Charles Dickens)가 살던 집을 빌려 거주하였다 한다. 그 후 1937년 1월 31일, 74세의 나이로 소천하였다.[80] 그의 한국 이름은 기일(奇一)이다.

---

78) 위의 책, 233-234.

79) 위의 책, 244-246.

80) 위의 책, 247.

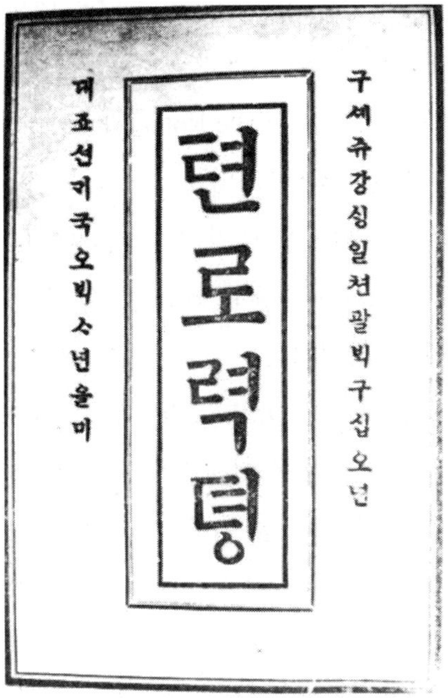

2. 『텬로력뎡』 번역의 특성

선교사 게일이 번역한 『텬로력뎡』초판본(1895, 삼문사 판) 속표지에는 중앙에 책 제목이 적혀 있고, 오른쪽에는 '구셰주강싱일쳔팔빅구십오년'이라는 서력기원 출판년도를 기록하고, 왼쪽에는 '대죠션기국오빅ᄉᆞ년을미'로 조선조 연대와 간지로 표기하고 있는데, 번역자에 대해서는 한글로 언급된 곳이 어디에도 없다. 다만, 한글 속표지 앞장에 삽입된 영어 표지에 'Translated by Mr. and Mrs Jas. Gale'이라고 기록함으로써 번역자가 게일 부부임을 명기 하고 있다. 그러나 재판(1910년)에는 '목ᄉᆞ 긔일 번역, ᄉᆞ인리챵직 교열'이라고 기록하고 있다. 여러 자료를 종합하여 보면, 이 책의 번역을 먼저 시작 한 것은 의료선교사 헤론의 미망인 헤리에트(Harriet E. Gibson Heron)로, 그녀가 게일과 결혼하면서 게일이 번역에 깊이 관여하며[8] 전체를 관장하게 되었고, 이 과정에서 게일이 1889년 황해도에서 만나 평생 동역자가 된 한학에 능통한 이창직(李昌稙, 1866-1936)의 도움으로 번역을 완성하였다.[81]

참고로, 『텬로력뎡』의 출판과 가격에 관해서는, 초판에는 영문으로 삼문출판사에서 출판한 것(Printed at the Trilingual Press, Seoul. 1895)로 기록 되고 가격에 관한 언급은 없는 반면 영어로 'is published by the aid of The Sunday School Teacher's Bible Class, ...'로 미국 필라델피아에서 피어슨 목사가 인도하는 '주일학

---

81) Richard Rutt, *James Scarth Gale and his History of the Korean People*, Seoul: Royal Asiatic Society, Korea Branch in conjunction with Taewon Publishing Company, 1972, 27 ; 박효은, "『텬로력뎡』삽화와 기산풍속도," 〈숭실사학〉 21집, 숭실사학회, 2008. 12, 177.

교 교사 성경공부 모임'의 후원으로 출판되었음을 밝히고 있다. 1910년 판은 장로교 출판 기금(Presbyterian Publication Fund)의 출판으로 값은 25센(sen, 錢)이라 기록하고, 1919년의 제3판(Third Edition)은 조선예수고 문서회(The Korean Religious Book Tract Society)로 종이표지(Paper Cover)는 45센, 헝겊표지(Cloth limp)는 60센이다. 그리고 한글 띄어쓰기를 시작한 1926년의 제4판은 대한기독교서회(The Christian Literature Society of Korea)의 출판으로 종이표지(Paper Cover)는 50센, 헝겊판자표지(Cloth Board)은 1옌 10센(￥1.10)이라 표시하였다.

우리나라에서 개신교 선교사가 활동하기 시작한 때는 1885년 제중원을 열면서라고 할 수 있다. 그 후 선교사들은 여러 가지 활동을 하게 되는데 책 발간과 관련하여, 특히 삽화가 있는 책의 경우, 1892년에 사이츠(M. Site)의 *Bible Picture Book* 을 선교사 로드와일러(L. C. Rothweiler) 가 『성경도설』로 번역한 것이 처음이다. 이 책에는 원본의 서양 삽화 80점이 그대로 인쇄되어 있다. 이는 "구약성경이 아직 번역되지 않은 상태여서 구약을 이해하는데 좋은 길잡이 역할을 하였다"[82] 한다. 그리고 3년 후인 1895년에 두 번째로 삽화가 들어간 책이 나오게 되는데 이 책이 바로 영국의 번연(John Bunyan, 1628~1688)이 쓴 『천로역정』(*The Pilgrim's Progress*)을 번역한 것이다.

1) 번역을 위한 준비

제임스 게일은 캐나다 토론토대학을 졸업한 후, 188년 당 대학의 YMCA 파송 선교사로 25세에 한국에 오게 되는데, 그의 초창기 활동에 관해서는 잘 알려져 있지 않다. 이는 그가 한국에 온지 3년 후인 1891년 8월31일자로 자신의 소속을 미국 장로교 선교부로 바꾸게 된 것과 관련이 깊은 것 같다. 그해 9월12일 게일은 미국 장로교 선교부 총무인 엘린우드(Dr. Ellinwood) 박사에게 첫 번째 편지를 보냈

---

82) 『한국기독교박물관 소장 기독교 자료 해제』(서울 : 숭실대학교 한국기독교박물관) 101. 이 책에 실린 80점의 삽화 중, 48점은 구약, 32점은 복음서와 사도행전의 내용이다.

는데, 다음과 같이 적고 있다.

> "지난 3년 동안 한국말을 배우고 여행하는데 시간을 보냈기 때문에 이제는 지속적으로 할 수 있는 일들을 시작할 필요를 더욱 절실히 느끼고 있습니다."[83)]

그는 본격적으로 선교활동을 시작하기에 앞서 3년을 준비기간으로 활용하였음을 밝히고 있다. 먼저 한국어를 배우는데 집중하면서 한국에 대해 폭 넓게 알기 위해 여행을 하며 언어와 풍습을 터득하는데 처음부터 상당한 노력을 기울였음을 잘 알 수 있다. 그의 준비과정은 그 석 달 후(11월25일)의 두 번째 편지에서도 잘 나타난다.

> "한국에 온 이후 한국과 중국의 고전 작품들을 정기적으로 읽으며 큰 위안을 받고 있습니다."[84)]

여기에서 '위안'(relief)이라는 말의 뜻을 정확하게 이해하기는 어려우나, 그의 행적으로 보아 고전들을 읽는 가운데 감동이 있음을 의미한다고 하겠다. 즉 이 나라가 겉보기와 현실은 난감하나 고전들 속에 면면히 흐르는 정신에서 많은 가능성을 감지하는 것으로 보인다. 그 후 게일은 1892년 8월6일에 보낸 편지에서 다음과 같이 기록하고 있다.

> "저는 매일 규칙적으로 신약성경의 일부분을 번역하는 것과 아울러, 『천로역정(*Pilgrim's Progress*)』을 번역하고 있습니다. 『천로역정』의 전반부는 이미 서울에 있는 기독교서회(Tract Society)에 넘겼습니다."[85)]

---

83) 김인수 편역, 『제임스 S. 게일 목사의 선교편지(1891-1900)』(서울: 쿰란출판사, 2009) 13.

84) 위의 책, 17.

85) 위의 책, 51.

이 편지를 통해 우리는 게일이 『텬로력뎡』을 1892년 초반에 번역하는 일에 착수하여 8월에는 그 1/4을 번역하였고 계속하여 이 일을 진행한 바, 그가 이 책을 1895년 출판하기까지 3년여의 준비기간이 있었음을 알 수 있다.

한편, 그는 언어 습득의 중요성과 관련하여 한문까지도 공부해야할 필요를 역설하고 있다. 즉, 게일이, "미 대륙에서 당연히 영어를 해야 하듯이, 이 반도에서는 당연히 한자를 알아두어야 합니다."라고 주장하며 "언어를 철저히 배우고 중산층의 존경을 받으려면 문어(written language) 뿐만 아니라 구어(spoken language)에서도 한자를 알아두어야 합니다."[86] 라고 강조한 것을 보면 그가 참으로 언어를 바르게 익히는 것을 중시하는 가운데 한국인의 의식세계에 깊이 접근하고자 하였음을 잘 알 수 있다.

2) '관화'역 선택

게일역 『텬로력뎡』을 번역함에 있어, 그 번역의 저본은 영국에서 1863년~1865년 사이에 출판된 메과이어(Robert Maguire, 1826-1890) 목사의 주석본으로 보이는데,[87] 이와 함께 중국어 번역본을 활용한 것으로 보인다. 왜냐하면 당시 중국어 번역본이 이미 2종 출판되어 있었는데 이 책들은 존 번연의 *Pilgrim's Progress*의 제목을 처음으로 『天路歷程』이라고 번역하였기 때문이다.

중국에서 선교활동을 하던 스코틀랜드 선교사 번스(William C. Burns, 1815-1865)는 1853년에 『천로역정』을 중국에서 처음으로 번역 출판했는데, 이 중국어 번역문체를 통상 '문언역(文言譯)'이라 한다. 문언역은 문어(文語)로 번역한 것으로, 중국 고전문장을 기반으로 고전적 어휘와 리듬을 중시하는 문체이다. 그런데 이로부터 12년 후인 1865년에 번스 선교사는 같은 책을 『天路歷程官話』로 다시

---

86) 위의 책, 59.

147)신선영, "19세기 말 시대의 반영, 기산 김준근 풍속화," 『기산풍속도: 그림으로 남은 100년 전의 기억』(서울: 청계천 문화관, 2008), 150.

교정(孫榮理 删訂)하여 출판한다. 그는 『천로역정』을 다시 번역한 이유가 "이 책이 처음에 문어(문언역)로 번역되어, 고명한 선비에게는 스스로 문장을 읽고 의미를 생각할 수 있어서 일목요연했다. 그러나 대중은 문자를 읽을 수 있을 뿐, 아직 내용을 알지 못한다"는 점을 감안한 것임을 서문에서 밝히고 있다. 번스가 새로 번역한 문체는 '관화역(官話譯)'이라 통칭된다. '관화'란 당시 관청에서 일반 백성들과의 사이에 소통되던 언어표현으로 일반 사람들이 알기 쉬운 구어에 가까운 문체라 하겠다. 당시 청나라에서 활동하던 선교사들이 인식하기를 관화역은 당시 대중적 선호도가 높던 『삼국지연의』등 백화소설 문체와 통하는 문체였다.[88]

이상의 두 중국 번역본 가운데 게일은 1865년에 출판된 관화역을 자신의 번역저본으로 삼은 것이 확실하다. 김성은은 그의 논문에서 각각의 번역본들이 어떤 용어를 어떻게 선택하였는지를 밝히고 있다. 그 중 몇 가지만 예를 들면 다음과 같다.[89]

영문판 (1869년)	文言譯(1869)	官話譯(1872)	한국어역 (1895)	한국어역 (1910)
Good-will	惠慈	仁慈	인자	인자(仁慈)
Interpreter	釋示	曉示	효시	효시(曉示)
Salvation	拯救	禦侮	어모	어모(禦侮)
Simple	愚戇	愚夢	우몽	우몽(愚夢)

게일은 영문 용어를 관화역의 번역어로 택하여 우리말로 적었는데, 1910년 판에는 말뜻의 이해를 돕기 위해 괄호 속에 한자를 적어 넣었다. 이는 무엇보다도 독자를 고려한 것이라 하겠다. 중국의 번스는 『천로역정』의 내용을 지식인 뿐 아니라 대중들이 쉽게 접할 수 있도록 다시 번역을 하였고, 게일도 두 번역본 중에서 관

88) 김성은, "선교사 게일의 번역문체에 관하여-천로역정을 중심으로," 『한국 기독교의 역사』, 31, 2009.

89) 위의 글, 203-204

화역의 용어들을 선택하여 『텬로력뎡』으로 번역함으로써 당시 조선의 '중산층'은 물론 각별하게 서민 대중을 염두에 두고 있었다는 것을 알 수 있다.

3) '하ᄂᆞ님' 호칭

조선에서 최초로 출간된 전도를 위한 번역 소설 혹은 문학으로 널리 알려진 책은 『텬로력뎡』보다 1년 먼저 출판된 『인가귀도(引家歸道)』이다. 당시 중국에서 선교활동을 하던 영국인 선교사 그리피스(John Griffith) 목사가 저술한 이 책을 조선에서 활동하던 미국 북감리교 선교사 올링거(Franklin Ohlinger)가 번역하였다. 이야기의 줄거리는 중국의 리 선생이라는 인물이 허랑방탕하다가 기독교에 귀의하여 가족들과 이웃을 변화시키는 내용이다.[90] 이 책에서는,

> 리션싱이ᄀᆞᆯᄋᆞ디긔도ᄒᆞᄂᆞᆫ거ᄉᆞᆫ쳣ᄌᆡ샹뎨ᄭᅴ은혜베프심을구ᄒᆞ고ᄯᅩ샹뎨의복주심을ᄉᆞ례ᄒᆞᆷ이니이거시ᄀᆞ장요긴한례문이나 ...[91]

하며 '샹뎨'(上帝)라는 명칭을 사용하는 바, 이는 유교의 전통적 표현으로 중국어 원본의 용어를 그대로 사용한 것이다. 이 책에는 이 명칭 이외에도, '하날 아버님,' '우리 아버님 샹뎨,' '샹뎨의 신의' 등 여러 형태의 명칭을 사용하고 있다.

그러나, 『성서』와 『텬로력뎡』 번역에 있어 게일이 가장 중요하게 생각하였던 것 중의 하나는 '하ᄂᆞ님'이라는 명칭이다. 게일은 1894년 5월 10일 선교부에 보내는 편지에서, 조선의 성서 번역위원 가운데 네 사람이, 중국과 한국의 가톨릭교회에서 사용하는 '천주'(天主)'라는 용어를 사용하고자하는데 강하게 반대하였음을 밝히고 있다. 그 이유는 우선 이 용어가 한자인 외래어라는 점이다. 그리고 이 용어는 가톨릭과 밀접하게 연계되어 있다는데, 당시 한국의 가톨릭 교

---

90) 『한국기독교박물관소장 기독교자료 해제』(서울: 숭실대학교 한국기독교박물관, 2007) 190-191.

91) 존 그리피스/ F. 올링거 역, 『인가귀도』(서울: 정동예수교회당, 1894) 12-13.

인들의 행태가 대체적으로 긍정적이지 않다는 점에 우려를 표시하고 있다.[92]

그는 번역사역 전체를 위해서 "가장 적절한 용어"를 합의하여 사용할 수 있기를 기대하며,[93] 당시 게일이 소속한 선교회와 감리교인 대부분이 사용하고 있는 "'하ᄂᆞ님'(Hananim)이라는 순수한 한국 토착민의 말"[94] 을 사용할 것을 제안하고 있다. 그리고 이에 덧붙여 이 말이 "상당히 교양 있는 이곳 사람들의 존경을 받을 만한 번역"이라고 평가하고 있다.[95]

'하나님'이란 용어와 관련하여, 『천로역정』 원문의 'God'이 중국 관화역에서 '眞神'으로 번역되고, 'The Lord'는 '天主'로 번역되어 있지만, 게일은 이 두 용어를 모두 '하ᄂᆞ님'이라고 번역하였다.[96] 이것은 게일의 번역관에 대하여 시사하는 바가 크다. 게일은 '하나님'에 관하여 다음과 같이 적시하고 있다.

> "한국인들은 'God'을 유일하고 위대하신 분인 '하ᄂᆞ님'이라고 말한다. 한문으로나 한국어로나 그 이름이 '유일한'과 위대함'으로 만들어진 용어이다. 그래서 그는 하늘에서나 땅에서나 땅 아래에 어떤 형상이나 모양이 없는 주재자다. 위대함이 그의 속성이다."[97]

이러한 표현은 게일이 한국어 용어에 담긴 마음과 정서를 누구보다도 분명하고 정확하게 인식하고 있었음을 보여준다. 또한 게일은 당시의 성경번역에서도, 그리스어의 'Theos' 나 일본의 'Kami', 그리고 중국의 '上帝'라는 용어와의 비교 검

---

92) 『제임스 S. 게일 목사의 선교편지』 68.

93) 앞에서 언급한 1892년에 번역 출판된 『성경도설』의 경우, 하나님을 '샹뎨'(상제, 上帝)라고 번역한다.

94) 『제임스 S. 게일 목사의 선교편지』 69.

95) 위의 책, 69.

96) 김성은, 위의 글, 208-209.

97) James S. Gale, *Korea in Transition*, (New York: Young People's Missionary Movement of the United States and Canada), 78~79. 김성은, 위의 글, 209 에서 재인용; 한편, 신복룡은 이 책, 『전환기의 조선』을 역주하면서 이 부분(70쪽)은 물론 모든 표현을 '하느님'이라 용어로 번역하고 있다.

토에서, "하ᄂᆞ님은 다른 언어의 명칭들이 오랜 사용기를 거치면서 도달하려고 애썼던 뜻을 한 번에 적확히 얻고 있다"[98] 고 주장하며, '하ᄂᆞ님'이라는 용어의 정당성과 탁월성을 계속하여 주장하고 있다.

그 후 1906년에 선교사회에서는 'God'의 한국어 명칭으로 '하나님'을 사용하는데 최종 합의함으로써 결국 이 용어는 한국 개신교에 폭넓게 사용되는 고유명사가 되었다. '순수한 한국 토착' 언어를 폭넓게 이해하고 그 중요성을 강조한 점에 게일의 탐구정신과 소신이 부각된다고 하겠다.

4) '꿈' 표현의 제한

번연의 *Pilgrim's Progress*는 꿈을 꾸는 것을 시작으로 전개되어, "And as I laid slept, I dreamed a dream"이라 하며, 새로운 장면이 시작될 때 마다 "I dreamed, and behold I saw a man ..."하며 계속하여 그 내용이 꿈임을 상기시키고 있다. 그리고 마지막에는 "So I awoke, and behold it was dream."이라며 꿈이 깨는 것으로 맺고 있다. 게일이 번역한 『텬로력뎡』역시 꿈을 꾸는 것으로 시작하는 것으로 전개되어가고 마지막에는, "쟝망셩셔만디옥이잇ᄂᆞᆫ거시아니라텬셩문에셔도디옥이통ᄒᆞᆫ줄알고ᄭᆡ다ᄅᆞ니남가일몽이러라"하고 지금까지의 내용이 꿈이었음을 알리며 이야기를 맺는 점에서는 동일하다.

그러나 원문에서는 장면이 바뀔 때 마다, 그 정황이 꿈(dream)임을 계속 상기시키는데 반해 게일이 번역한 『텬료력뎡』에는 처음과 맨 나중 이외에는 꿈이라는 단어없이 문장이 연결 된다. 즉, 게일은 한 번도 꿈에 대해 언급하지 않고 앞뒤의 문장을 살짝 조정하여 자연스럽게 넘어간다. 다음의 예에서보듯 영어에서는 "So I saw in my dream that man began to run:"한 것을, 『텬로력뎡』에서는 앞의 문장을 맺지않고 연계하여 "가르쳐 줄 사람이 있으리라 하거늘, 이 말을 듣고 달아날새"라고 번역하고 있다. 한편 게일이 번역에 참고한 것으로 평가되는 중국어역에는

98) Gale, "Korea's Preparation for Bible," 〈The Korean Mission Field〉, vol.8(1912) 210.

모두 원문과 같이 계속 꿈임을 분명히 하고 있다.

Then said Evangelist, Keep that Light in your eye, and go up directly thereto, so shalt thou see the Gate: at which, when you knockest, it shall be told the what thou shalt do.

So I saw in my dream that Man began to run: Now he had not run far from his own door, but his Wife and Children perceiving it, began to cry after him to return: but the Man put his fingers in his ears, and ran on crying, Life! Life! Eternal Life! (*The Pilgrim's Progress,* pp.14-15)

젼도-ᄀᆞᆯᄋᆞᄃᆡ저빗ᄎᆞᆯᄇᆞ라보며그리로가면좁은문이잇ᄉᆞ리니그문을두ᄃᆞ리면 네가엇더케ᄒᆞᆯ거ᄉᆞᆯᄀᆞᄅᆞ쳐줄사ᄅᆞᆷ이잇ᄉᆞ리라ᄒᆞ거ᄂᆞᆯ이말을듯고다라날ᄉᆡ거긔셔 졔집이멀지아니ᄒᆞᆫ지라그쳐ᄌᆞ들이보고크게불너도로오라ᄒᆞ되ᄉᆡᆼ명이요긴ᄒᆞ니 라ᄉᆡᆼ명이요긴ᄒᆞ니라ᄒᆞ며도라보지안코벌판가온ᄃᆡ를향하여다라날ᄉᆡ...

(『텬로력뎡』 오)

傳道曰, 彼光, 爾當注目直視, 而往就之, 方能見其窄門,爾若扣之, 必有告爾所當行子, 正如詩云... 我夢見其人斯時遂分離爾其家未遠,其妻孥見之, 遂疾呼之歸, 其人則以兩手掩耳直奔, 大聲呼曰, 生矣生矣永遠生矣終不回顧, ...

(『天路歷程』, 卷一, 二)

傳道說, 你當把眼睛望着那光, 一直往前, 就可以看見窄門, 你鼓這門, 必有人告訴你, 該當怎麽行, 有時爲證, ... 我夢見那人, 聽傳道的話, 立刻就走, 離他的家不大遠, 他的老婆孩子看見了, 就大聲呌他回來, 那人把手塞着耳朵直跑, 大聲喊道, 生命要緊, 永遠的生命要緊, 總不回頭, ...

(『天路歷程官話』三, 四)

傳道話, 你要定眼望實的光, 一直去到個處, 就見窄門咯. 你拍開道文, 是必

有人話你請, 應該點樣行慨慨咯. 有時爲證,

詩 斯人悔悟切哀呼 慾保靈魂脫罪辜

曰 幸得聖徒傳福道 指明離死入生途

我夢見個人, 聽傳道慨慨話, 卽時就走, 離佢家中冇遠, 佢慨慨妻兒睇見, 就大聲吗佢番歸. 誰知佢형?手 揞住對耳, 一直 走去, 大聲......

(『天路歷程土話』卷一, 二?)

물론 중국의 『天路歷程』 번역에도 다른 문장에서 꿈(夢)이라는 단어를 생략한 곳도 있지만 이 경우에도 문맥상 꿈이라는 것을 파악할 수 있도록 하고 있다. 예를 들어, 기독도가 집을 나오는 부분에서 십자가 아래 다다르자 죄 짐이 저절로 떨어져나가는 장면까지, 번연의 영어 본문에서는 열 번에 걸쳐 '꿈'이라는 용어를 사용하고 있다. 그러나 게일의 『텬로력뎡』에는 이 단어가 하나도 없다. 그런데 중국어 번역에는 여덟 번 몽(夢)자를 사용하는 반면, 한 번(①)은 바로 앞 문장에 몽(夢)과 연결하여 '보았다'(見) 만 사용하였고, 다른 한번(②)은 몽(夢)자만 생략하여 '나는 보았다'(我見)으로 기록함으로써 어쨌든 현실적 상황과 거리를 두고 있다. 그런데 이 두 번째의 경우가 『天路歷程官話』에서는 다시 몽(夢)자를 삽입하여 영어 원문과 같이 꿈임을 확실히 하고 있다.

①

時我夢見基督徒之前路, 兩旁有護墻, 墻名拯求. 基督徒由此而奔, 但背負之任重, 擧步維難, 後奔至一所稍高, 上立十字架, 下一空墓, 基督徒適至此, 其任卽解, 從肩脫下, 跳入墓中, 後不復見, ...

(『天路歷程』卷一, 十)

那時, 我夢見基督徒, 前頭的路, 兩邊都有牆護衛, 這牆的名字, 吗救護, 基督徒從這裏走, 但身上的担子狠重, 步履艱難, 後來走到一個高地方, 上頭立起一個十字架, 底下有個空墳, 基督徒剛到這裏, 他身上的重担, 就脫了, 掉在那墳

裏, 後來不再見了, ...　　　　　　　　　　　　　　　　(『天路歷程官話』三十六)

이 때 나는 꿈속에서 기독도 앞 쪽에 길이 있는 것을 보았는데, 그 길 양쪽에 담이 싸여 있었고 그 담은 구원이라 불렸다. 기독도는 이에 이 길을 내달렸는데 등의 짐이 무거워 어려움을 겪었다. 계속 달려서 약간 높은 곳에 다다르자 바로 그 위에 십자가가 서있고 그 밑에는 빈 무덤이 있었다. (나는 꿈속에서) 기독도가 십자가에 앞에 이르자, 그의 등짐이 풀려 어깨에서 떨어져 무덤 속으로 굴러 들어갔고, 이후 다시는 (그 짐을) 볼 수 없었다.　　　　　　　　[필자 의역]

②

錮執曰, 我必歸本處, 此等之妄人, 我泌不與爲伴,

時我見錮執已歸, ...　　　　　　　　　　　　　　(『天路歷程』卷一, 三)

固執看見就說, 我必回家去, 這等狂妄無知的人, 我斷不同他作伴, 我夢見固執回去的時候, ...　　　　　　　　　　　　(『天路歷程官話』六)

고집이 말하기를, "나는 반드시 집으로 돌아가야 한다. 저 정신나간 사람들과 결코 함께 갈 수 없다"고 하였다. 이 때 나는 고집이 돌아가는 것을 보았다.

[필자 의역]

그렇다면, 유독 게일이 이 책을 번역해 나가면서 '꿈'이라는 표현을 삭제한 이유를 묻지 않을 수 없다. 그러나 이에 관한 언급이 있는 자료는 아직까지 발견되지 않았으며 앞으로도 찾기는 쉽지 않을 것 같다. 왜냐하면 굳이 그 내용을 기록하여 번역에 관해 왈가왈부 할 필요가 없었을 터이기 때문이다. 다만 여기에서는 필자 나름대로의 견해를 피력하고자 한다.

존 번연의 *The Pilgrim's Progress*에 관한 논문들에 의하면, 이 책에 나오는 인물과 사건들이 바로 번연이 실제로 겪었던 일을 알레고리로 표현한 것이라는 관점에서 출연하는 인물과 사건에 관하여 여러모로 지적하고 있는데, 특히 허화시의 재판관과 그 재판 모습은 번연이 재판을 받던 과정에 연관된 사람들의 모습을 그대로 반영하며, 여러 등장인물들이 당시에 잘 알려진 사람들과 직접적으로 연결되는 경우가 많다.[99] 결국 번연이 감옥이라는 황야의 동굴에서 자신의 삶을 되돌아보며 글을 써나갔기에 장면이 바뀔 때마다 거기에 등장하는 인물과의 관계를 꿈에서 본 것으로 표현하는 것이, 현실에서 제기될 수도 있는 논란을 넘어서기 위한 한 방편일 수 있다. 또한 당시 영국의 경우 기독교의 오랜 전통이 사회 전반을 휩쓸고 있던 터이니, 내용 전개에 '꿈'이라는 표현은 상상력과 알레고리를 승화시키는 경향성도 존재한다고 하겠다.

반면, 당시 한국적 현실에서 이 책은 분명하게 미지의 기독교 전도를 목적으로 번역되고 출판된 바 그 번역의 내용도 현실적인 연계를 생각할 수 있었다고 본다. 특히 당시 조선 사람들이 이 책을 읽을 때, 내용의 장면이 바뀔 때 마다 이것은 꿈이었다는 것을 반복적으로 기록할 경우, 기존 기독교 문화권에서와 달리, 불필요하게 그 내용의 전개의 긴장감을 약화시키는 결과를 초래할 수 있다고 본다. 이미 이야기의 서두에서 '꿈'이라고 전재하였고, 이야기를 맺으면서 '이는 꿈이었다'는 서술만으로도 그 내용을 전달하는데 무리가 없을 뿐 아니라, 이러한 전개가 한층 더 자연스러운 서술이라 판단된다.

한편, 지금까지의 국어학적 연구에서 『텬로력뎡』 번역이 일본의 『천로역정』 번역과는 무관한 것으로 보는데, 이는 일본의 첫 번역인 사토 역의 첫 부분을 비교해 볼 때 어휘의 선택이나 어순에서 중국의 『천로역정』(문언)과 일치하기 때문이다.[100] 그러나 화이트의 번역본은 중국의 역본과 단어 선택이나 어순에서 차이가 나는 것을 보면 일본에서도 선교사가 번역하였다는 점에서 영향을 미쳤을 가능성이 높으나 번역문에서는 유사점이 발견되지 않는다고 한다.[101]

---

99) Roger Pooly, "*The Pilgrim's Progress* and the line of allegory," The Cambridge Companion to Bunyan, ed. Anne Dunan-Page, (Cambridge: Cambridge University Press, 2010) 84.

100) 김동언, "『텬로력뎡』초판본과 개화기 국어," 『텬로력뎡』, 배재학당역사박물관 연구집 2, 2010, 66.

101) 위의 책, 이와 관련하여 박세록, "『천로역정』의 번역론 재고", 〈고전연구〉 제 17호. 88에서는 당시의

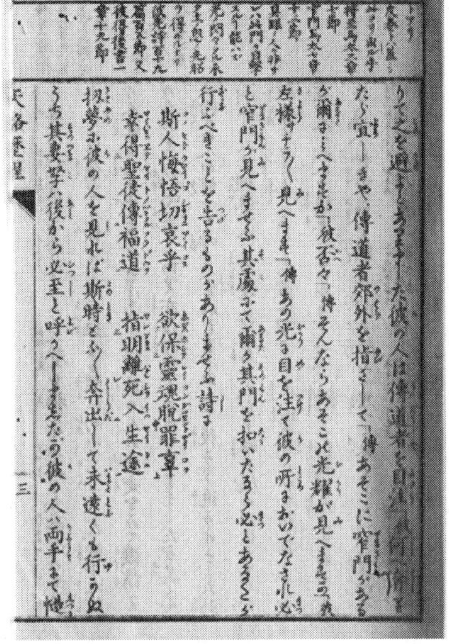

[사토 譯, 『天路歷程意譯』, 三]

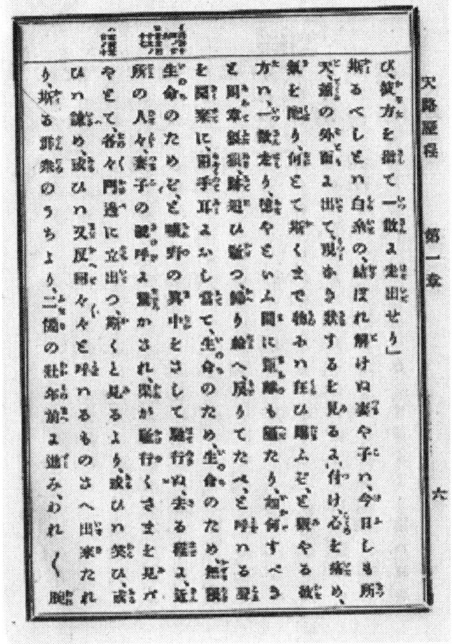

[White 譯, 『天路歷程』, 第一章, 六]

그러나 일본어 번역이 먼저 나왔기에 필자는 '꿈' 표현의 제한과 관련하여 부분적으로 살펴보았는데, 앞에서 인용한 영문 원본, 『텬로력뎡』, 문언역본, 관화역본, 그리고 土話와 동일한 부분(기독도가 집을 떠나는 장면, 77-78쪽)을 일본어 번역인 사토역 『天路歷程意譯』과 화이트 역 『天路歷程』을 비교하면 다음과 같다.[102]

일본 최초의 『천로역정』 번역으로 정기 간행물인 칠일잡보에 1879년부터 사토가 연재하던 것을 『天路歷程意譯』으로 발간된 내용을 보면, 제목에 의역이라는 표식을 하고 있으나 실제의 번역에서는 중국의 『天路歷程』에서 사용하는 대부분의 한자를 그대로 옮겨 놓고 우측에 작은 글씨로 일본식 발음을 기록(상단 왼편)하였다. 따라서 문언역의 몽(夢)자를 그대로 옮겨 운을 달면서, "그때 꿈에 보니 그 사람이 달려가는데(扨夢に彼の人を見れば斯時とふとふ奔出して未遠く

번역경향성을 볼때, 사토와 화이트의 『천로역정』 번역판이 깊이 연구되어야 한다고 주장하였다.

102) 원문이 활자로 뽑기 어려워 축소 복사 하였다.

も)"[103] 라고 문장을 시작함으로써 영어 및 중국어역과 같다.

그러나 일본에서 두 번째로 1886년에 화이트(Rev. White)가 번역하며 삽화를 넣은 『天路歷程』에는 몽(夢)자를 사용하지 않고 그 내용을 번역하고 있다. 즉 위와 같은 부분(앞쪽 상단 오른편)에서는 꿈에 관한 언급없이 집을 떠나는 장면만 장황하게 서술하고 있다.

따라서 서두와 결말부를 제외하고는 '꿈'이라는 말을 부가적으로 쓰는 것을 생략하였다는 점에서 화이트의 번역과 게일의 번역이 공통점을 갖는다. 화이트 역이 먼저 출판되었다는 점에서 게일이 이 책의 영향을 받았을 수도 있고 그렇지 않을 수도 있다. 게일이 화이트의 일본어 번역을 읽어보았을지 여부는 현재는 알 수 없으므로 이 문제에 관해 앞으로 두 역본 사이에 좀 더 자세한 비교와 연구가 필요하다고 하겠다. 다만 필자의 입장에서는 게일이 『텬로력뎡』을 번역하는 과정에서 보여준 '하ᄂᆞ님' 용어 선택과 삽화 결정 등에 따른 그의 행동과 태도로[104] 보아 꿈 몽(夢)자의 생략도 독자적인 것으로 생각한다.

3. 『텬로력뎡』 삽화의 특성

게일이 1895년에 출판한 『텬로력뎡』에는 42점의 풍속 삽화가 들어 있는데 그 삽화를 그린 사람이 누구인지는 기록되어 있지 않다. 미술사학계에서는 이 삽화들을 19세기 한국 풍속화의 일환으로 보고 여러 면에서 고찰한 바 있다.

1) 삽화 준비

『텬로력뎡』의 삽화들은 현존하는 한국 기독교미술의 효시가 됨은 물론 한국 근대 미술사에 중요한 자리 매김을 하고 있다. 그런데 이렇게 중요하고도 과감한

---

103) 필자의 역

104) 앞으로 다루게 될 '갓 쓴 예수,' '선녀 천사,' '신선계 천국' 등의 사려 깊으면서도 과감한 결정

결정을 하게 된 게일의 생각과 입장을 나타내는 기록은 아직까지는 거의 드러나지 않고 있다. 그의 선교편지에 단 한번 간결한 어투로 표현한 것이 전부이다. 그는 원산에서 1895년 1월 5일에 선교부 총무에게 쓴 편지에 다음과 같이 기록하고 있다.

> "지난주에 저는 한국인 화가 한 사람과 함께 『천로역정』의 삽화들을 준비하느라 바쁜 시간을 보냈는데, 이 책의 출판을 위해서 필라델피아에 있는 피어슨 성경학교(Dr. Pierson's Bible Class)가 상당히 많은 금액을 기부해주었습니다. 이 화가는 이 방면에 매우 특별한 사람으로 잘 알려져 있으며 토착민들의 관점에서 보면 그의 삽화는 매우 훌륭한 것입니다."[105)]

여러 가지 일들을 묶어서 간결하게 표현한 글이지만, 문맥으로 보아 세가지 중요한 내용을 알려주고 있다. 다만 삽화와 관련된 다른 자료가 없기에 이 문장에서 삽화를 완성하는 기간과 삽화에 관한 평가에 대해 부분적으로나마 확대 해석을 할 필요가 있어 보인다.

게일은 "지난 주간에 한국인 화가와 함께 삽화를 준비하느라 바쁜 시간을 보냈다(This last week I have been busy with a native artist preparing illustrations for *Pilgrim's Progress*)."는 것이다. 이 문장에는 삽화를 그린 시기와 기간, 그리고 화가에 관해 언급되어 있는데, 삽화를 그린 시기는 1894년 연말로 12월 하순 경이라 추정되며 소요기간은 일주일 정도를 집중적으로 활용한 것 같다.[106)] 그런데 게일과 삽화를 준비하는데 함께 한 화가의 이름은 언급되지 않고 있다. 당시 전 세계의 선교를 관장하는 선교부 총무에게 보낸 편지이기에 낯선 발음의 이름을 굳이 밝힐

105) 『James S. Gale의 선교편지』 (1895. 1.5) 81.

106) 박효은은 『텬로력뎡』 서문 말미의 "구세쥬강생일쳔팔빅구십ᄉ년원산셩회기일셔"를 근거로 이 삽화가 그려진 연대와 장소는 1894년 원산으로 보았다. 박효은, "『텬로력뎡』 삽화와 기산 풍속도," 숭실사학 제21집, 숭실사학회, 2008. 12, 173. 따라서 필자는 이 편지를 통해 그 시기가 '12월 하순 일주일간'임을 추가로 밝히게 된 것이다.

필요는 없었을지도 모른다.[107] 다만 그에 관한 설명으로 '이 방면에 특별한 사람으로 잘 알려져 있다'는 것이다. 삽화의 화풍으로 보아 그는 풍속화에 조예가 있는 화가로 보인다. 게일이 선교부 총무에게 이 화가를 소개하는데 그가 '이 방면에 매우 특별한 사람'이라고 하였는데, 만일 그가 기독교인이었으면 이를 밝혔으리라는 점에서 당시 그가 기독교인은 아니라고 추정할 수 있다. 추후에 알게 되었지만 이 화가는 원산의 김준근(Wonsan artist, Kim Chungun) 이다.[108]

다음으로, 게일은 삽화에 대해 "토착민들의 관점에서 보면 그의 삽화는 매우 훌륭한 것입니다(The illustrations are very good from a native point of view)."라고 표현하고 있다. 여기에서 '토착민의 관점에서는 매우 훌륭한 것'이란 표현은 적어도 이 삽화에 대한 주변의 평가와 자신의 입장에 대한 차이에 이해를 구하는 뜻을 내포하는 것으로 보인다.

『천로역정』을 조선에서 처음으로 번역하면서 그 삽화를 과감하게 한국의 풍속화로 대체한 것에 대한 주변의 평가는 다소 부정적일 수 있다. 토착화에 대한 논의는, 역사적으로 볼 때, 그 내용과 형식 및 과정과 시기에 관해 다양한 논란이 끊임없이 이어져 왔기 때문이다. 아마도 첫 번역에는, 서론에서 소개했던 『성경도설』처럼 영문저본의 삽화가 그대로 들어가야 된다고 주장하는 선교사들도 있었을 것으로 추측된다. 반면에 또 다른 저본이 된 중국 『天路歷程』들의 삽화들이 중국 풍속화로 되었다는 점에 힘을 얻었을 것으로도 보인다.

게일은 '조선 사람의 관점'을 부각하고 있다. 삽화에 관해 여러 방법과 논의가 있을 수 있지만 가장 중요한 것은 이 책을 직접 읽고 보게 될 사람들의 눈에 훌륭

---

107) 영국에서도 초창기에 삽화가 들어간 『천로역정』에는 그 삽화를 그린 사람의 이름이 기록되어 있지 않은데, 중국의 문언역, 관화, 토화, 그리고 일본의 화이트 역에도 그 책의 삽화를 그린 화가에 관한 언급은 없다.

108) Richard Nutt, *James Scarth Gale and his History of the Korean People*, Royal Academic Society in conjunction with Taewon Publishing Company, Seoul, 1972, 27 ; 김주영, "그리스도교 전래에 따르는 서양화 유입의 궤적," 〈홍익미술〉 1, 1972, 104 ; 신선영, "기산 김준근 풍속화에 관한 연구," 〈미술사학〉 제20호, 2006, 111.

해 보여야 한다는 것이다. 왜냐하면 그들이 이 그림을 보고 어떻게 이해하느냐가 관건이기 때문이다. 이러한 관점과 입장에서 게일은 삽화의 내용을 중국어 저본의 삽화보다 더욱 더 과감하게 한국의 전통적인 내용으로 대치하고 있음을 파악할 수 있다.

2) 영국 저본과 『텬로력뎡』 삽화

상술했듯이 번연의 『천로역정』(*The Pilgrim's Progress*)이 영국에서 처음으로 출판되자 사람들에게 큰 관심거리가 되어 판을 거듭하게 되었고, 4년 후에는 그 이야기의 내용을 설명하는 삽화가 들어가기 시작했다. 그리고 그 책에 언급된 성경 구절에 관한 설명을 기록해 넣은 주석본(註釋本)이 다양하게 출판되기 시작하였다. 그 가운데 메과이어 목사 주석본이 있는데 이 책에는 1부 표지삽화(Emblematical Heading)를 포함하여 총 56점의 삽화가 실려 있다.

메과이어 주석본의 삽화는 19세기 영국의 유명한 삽화가이며 화가인 헨리 셀루스(Henry C. Selous, 1811~1890)와 프리올로(M. P. Priolo)가 공동으로 제작한 것으로, 1863~1865년 사이에 런던에서 처음 출판된 이래 1890년대까지 지속적으로 간행된 바 있다. 이 삽화는 17세기 초반에 영국 사람들의 복식과 사회문화적 여건을 담고 있는 귀중한 자료이기도 하다.

게일이 『텬로력뎡』을 번역할 때 어느 책을 저본으로 삼았는지에 관한 기록은 아직 발견되지 않았다. 그러나 미술사학자들이 이를 다양하게 비교해 본 결과 『텬로력뎡』의 삽화 42점 중 대다수가 메과이어 주석본과 유사함을 밝힘으로써 이 주석본이 번역과 번안의 저본으로 인정되고 있다.[109]

『텬로력뎡』의 삽화를 그린 화가에 관하여 미술사학계에서 이 삽화들과 당대

---

109) 신선영, "19세기 말 시대의 반영, 기산 김준근 풍속화," 『기산 풍속도 : 그림으로 남은 100년 전의 기억』(서울: 청계문화관, 2008); 박효은, "『텬로력뎡』삽화와 기산풍속도," 「숭실사학」 21, 171-211. (신선영이 의견을 제시했고, 박효은은 명확히 이를 뒷받침 한 것으로 보임).

의 풍속화를 여러 모로 대조하고 살핀 결과 그리고 앞에서 기록한 문헌기록을 통해 이는 기산(箕山) 김준근(金俊根)이라는데 이의가 없다. 김준근에 관해서는 그의 그림 외에 다른 남아있는 자료가 없어 잘 알 수 없으나, 19세기 말 외국인 사이에는 매우 인기가 높았던 풍속화가이다. 외국인들로부터의 조선 풍속화 수요가 늘어나자 그는 일종의 공방을 만들어 화공들이 함께 공동작업을 하게하는 한편 판화기법까지 도입하는 등 대량생산체제를 갖추어 많은 그림을 생산해 팔았던 인물이다.[110)]

셀루스와 프리올로의 삽화(예: 다음 쪽 상단 왼편) 56점과 기산의 『텬로력뎡』 삽화(예: 다음 쪽 상단 오른편) 42점을 서로 비교해보면 각각이 17세기 초 영국의 풍물과 복식과 조선의 19세기 말 풍물과 복식이라는 점에서 기본적으로 큰 차이가 있지만 양자 사이의 관련성도 4가지로 들 수 있다. 즉 동일한 주제의 두 삽화가 기본구도에서 거의 동일한 것이 38점,[111)] 두 삽화가 유사하나 문화적 배경이나 구도에서 차이가 나는 것이 8점, 셀루스는 삽화를 넣었지만 『텬로력뎡』에서는 삭제한 것이 14점, 그리고 『텬로력뎡』에 독자적 그려 넣은 삽화가 1점이다.[112)] 이러한 대조를 통해 『텬로력뎡』은 메과이어 주석본의 삽화를 저본으로 삼았다는 것을 확실하게 할 수 있다.

게일은 이 삽화를 조선의 화가와 함께 준비하였다고 하였는데, 과연 게일과 김준근은 어떻게 삽화를 완성하였을까? 아마도 게일이 셀루스의 삽화를 보여주며

110) 박효은, "기산풍속도의 미술사적 해제," 『기산 김준근 조선풍속도』 매산 김양선 수집본, (서울: 숭실대학교 기독교박물관, 2008) 116-119.

111) 신선영, "기산 김중근 회화 연구," 한국중앙연구원 박사학위논문, 127-133. 신선영은 메과이어 주석본의 삽화와 『天路歷程土話』삽화 그리고 『텬로력뎡』 삽화를 비교하는 가운데, 세 판본이 모두 유사한 삽화가 10점, 『텬로력뎡』이 메과이어 주석본에 근접한 것이 9점, 그리고 『텬로력뎡』과 두 판본이 각각 다른 경우가 2점이라 지적하고 있다. 필자는 『텬로력뎡』이 『天路歷程土話』의 영향은 받지 않은 것으로 판단하기에 이 장에서는 세 삽화를 비교하지 않고 맥과이어 주석본의 삽화와 『텬로력뎡』 삽화만을 비교한다.

112) 『텬로력뎡』에는 메과이어 주석본에 없는 '진충(Faithful)과 기독도가 전도(Interpreter)를 다시 만나다'(삽화 27)를 독자적으로 그려넣었다.

그 내용을 설명하였을 것이고, 당시에 김준근은 아직 기독교인은 아니었기에 그 내용을 깊이 있게는 파악하지 못했더라도, 그림 전문가로서 이미 자신이 그린바 있는 인물과 풍물을 소개하거나 그려 보이며 게일과 그 구도와 내용을 다양하게 협의하는 가운데 게일이 그 구상을 확정하였을 것이다.

이 삽화가 김준근의 기존 그림과 깊게 연계됨은 그의 두 번째 삽화(상단 오른편)에서 보이는데로 죄짐을 진 기독도가 집을 떠나는 그림에서부터 확연히 들어나는데, 이는 자신이 그렸던 〈박물장수〉 보부상 가족의 이별장면 그림(하단 오른편)을 기반으로 한 것이다.[113] 이 경우, 저본 삽화보다

113) 박효은, "『텬로력뎡』 삽화와 기산풍속도," 186-7, 202.

간소하면서도 그 특징을 잘 표현한 것으로 보인다. 그런데 차이점은 저본에는 기독도가 귀를 틀어막고 도망치듯 뛰어가는데, 김준근의 그림에는 이별에 대한 어떤 긴장감보다는 떠나는 사람을 배웅하는 정도의 느낌이 강하다는 점에서 본문의 상황과 간격이 있다. 이러한 경우는 기존 그림 활용의 한계가 될지, 혹은 좋은 목적으로 출가하는 것을 격려하기 위한 것인지 해석이 쉽지 않다.114)

김준근은 의도를 가지고 구도를 부분적으로 변경하기도 하였다. '기독도가 담을 넘어 오는 사람을 개유하다'의 두 삽화를 비교하면, 셀루스의 그림(삽화 14, 112쪽 하단 왼편 참조)에서는 일점투시에 의해 사선으로 멀어지는 담장을 넘어오는 〈허례〉(Formalist)와 〈위선〉(Hypocrisy)을 이미 그곳을 지나쳐 가버린 기독도가 물끄러미 고개를 돌려보는 듯하다. 그러나 김준근의 그림(삽화 13, 112쪽 하단 오른편)에서는 기독도를 허례, 위선에 가까이 그려 이들을 타이르는 기독도의 역할을 더 적극적으로 표현하고 있다.115)

기독도의 역할을 돋보이게 하려는 의도는 본문의 내용과 달리 삽화에서 두 인물의 위치와 역할을 교체하는데 이르기도 한다. '죽음의 강을 건너다'에서 본문은 '강을 건너던 기독도가 갑자기 물밑으로 빠져들게 되어 스스로 헤어나려하다 기진맥진하게 된 것을 〈미도〉가 붙들어 건져내는 것으로' 되어 있다.(다음쪽 왼편) 그러나 『텬로력뎡』의 삽화(다음쪽 오른편)에서는 다른 모든 『천로역정』의 삽화와 달리 〈미도〉와 기독도의 위치를 바꾸어 기독도가 〈미도〉를 이끌어주는 모습으로 표현하고 있다. 이는 본문의 배경을 잘 모르고 그림만 보는 사람들에게 주인공인 기독도의 믿음의 여정을 좀 더 긍정적으로 보이게하려는 의도라 생각 된다.

한편, 게일과 김준근은 『텬로력뎡』의 삽화를 구성하면서 영국 저본에 있는 다음의 삽화 14점은 넣지 않았다.

---

114) 또한 벽 뒤에서 은혜의 기름을 붙는 장면(『텬로력뎡』삽화 11)에서도 성령의 불을 끄기 위해 마귀가 물을 붓는 그림에서 그 마귀의 모습을 저본과 형태와 자세가 유사한 자신이 그린 '도기장이'의 모습을 옮겨다 놓음으로서 마치 도기장이가 마귀의 형태를 가진 사람으로 오해될 소지도 있다고도 하겠다.

115) 박효은, 앞의 논문, 179

1) 기독도가 자비에게 자기 가족에 관해 말하다(삽화: 20)

2) 진충이 치선에게 도전하는 말을 하다(삽화: 28)

3) 진충이 수다쟁이와 말하다(삽화: 30)

4) 기독도와 진충이 허화시로 들어가다(삽화: 31)

5) 미도가 기독도와 친구가 되다(삽화: 35)

6) 애금가가 위선을 가르치다((삽화: 36)

7) 데마가 기독도와 미도를 시험하다(삽화: 37)

8) 위선과 불신과 원죄가 소신을 강탈하다(삽화: 44)

9) 기독도와 미도가 수다장이에게 속다(삽화: 45)

10) 기독도와 미도가 무신론자를 만나다(삽화: 47)

11) 미도가 기독도에게 자신의 경험을 말해주다(삽화: 49)

12) 무지가 뒤로 처지다(삽화: 51)

13) 미도가 일시에게 충고하다(삽화: 52)

14) 기독도와 미도가 불라에 들어가다(삽화: 53)

이상의 목록에서 볼 수 있는 것과 같이 게일과 김준근은 이야기 전개에서 그 삽화가 꼭 필요한 부분인지 아닌지와 외견상 특정한 케릭터로 부각시킬 필요 여부에 따라, 그리고 내용을 복잡하게 하지 않기 위한 점들을 감안하여 이를 삭제한 것으로 보인다. 또한 그는 삽화의 순서를 바꾸기(삽화: 37)도 하고, 『천로역정』 저본에 없는 삽화를 추가하기도 하였는데, 이는 앞에서 언급한대로 기독도와 〈진충〉이 〈전도〉를 다시 만나게 되는 것(삽화: 30)으로, 순례길에 난관이 많지만 끊임없이 하나님이 은혜를 베푸심을 부각하려 한 것으로 파악된다.

17세기 영국 사람들의 복식과 풍치로 그려진 『천로역정』의 원삽화(原揷圖)를 19세기 조선 사람들의 복식과 풍치로 대치한다고 하는 것은 상당히 과격한 시도일 수 있다. 그러나 『텬로력뎡』은 다른 나라의 한 소설을 읽어보게 하기 위해 번역한 것이 아니라, 읽는 그 사람의 변화를 추구하는 것이었기에 게일은 경우에 따라서 저본의 삽화를 과감하게 교체한 것으로 보인다. 한편, 『텬로력뎡』삽화의 상당수는 여기에서 한걸음 나아가 그 도상의 내용을 조선의 토착적인 인물과 문물로 대치(代置)하고 있다. 이에 관해서는 다음 항에서 다루고자 한다.

3) 최초의 갓 쓴 예수

『조선왕조실록』에 의하면, 성화를 조선에서 최초로 그린 것은 신유교난(1801) 때 참수된 이희영이다. 그는 성화그리기를 본직으로 삼았다고 하는 데, 1801년에 순교한 황사영에게 야소상(耶蘇象) 세 폭을 그려 보낸 사실이 밝혀져 목 베임을 당했다고 한다.[116] 이희영은 화법을 조금 알고 있었으므로, 야소상(예수상) 3본을 본떠서 만든 것으로 기록되어 있는데, 안타깝게도 그 그림들은 현재 남아있지 않다. 따라서 그 그림이 어떠했는지 알 수는 없으나 아마도 서양 성화의 도상을 그대로 수묵화로 옮겨 놓았을 것으로 추정된다.

두 번째로, 성화를 그린 조선인은 『텬로력뎡』의 삽화를 그린 김준근이다. 그런

116) '1801년 3월 29일,' 『조선왕조신록』제47집, 387.

INTERPRETER SHOWS CHRISTIAN THE FIRE BURNING AGAINST THE WALL.

데 영국의 저본 삽화에는 긴 옷을 입은 서양 사람으로 그려진 그리스도(상단 왼편)를 갓 쓴 한국 사람(상단 오른편)으로 그렸음에도 최근까지 그 모습이 예수로 부각되지 못했다.[117] 『텬로력뎡』의 '갓 쓴 예수'의 도상은 운보(雲甫) 김기창(金基昶,1913-2001)처럼 갓 쓴 예수에 후광을 표시하거나 채색화로 그려지지는 않았지만, 운보의 그림 보다 55년이나 앞서 있다.[118]

역사적으로 볼 때, 중동지역의 이스라엘인이었던 예수의 모습은 로마에 살고 있다가 기독교인으로 개종한 로마 예술가들에 의해 처음으로 그려지기 시작했다. 200년경부터 그들은 억압과 핍박 속에서 로마 근교에 있는 카타콤 벽에 예수를 로마사람의 모습으로 그리기 시작하였다.[119] 그리고 유럽인들은 그들의 역사에서 예수를 유럽인화 하여 자신들의 구세주로서 주체적으로 받아 들였다. 그리고 그

117) 「국민일보」 2009.12.25.

118) 당시의 정황을 가정해보면, 후광으로 구별되지 않은 김준근의 '갓 쓴 예수'의 모습은 여러 가지 여건으로 인해 크게 부각되지 않았을 것으로 추정된다. 물론 영국의 메과이어 본 삽화에도 후광은 없다.

119) 앙드레 그라바/ 박성은 옮김, 『기독교 도상학의 이해』(서울: 이화여자대학교출판부, 2007) 48; 박정세, 『기독교 미술의 원형과 토착화』(서울: 연세대학교출판부, 2008) 22.

믿음과 정신을 개발하여 자신들의 문화로 꽃피게 함으로써 그들의 사상 및 사회 전반에 엄청난 변화를 가져온 사실을 우리는 반추할 필요가 있다.

예수 혹은 성모 마리아를 자국인으로 의식적으로 그리기 시작한 사람들 중의 한 부류는 흑인들이라 하겠는데 이에는 그들의 역사적 경험이 그 기반을 이루고 있다. 흑인들 중에는 흑인의 진정한 구원자는 흑인으로서의 예수라는 주체의식을 부각하는 사람들도 많은데, 이는 과거 백인 노예상(奴隷商)들의 작태와 노예제도의 뼈저린 경험에 기인하는 바가 크다. 백인 모습의 예수는 그들의 생각에 혼란을 가져와 진정한 구원자로서 마음으로 받아들일 수 없었기 때문이다.

아직까지도 유럽대륙 이외의 지역 사람들에게 예수는 전형적인 서양인의 형상으로 사람들의 머릿속에 인박혀 있는 상황이다. 그러나 예수의 활동과 가르침의 폭과 깊이를 생각할 할 때 예수 그리스도는 반드시 정해진 어느 확실한 한 모습일 수 없다. 예수 그리스도를 자국인으로 그린다는 것은 그 나라 사람들의 신앙적 자긍심을 높이는 적극적인 시도이다. 또한 오늘날과 같은 여건에서는, 서구 종교로 오인되어 열강간의 억압구조를 선도하는 듯한 기독교에 대한 선입관을 불식시키고, 구원의 현실적 정의를 재고하게 하며 믿음을 자체적으로 심화하는 작업이라 하겠다.

4) 천사와 천국 도상의 토착화

토착화의 방법 및 수준에 관해 그동안 제시된 몇몇 이론들을 종합해보면, 토착화는 대립되는 두 계통인 '번역(translation) 모델'과 '대치(adoption) 모델'로 구분될 수 있다. 전자는 원본(原本)을 중시하여 피선교국 최선의 동등어로 이를 설명해내는 것이고, 후자는 원본과 유사한 기능의 피선교국 기존의 어떤 것(혹은 기능)으로 원본 내용을 대치하는 것이다. 따라서 실제 상황에서 토착화는 전자와 후자를 양극으로 하여 그 범위 내에서 다양한 형태로 일어난다고 하겠다. 여기에서는 『텬로력뎡』의 삽화 가운데 그 내용을 한국 전통종교의 유사기능으로 그 도상을 대치한 대표적인 예로 천사와 천국에 관해 논하려 한다.

(1) 천사를 선녀 및 선인으로 대체

번역의 저본이 된 *The Pilgrim's Progress* 의 삽화에는 여성천사로 그려진 모습을 『텬로력뎡』의 삽화에서는 이를 선녀(仙女)혹은 선인(仙人)으로 바꾸고 '천사'라고 표기한 네 가지 삽화가 있다. (1) 저본 〈삽화13: 하단 왼편〉의 구성은 흰색 긴 옷에 큰 날개가 등에 달린 세 여성 천사가 땅에 세워진 큰 기둥의 십자가 위쪽 방향에서 밝은 표정으로 죄 짐을 벗은 기독도를 바라보고 있다. 이를 대치한 〈삽화12: 하단 오른편〉에는 부용관에 단령포를 입은 댕기머리의 처녀 선녀와 부인선녀가 치아(표대)를 휘날리며 땅에 가까이 내려와 죄 짐을 벗은 기독도를 새 의관으로 갈아입히려 한다. (2) 저본 〈삽화 34〉의 구성은, 〈진충〉이 군중들 앞에서 처형되게 되자 뒤쪽 숲에는 죽은 〈진충〉의 영혼을 데려갈 하늘 쌍두마차에 날개달린 천사가 대기하고 있는데, 이를 대치한 〈삽화 30〉에는 군중은 없고 처형대에 묶여진 〈진충〉이 구름 위에 있는 상투관에 긴 도포를 입은 젊은 선인을 바라보고 있다. (3) 저본〈삽화 54〉에는 몸 전체에서 밝은 빛이 나는 두 여성 천사가 기독

도와 〈소망〉에게 천국으로 가는 방향을 가리켜 주고 있다. 이를 대치한 〈삽화 40〉은 빛나는 광배에 원유관(?)을 쓰고 품격 높은 도포를 입은 선인과 상투관을 쓴 젊은 선인이 기독도와 〈소망〉에게 천국의 방향을 가리켜 주고 있다. (4) 저본 〈삽화 55〉에는 두 천사가 사하(死河) 강변에 마중 나온 모습으로 되어있는데 『텬로력뎡』〈삽화 41〉에는 〈삽화 40〉에 있던 두 선인이 마중 나온 것으로 되어 있다.

이러한 변화는 다른 대다수의 삽화처럼 사람의 얼굴이나 행색, 그리고 배경을 바꾸어 그린 것과 근본적으로 다른 것이다. 형식의 토착화를 넘어서서 내용을 토착적인 것으로 대체한다는 면에서 토착화의 방법 중 가장 강한 입장을 견지하는 것이다. 이것은 그 내용 전달 면에서 대개 부정적 논란의 소지가 있지만 긍정적인 면에서도 많은 생각을 하게 한다. 먼저 천사에 관해 살피고, 선녀와 선인에 관해 언급하려고 한다.

구약성서에서 천사는 '말락'이라고 불리며 어원적으로는 메시지를 전하는 사자(使者)라는 뜻이다. 천사는 구약성서 전반에서 나타나는데, '하나님의 아들', 즉 신적(神的) 존재(창6:2, 욥38:7) 혹은 거룩한 존재(신33:2, 욥15:15) 등으로 표현된다. 그 모습을 살펴보면, 창세기(3:24)의 캐투빔은 에덴동산에서 생명나무를 지키는 천사로 두 날개를 가진 형상으로 나타나는데 반해 세라핌(사6:2~6)은 날개가 여섯으로 되어 있다. 다니엘서에서는 이스라엘의 수호천사로 미가엘이 나타나고, 말라기 본문에는 천사가 나타나지는 않지만 '말라기'라는 책 이름 자체가 "나의 사자"라는 뜻이다. 신약성서에서는 천사의 존재를 강조하지도 않지만 부정하지도 않는다. 천사의 출현은 대체로 예수의 사건과 결부되는데, 출생과 피난(마2:13), 올리브산 위(눅22:43), 무덤 문 옮김(마28:2~3) 등 이고, 옥중 베드로 구출(행12:7~10)과 하늘 보좌를 둘러 싼 천사들(계4:9) 등에서 부각된다.

초대 교부 오리게네스는 "선한 천사는 인간을 영원한 구원으로 인도하나 악한 천사는 멸망으로 이끈다"는 입장에서 교회와 국민의 '수호천사론'을 주장한 바, 이는 암브로시스를 거쳐 로마 카톨릭 교회에 계승되었다. 반면 종교개혁자인 루터는 천사론을 분명하게 거부했고, 칼빈은 천사를 '하나님과 인간 사이에 있어서 하나의

숭고한 표본'이라고 표현 했으나 실제로 긍정하지는 않았으며, 신약성서에서 하나님이 천사를 보냄은 '초월성의 암호'로서 용납하는 정도였다.[120]

이상에서와 같이, 구약과 신약성서, 그리고 초대교부와 중세 및 종교개혁자들의 이해, 그리고 번연이 등장시킨 천사를 일관되게 정의하기는 어렵다. 그러나 이를 개략적으로 종합하면, 천사는 하나님의 뜻을 전하거나 순행하며 하늘나라로의 안내 및 환대자의 역할을 담당하는 존재로 보인다.

한편, 한국의 선녀는 불교의 비천과 도교의 여선(女仙)에 연계된 것으로 본다. 원래 비천은 고대 인도신화에 등장하는 존재들로 이들의 형상은 괴기하여 사람, 짐승, 혹은 새로 일정하지 않았다. 그런데 2000년전 불교가 중국에 전해질 때 그 통로였던 '막고굴'에 그려진 비천은 도교의 여선처럼 우아하고 아름다운 모습으로 변해 있다. 이는 전파과정에서 인도·서역의 귀족적 풍모가 가미된 것으로 평가된다. 이 비천상의 도상적 특징은 양쪽 팔뚝에 표대(혹은 박대)라고 하는 넓고 긴 띠를 걸치고 있는 모습으로, 이 표대는 머리 위에서 원형을 그리기도 하며, 바람결을 따라 흐르기도 하는데, 공중부상과 이동의 수단이 된다. 서역과 중국에서 신선가(神仙家)의 매력적인 여선의 모습으로 바뀐 비천상은 4세기 말경에 불교와 함께 우리나라의 삼국시대에 유입된다.[121]

비천상은 한국 불교에 수용된 후 어느 정도 양식의 변화를 갖다가 한국적 비천상으로 정착된다. 고구려 고분이나 몇 개의 무덤 벽화의 비천상(다음쪽 왼편)에는 두광이 그려지고, 부드럽게 굴곡진 반나체의 곡선은 우아하며, 원숙하고 세련된 회화기법으로 표현된 천의와 넓은 띠는 상쾌한 상승기운을 느끼게 한다. 신라시대의 종으로 가장 오래된 상원사 동종(725년)은 규모가 크지 않지만 그 표면에 새겨진 수많은 비천상은 피리나 쟁을 연주하는 모습으로 되어 있다. 반면에 에밀레종으로 알려진 성덕대왕신종(771년)의 비천상(다음쪽 오른편)은 당좌를 중심으로 연화좌에 무릎을 꿇고 마주보고 앉아 연꽃을 받쳐 들고 있는 형

120) 『그리스도교 대사전』(서울: 대한기독교서회, 1972) 988-989.

121) 허균, 「불교신문」 2096호, 2005. 1. 4.

태로 그 주위에는 크고 작은 당초줄기가 하늘에서 내려와 감싸는 형상을 하고 있다. 이와 같은 비천상은 부처님과 불국정토에 대한 공경심과 환희의 상징이라 한다.[122)]

비천의 외형적 특징 중의 하나는 반나체에 몸의 곡선이 유연한 여성이다. 이러한 비천상은 조선조에 들어서면서 유교적 분위기와 연계되어 상하의가 화려하면서도 단정하게 입혀진다. 비천상이 가장 많이 그려진 송광사의 비천상(다음쪽 왼편)들이 이를 잘 보여준다. 또한 김만중의 8선녀와 금강산 전설의 선녀는 사람들과 함께 생활하고 가정을 꾸리기도 한다는 면에서 친근하면서도 결국은 인간과의 분리를 전제하고 있다. 『텬로력뎡』에 그려진 선녀의 도상적 특징은 그 자태나 복식에 있어서 비천에 비해 매우 단아한 이미지로 그려져 있다. 이러한 선녀의 도상적 특징은 중국의 구카이즈(顧愷之, 345경-406경)가 그린 것으로 알려진

122) 허균, 위의 글.

〈낙신부도(洛神賦圖)〉 (다음쪽 오른편)같은 작품에서 기원하는 도교적 여선(女仙) 이미지와의 연계도 가능하다.[123)]

이상에서 살펴본 대로, 비천과 선녀를 명확하게 구분하기는 어려운 것 같다. 다만 비천이 부처님과 불국정토에 대한 공경심을 강하게 표방하는 반면, 한국의 선녀는 비천에 비해 도교적인 색채도 강하여 인간과의 친숙성이 좀 더 높은 것으로

123) 『중국 도교 미술』(Taoism and the Art of China)에 수록된 그림들 가운데 많은 여선들은 여황제와 같은 모습으로 표현되는데 반하여 '항아(姮娥, Chang E, the Moon Goddess, 1350/1400, Fan Painting)'는 단아한 자태와 복식으로 표현되는바 『텬로력뎡』의 선녀 이미지와 부분적으로 연계될 수 있을 것이다. Stephen Little, *Taoism and the Art of China*, University of California Press, 2000, 274, 288; 선녀의 또 다른 이미지로는 'Sun Jue (Female Immortals, 1410?, 선면화)'의 머리 모양을 참고할 필요가 있다. *Ibid*, 127; 한편, 날개 옷의 이미지는 1493년에 그려진 '황후 등극 기념도'(Ordination Scroll of Empress Zhang, 1493년, *Ibid*. 208), 그리고 1542년에 그려진 뱀들의 공격을 피하는데 있어 날개옷이 기능적으로 강조된 '왕 장군'(Marshal Wang, *Ibid*. 266)의 모습에서 부각 된다.

비쳐진다. 물론 천상과 지상을 연계할 수 있는 능력을 표현하는 점에서 비천의 표대를 갖는 것이 전제된다.

여기에서 게일은 왜 천사를 그리지 않고 선녀와[124] 선인을 그려 넣게 하고 이를 '천사'라고 삽화 설명에도 기록하였을까하는 질문을 하게 된다. 아마도 한국의 문화전통에는 서양 기독교의 날개가 있는 천사를 직접적으로 이해하게 할 전이해가 빈약했기 때문일 것이다. 또한 불교 및 도교 문화권에서 날개는 동물적 요소가 더 강하게 부각될 소지도 있을 것이다. 천사와 비천을 비교한다는 것은 간단한 일이 아니지만, 지금까지 살핀 영역정도에서 본다면, 천사에게는 하나님의 구체적인 뜻과 좀 더 연관되고, 비천은 부처님 찬양에, 그리고 선녀는 도교적인 면에서 인간적 친숙성이 강하다고 하겠다.

부용(연꽃)관을 쓰고 표대를 휘날리며 인간세계와 친숙한 '선녀'는 불교 및 도교적 배경이 강한 반면, 원유관(?)을 쓰거나 상투관을 한 '선인'들의 복식은 도교적 이다. 또한 선인은 신선계와 강하게 연계되므로 이야기 전개의 다음 과정에서 신선계로 표현될 천국 근처에서는 선녀가 아닌 선인들을 천사로 등장시킨다. 여기에는 가부장적 문화권에서의 남성의 지위를 배려하는 요소도 있어 보인다.

기독교의 천사를 불교적 배경의 선녀나 도교적 배경의 선인으로 대체함은 분명히 혼합주의적인 행태와 무관할 수 없을 것이다. 그러나 선교사 게일이 그러한 의도를 가진 것으로는 보이지 않는다. 다만 당시로서는 처음으로 복음을 전파하는 과정에서 전혀 생소한 것으로 이질감을 부각시키기보다는 그 내용을 피선교국 전통문화의 유사기능으로 대체함으로써 신앙의 접촉점을 만들어 먼저 친근감을 높여 마음의 문을 열게 하고 자긍심도 높이려 한 것으로 해석할 수 있다.

---

124) 이로부터 55년 후 운보 김기창의 '예수전'의 '수태고지'에 선녀가 화려하게 등장한다. 운보는 『텬로력뎡』의 삽화를 본 것으로 언급하나 이 삽화들에 대해서는 미술적으로 크게 비중을 두지 않고 있어 운보의 선녀와 어떤 연계가 있었는지는 알 수 없다.

(2) 천국을 신선계로 전환

영어 저본 〈삽화56, 다음쪽 왼편〉에는 원형으로 빛이 쏟아져 나오는 천국입구에 도착한 기독도와 〈소망〉을 날개가 달리고 긴 옷을 입은 많은 천사들이 에워싸고 환영하는 모습으로 되어 있는데, 여기에 해당하는 『텬로력뎡』의 〈삽화 42, 상단 오른편〉는 구름에 싸인 10명의 신선들이 5명씩 대략 두 줄로 서서 옆에 있는 신선과 이야기를 나누는 모습으로 되어 있다. 그들 중에는 원유관에 조복을 입은 듯한 임금이나 고위 대신 같은 모습도 있고, 상투관을 쓴 총각 신선, 표대가 있는 옷을 입은 두 여선(女仙), 그리고 관을 쓰지 않고 기독도와 〈소망〉으로 보이는 두 신선과 차동(茶童)에 쌍동계를 부는 동자(童子)신선 등 다양한 신분과 남녀노소를 망라하며, "천국에 들어가다"[125] 라고 삽화를 설명하고 있다.

구약성서에는 천국이라는 개념이 없고 대신 '소드'라고 발음되는 '천상회의'의 모습으로 욥 15:8, 시82:7, 렘 23:18,22에서 나타난다. 천상회의의 역할 중의 하나

125) 한편, 1910년에 언더우드 부인이 번역한 『텬로력뎡』제2권에서는 '천국'을 '천당'이라고 표현하고 있다.

는 살아있는 사람들의 선과 악을 구별하여 악한 자를 징벌하는 것이다. 욥기의 첫 부분에 나오는 하나님과 사탄의 대화도 "소드"라는 말은 없지만 천상회의가 그 배경이라 하겠다. 신약의 복음서에 기록된 예수의 중요한 역할은 '하나님의 나라의 도래'를 선포하는 것 이었다. 그 후 기독교가 박해를 받던 시절 기록된 마가복음(9:13-27)을 보면 순교자의 사후세계에 대한 이해가 강하게 필요해지면서 천국이라는 개념이 더욱 크게 다루어진 것으로 보인다. 존 번연은 *The Pilgrim's Progress*에서 천국의 모습을 표현함에 있어, 수많은 천사들과 금, 은, 보석으로 빛나는, 신약성서의 계시록과 연계하여 표현하고 있다.

예수께서 천국이 너희 안에 있다는 말씀과, 역사 속에 이미 시작되었다는 입장 및 미래와 피안적인 요소가 강조되는 등 초월적인 것과 연계된 기독교의 천국 개념을 단일하고 명확하게 정리하기는 쉽지 않다. 특히 천국내의 모습에 관해서는 신비적인 측면이 강하여 제한된 이성의 판단으로 함부로 표현하기 곤란한 인식을 갖게 하는 경향성이 있다. 따라서 저본 〈삽화 56〉에서도 천국은 빛나는 영역과 천사들만을 표현하고 있다.

한편, 신선계(神仙界)는 신선설(神仙說)에서 출발하는데, 이는 고대 중국의 민간신앙의 하나로 불로장생하는 신선의 존재를 인정하는 것으로, 이를 믿고 불사의 영약(靈藥)을 구하려든 진(秦)의 시황제(始皇帝) 이후부터 한대(漢代)에 걸쳐 특히 유명하게 되었다. 이러한 신선설은 노장(老莊) 사상과 결부되어 도교(道教)의 성립으로 전개되었다. 그 후, 도교는 노장사상과 신선사상의 기반위에 유교와 불교 그리고 통속적인 신앙을 덧붙여 발전하는데, 그 우주관은 천상계, 지상계, 그리고 중간계로 표현된다. 천상계는 빈곤과 사망이 없는 영생계이고, 지상계는 색욕, 빈곤, 생사가 따르는 고계(苦界)이며, 중간계는 무고(無苦)이나 생사(生死)를 면할 수 없는 세계이다. 이러한 전제에서, 도교의 인간관은 인간이 비록 원래부터 연약한 존재이지만, 교리를 지켜 무위청정(無爲淸淨)한 생활을 하면 도(道)에 귀일(歸一)할 수 있으며, 천지(天地)와 함께 장생(長生)할 수 있다고 보는 것이다.[126] 지상계

126) 『철학대사전』 635.

를 넘어서서 중간계로부터 천상계와 연통될 수 있는 경지를 개괄적으로 신선계라 할 수 있다.

신선계에 관한 도상적 표현은 도교 미술의 핵심적인 부분의 하나라고 하겠다. 도교 미술작품 가운데서 신선계를 표현한 것 중 내용상 시기가 앞선 것으로 보이는 것은 11세기에 그려진 수묵화, 신선계(Taoist Paradise)[127]로, 구름이 깔린 괴목과 기암괴석의 구릉들이 크게 부각되는 사이로 신선 두 무리(10명과 7명)가 서 있는 전경이다. 15세기에 들어서면서부터는 괴목과 기암 구릉이 없이 '구름 속에 별, 광명, 그리고 24달 등을 나타내는 신선들이 전면을 바라보는 구도(상단 좌, 우)로 비단에 수묵과 금을 사용한 화려한 족자의 신선들의 신선계'[128]의 모습이

127) Stephen Little, *Taoism and the Art of China*, University of California Press, 2000, 24.

128) The Three Stars [Nine Sources of Brightness, Twenty-eight Lunar Mansions, and Twelve Palaces of Zodiac], 15th C., Hanging Scroll: ink, colors, and gold on silk, *Ibid.,* 29.

다양하게 등장한다.[129] 또한 1600년경부터 신선계의 신선들(상단 좌우)이 앞단과 윗(뒷)단의 두 줄 구도를 보이는데[130] 『텬로력뎡』의 신선계 〈삽화 42〉의 구도는 이와 유사한 형태를 보인다.

한편, 천국의 궁성화(宮城化)와 관련된 것으로 추정할 수 있는 그림의 하나는 도교 사찰의 벽화라고 하겠다. 구름 위에 거창한 누각의 위용을 들어내는 이 사찰의 이름은 "영락궁"(Eternal Joy Temple)으로 1358년에 그려진 것으로 기록되어 있다.[131] 또한 원본삽화에는 없는 것을 『텬로력뎡』에 그려 넣은 것이 천국 궁성인데(삽화 41), 그 모습은 서울의 사대문과 연계되어 둘러싸인 벽이 구름 속에 있는 모습, 혹은 앞에서 언급한 영락궁 벽화의 형태와 연계될 수 있다고 본다. 한편, 〈삽화 36〉에서는 청명산에서 "천성을 바라보다"라고 기록하였으나 천성은 보이지 않는다.

〈삽화 42〉에는 "천국에 들어가다"로 제목을 붙이고 있다. 여기에서의 천국의 모습은 비록 구름으로 둘려져 있지만 현실세계와 연계 되는 듯 한 어떤 장소에 누각이 있는 궁성으로 표현되고, 천국에 들어간 사람들의 모습은 신선계의 신선들이 모여 있는 형상이다. 차이가 있다면 도교의 신선도에는 관을 쓴 어른 신선들만 있는데, 〈삽화42〉의 신선계에는 양반의 야유회에 따라가던 차동(茶童)도 있고 피리 부는 동자(童子), 그리고 관직이 없는(관을 쓰지 않은) 어른들이 함께 있다는 점이다. 표대가 있는 여선들과 귀한 신분의 남성 및 보통사람들, 그리고 아동이 함께 등

---

129) Lords of Root Destiny of the Northern and Central Dippers, 1545, *Ibid.,* 248 ; Gods of the Twenty-eight Lunar Mansions, 1454, 같은 책, 249 ; Emperors of the Five Directions and the Opening Heaven Great Sage Emperor of Mount Changbo, 1454, *Ibid.,* 250; Divine Mortals of the Five Paths and Transendents Who Have Obtained the Tao, 1454, *Ibid.,* 251.

130) City Cods of All Municipalities and Earth Gods of All Districts, c.1600, *Ibid.*, 260; The Realm of Mountain Kings and the Six Spirits of the Household, c. 1600, *Ibid.,* 262.

131) The West Wall of Purified Yang in the Eternal Joy Temple, Shanxi province, Depicting the Assembly of the Thousand Taoists(detail), Yuan dynasty, 1358. ink and colors on plaster, *Ibid*, 95. (산서성 영락궁 순양전 서벽)

장하고 있다.[132)]

선녀의 경우와 마찬가지로, 게일이 왜 천국을 도교의 신선계로 바꾸어 놓았을까하고 질문해본다면, 역시 한국인들에게 천국의 직접적인 이미지가 수용되기 어렵다고 판단하였기 때문으로 보인다. 당시 민중의식의 기반이 된 무속신앙에서는, 남에게 해를 끼치지 않고 살아온 사람이 죽었을 때는 그 혼이 낙지(樂地)로 간다고 하지만, 속담처럼 "개똥밭에 굴러도 이승이 좋다"라는 인식이 팽배한 가운데서, '낙지'는 그리 희망적이 아니다. 그렇다고 불교적 신앙으로 해탈하여 '니르바나'에 들거나, 층천(層天)에 오르는 것은 일반인이 감히 꿈꿀 수 없는 세계였을 것이다.

반면에 도교의 신선계는 개개인의 무의식적 최대 바램인 장수(長壽)의 이미지가 장생(長生)과 연결된다는 점과, 구체적으로 다양한 사람들이 천국으로 표현된 신선계에서 생활하는 모습을 볼 수 있게 함으로써 또 다른 친근감과 손쉬운 이해의 길을 제시한다는 점에서 역시 매우 효과적일 수 있다고 하겠다. 물론 여기에서도 혼합주의의 문제가 크게 제기 될 수밖에 없으나, 당시의 상황을 고려하면 천국을 전혀 생소한 도상으로 표현하기보다는 신선계로라도 대치함으로써 우선적으로 초월적 희망의 세계를 이해시키려는 뜻있는 시도라 판단된다. 아울러 이는 장수와 장생의 염원을, 한걸음 더 나아가 뜻있는 죽음과 부활, 그리고 영원에 잇대어진 삶과 믿음으로의 승화 과제를 염두에 둔 시도라 하겠다.

---

132) 정병모는 이 도상을 중국본과 비교하면서, "인과관계를 중시하는 조선 후기 회화 전통을 충실히 살려 조선본을 재창조한 것이다" 라고 했다. "기산 김준근 풍속화의 국제성과 정통성," 〈미술사강좌〉 26. 2006. 977.

5) 복식으로 표현한 신앙의 성숙도

삽화에서 의관(衣冠) 도식의 정확도가 중심이 되는 것은 아닐 수 있지만 풍속화이기에 조선 복식사(服飾史)의 관점에서 살피면, 『텬로력뎡』 삽화에 나타난 인물들의 의관이 정확하게 표현된 것은 아니다. 즉 전반적인 면에서 볼 때, 관의 모양이 모호한 점, 의복 상호간 뒤섞임 등 복식이 일치되지 않고 형태도 부정확한 경우도 많은 것으로 평가된다.[133]

한편, 『텬로력뎡』의 삽화의 특징은 기독도가 난관을 극복하며 천성을 향해가는 과정에서 그 복식(服飾)이 변화하는 것이다. 즉 그의 순례과정이 부여하는 신앙의 성숙도를 *The Pilgrim's Progress* 와는 현격한 차이가 나는 신분상승 형식으로 그 복식을 통해 표현하고 있다. 이를 박효은은 다음과 같이 지적하고 그 복식의 변화를 삽화로 한데 모아 정리(다음쪽 상단)하였다.

> "떠돌이 상인의 천한 신분이던 크리스천(기독도)이 천국에 다가갈수록 일반 도시민으로, 전투무관으로, 상급무관으로 변신을 거듭하여, 결국 천국에서 최상층 문인이나 왕, 또는 신선으로 그의 사회적 신분이 진전되어간다."[134]

---

133) 기산의 풍속도에 나타난 복식을 연구한 논문은 있으나, 『텬로력뎡』 삽화의 복식에 관한 언급은 아직 없는 것으로 보인다. 석주선, 『 한국복식사』 서울: 보보제, 1971; 『속 한국복식사』 서울: 고려서적, 1982, 136. 등과, 필자가 한국의 복식사 전문교수에게 삽화들의 의관 명칭과 신분에 관하여 질의 한 바 조선복식사를 기준하여 볼 때 이 도상들의 복식은 뒤섞이고 형태도 모호한 것이 많아 그 명칭을 정확하게 파악하기 어려운 상태라고 한다. 또한 박효은은 "『텬로력뎡』 삽화와 기산풍속도"에서, 김준근이 충분한 교육을 받고, 상류층의 문화를 잘 알았던 일급 화가가 아니었기 때문으로 게일은 선교대상지의 토착문화에 친숙한 선교방식을 위해 조선풍속도를 잘 그린 김준근을 선택했지만 그가 한국문화를 제대로 그려낼 수 있는 화가인지의 여부는 잘 몰랐었던 듯한 것으로 본다.

134) 박효은, "『텬로력뎡』 삽화와 기산풍속도." 186.

이야기 전개에 따른 크리스천의 변화 양상 [135)]

신앙의 성장과정을 당대의 신분을 나타내는 복식을 통해 신분상승과정으로 표현해내는 것은 사람들로 하여금 그 변화를 매우 쉽고도 구체적으로 이해를 도모하는 강점이 있다. 이는 각각의 신분이 갖는 다양한 가능성을 일상에서 보고 느낀 대로 상상하게 함으로서 상승의 욕구를 효과적 자극할 수 있다. 특히 기독교 신앙의 성장과정에 대해 전이해가 없고 그 목표에 관해서도 구체적으로 알지 못하는 상태에서 난관을 극복한 결과를 신분 상승으로 제시한 것은 친근감을 갖게 하는 지혜로운 방법이라 할 수 있다. 그러나 신앙의 성장과 믿음의 세계는 영성적 가치에 따라 신분상승과 역행될 수 있는 여지도 많이 있다는 점이 간과될 수 있다는데 한계가 있다.

---

135) 박효은, "『텬로력뎡』삽화로 읽는 구원의 길." 64.

4. 저본 삽화와의 대조 (〉: *The Pilgim's Progress* 삽화, 〕:『텬로력뎡』 삽화)

1〉 표지 상징(Emblematical Heading)

THE PILGRIM'S PROGRESS IN THE SIMILITUDE OF A DREAM.

PART I.

CHAPTER I.

THE DEN AND THE DREAMER.

"THIS is the highest miracle of genius," says Lord Macaulay, "that the imaginations of one mind should become the personal recollections of another: and this miracle the tinker has wrought. There is no ascent, no declivity, no resting-place, no turnstile, with which we are not perfectly acquainted." This is well said; and

2〉 전도가 기독도에게 좁은문 쪽을 가리키다(Evangelist directs Christian to the Wicket-gate)

1〕 기독도가 전도의 계도를 받다

EVANGELIST DIRECTS CHRISTIAN TO THE WICKET-GATE.

3〉 크리스천이 멸망성을 떠나다(Christian setting out from the City of Destruction)

2] 기독도가 집을 떠나다

4〉 고집이 멸망성으로 되돌아가다(Obstinate goes back to the City of Destruction)

3] 기독도가 이천을 데리고 고집을 이별하다

OBSTINATE GOES BACK TO THE CITY OF DESTRUCTION.

5〉 온조가 기독도를 우물의 늪에서 끌어내다(Help draws Christian out of the Slough of Despond)

4] 기독도와 우울니에 빠진 것을 온조가 구원하다

6〉 기독도와 세지(Christian and Worldy-Wiseman)

5] 세지가 기독도를 꾀이다

CHRISTIAN AND WORLDLY-WISEMAN.

7〉 시내산 아래의 기독도(Christian beneath Mount Sinai)

6〕 기독도가 길을 잃었을 때 전도가 다시 가르치다

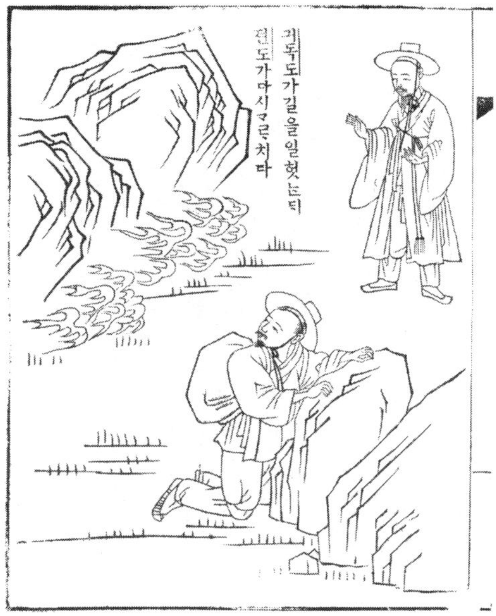

8〉 좁은 문에 이른 기독도(Christian at the Wicket-gate)

7〕 기독도가 좁은 문에 다다르다

9〉 인자가 기독도에게 길을 가리켜주다(Goodwill shows Christian the Way)

8] 인자가 기독도에게 천성길을 가르치다

10〉 효시가 기독도에게 먼지가 가득한 방을 보여주다(The Interpreter shows Christian the Room full of Dust)

9] 효시가 방을 쓰는데 물뿌리는 이치로 가르치다

11〉 기독도가 욕심과 인내의 비유로 보게 되다(Christian is shown the Parable of Passion and Patience)

10] 효시가 급한 욕심과 인내의 일로 기독도를 가르치다

12〉 효시가 벽에서 붙은 불을 기독도에게 보여주다(The Interpreter shows Christian the Fire burning against the Wall)

11] 효시가 물로 불을 끄고 기름으로 불이 일게 함으로 기독도를 가르치다

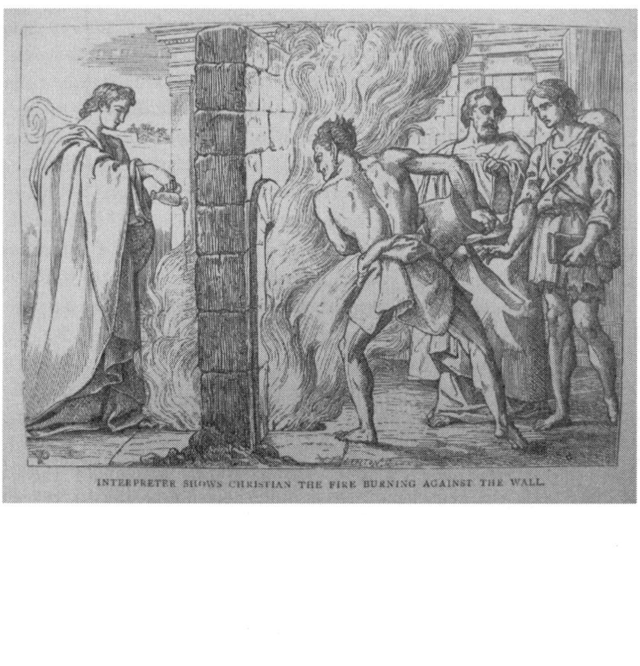
INTERPRETER SHOWS CHRISTIAN THE FIRE BURNING AGAINST THE WALL.

13〉 십자가 앞의 기독도(Christian in view of the Cross)

12] 기독도가 십자가에 다다라 죄 짐을 벗으니 천사가 흰옷을 입히다

14〉 허례와 위선이 담을 넘어 길에 들어서다(Formalist and Hypocrisy coming into the Way over the Wall)

13] 기독도가 담을 넘어오는 허례와 위선을 타이르다

FORMALIST AND HYPOCRISY COMING INTO THE WAY OVER THE WALL.

15〉 기독도가 회의과 심경을 만나다(Christian meets Timorous and Mistrust)

14] 기독도가 회의와 심경의 말을 듣지 않다

16〉 기독도가 휴식정에서 잃어버렸던 표지를 발견하다(Christian discovers his lost Roll in the Arbour)

15] 기독도가 잃었던 표지를 도로 찾았다

17〉 기독도가 사자들 사이를 통과하다(Christian passes the Lions)

16〕 기독도가 사자있는데를 지나다

18〉 근신이 기독도에게 질문하다(Christian is Questioned by Discretion)

17〕 기독도가 미궁에 다다르다

19〉 기독도가 미궁에 들어가다(Christian enters the Palace Beautiful)

18] 기독도가 미궁에 들어가다

20〉 기독도가 자비와 그 자매들에게 자기 가족에 관해 말하다(Christian tells Charity and her Sisters about his Family)

21〉 신중, 근신, 경건, 인애가 기독도를 무장시키다(Christian is armed by Prudence, Discretion, Piety, and Charity)

19] 기독도가 갑옷을 입다

22〉 기독도와 아파륜의 싸움(Christian's Combat with Apollyon)

20] 기독도가 아파륜과 싸우다

23〉 죽음의 그림자 계곡에 있는 기독도(Christian in the Valley of the Shadow of Death)

21] 기독도가 악귀를 만나 기도하다

24〉 죽음의 계곡에 동이 트다(Day breaks in the Valley of the Shadow of Death)

22] 기독도가 죽음의 계곡을 떠나니 햇빛이 비치다

25〉 거인 교황이 기독도를 위협하다(Giant Pope threatens Christian)

23] 기독도가 천주교황을 지나가다

26〉 진충이 기독도의 도움을 받다(Faithful comes to the Help of Christian)

24] 진충이 기독도를 구원하다

FAITHFUL COMES TO THE HELP OF CHRISTIAN.

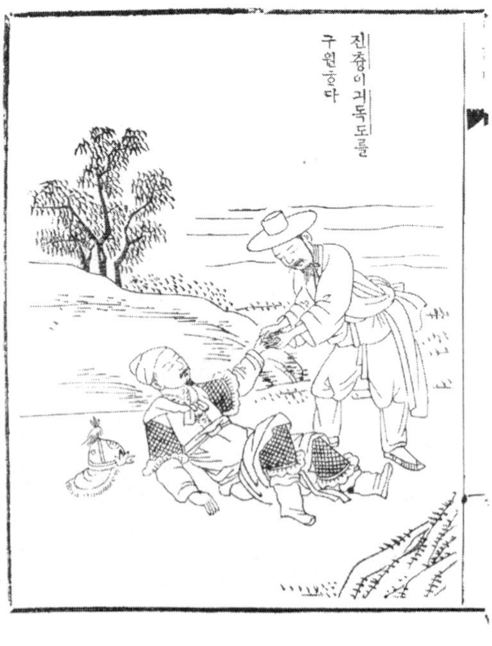

27〉 진충이 첫 사람 아담과 다투다(Faithful's Struggle with Adam the First)

25] 아담이 진충을 꾀다

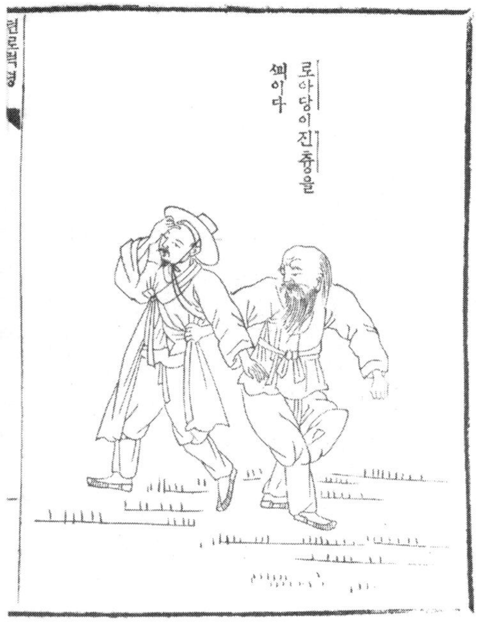

28〉 진충이 치선에게 도전하는 말을 하다(Faithful resists Shame)

FAITHFUL RESISTS SHAME.

29〉 시끄러운 말다툼(Prating Row)

26] 평론촌

30〉 진충이 수다쟁이와 대화하다(Faithful converses with Talkative)

27] 기독도와 진충이 전도를 다시 만나다

31〉 기독도와 진충이 허화시로 들어가다(Christian and Faithful enter the Town of Vanity)

32〉 기독도와 진충이 허화장터를 지나다(Christian and Faithful pass through Vanity Fair)

28] 허화시

33〉 기독도와 진충이 철창에 갇히다(Christian and Faithful put in Irons)

29] 기독도와 진충이 허화시에서 잡혀가다

34〉 진충이 허화장터에서 순교하다(Faithful suffers Death at Vanity Fair)

30] 진충이 해를 입다

35〉 미도가 기독도와 친구가 되다(Hopeful joins Company with Christian)

36〉 애금가가 위선을 가르치다(Mr. Money-love's Lesson in Hypocrisy)

37〉 데마가 기독도와 미도를 시험하다(Demas tempts Christian and Hopeful)

38〉 소금 기둥(The Pillar of Salt)

31〕 기독도와 미도가 롯의 처가 소금기둥이 된 것을 보다

39〉 생명수 강(The River of the Water of Life)

32〕 생명강

40〉 기독도와 미도가 절망거인의 성에 갇히다(Christian and Hopeful in the Castle of Giant Despair)

33〕 기독도와 미도가 절망의 옥에 갇히다

41〉 기독도와 미도가 의심의 성을 탈출하다(Christian and Hopeful escape from Doubting Castle)

34〕 기독도와 미도가 옥에서 도망하다

42〉 낙산의 목자들과 함께 한 기독도와 미도(Christian and Hopeful with the Shepherds of the Delectable Mountains)

35〕 기독도와 미도가 이단산(Mount Error)에서 내려다 보다

43〉 기독도와 미도가 낙산의 목자와 함께하다(Christian and Hopeful with the Shepherds of the Delectable Mountains)

36] 천성을 바라보다

44〉 위선과 불신과 원죄가 소신을 강탈하다(Faint-heart, Mistrust, and Guilt rob Little-faith)

45〉 기독도와 미도가 수다장이에게 속다(Christian and Hopeful are led astray by the Flatterer)

37〕 무지를 만나다(저본 <삽화 50>을 앞당겨 놓음)

46〉 기독도와 미도가 그물에서 벗어나다(Christian and Hopeful delivered from the Net)

38〕 광명한 사람이 기독도와 미도를 그 물에서 구원하다

47〉 기독도와 미도가 무신론자를 만나다(Christian and Hopeful meet with Atheist)

48〉 마법의 땅에서 잠드는 것을 경계하다(Beware of Sleeping on the Enchanted Ground)

39〕 미도가 마법의 땅에서 졸다

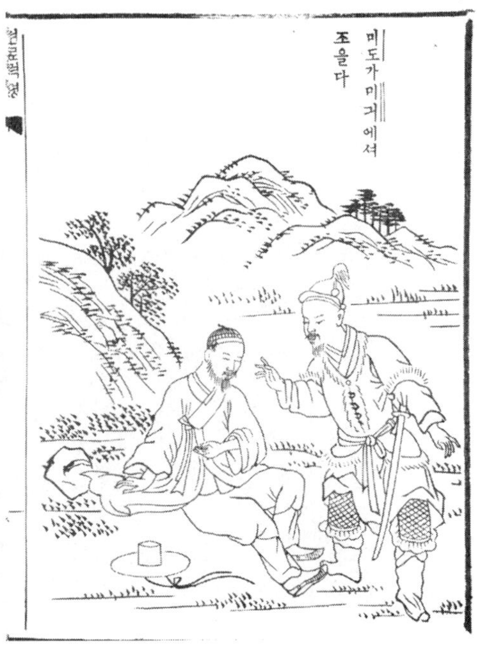

49〉 미도가 기독도에게 자신의 경험을 말해주다(Hopeful tells Christian his Experience)

50〉 기독도가 무지를 가르치다(Christian instruct Ignorance, 『텬로력뎡』 〈삽화 37〉로 앞당겨 놓음)

51〉 무지가 뒤로 처지다(Ignorance steps behind)

52〉 미도가 일시에게 충고하다(Hopeful advices Temporary)

53〉 기독도와 미도가 불라에 들어가다(Christian and Hopeful enter the Land of Beulah)

54〉 기독도와 미도가 불라의 두 사람을 만나다(Christian and Hopeful meet Two Men of the Land of Beulah)

40〕 천사를 만나다

55〉 기독도와 미도가 강을 건너다(Christian and Hopeful cross the River)

41〕 죽음의 강을 건너다

56〉 천성문이 열렸다(The Gates are Opened)

42〕 천국에 들어가다

5. 중국과 일본의 삽화

한국과 중국 그리고 일본은 역사적으로 여러 면에서 영향을 주고받아 왔다. 게일이 『텬로력뎡』을 출판함과 관련하여 삼국의 상호 관계를 살피는 것도 『텬로력뎡』의 또 다른 특성을 밝히는데 도움이 되리라 생각된다. 삽화와 관련하여 이 세 나라에서 이 책을 번역하여 발간하게 된 과정을 연대 순으로 정리하면 다음과 같다.

1) 중국의 『天路歷程』(문언역)

제일 먼저 번연의 *The Pligrim's Progress*를 번역한 곳은 중국으로, 스코틀랜드 출신의 선교사 번스(William C. Burns, 1815-1868)는 1853년에 이를 번역하면서 그 제목을 『天路歷程』이라고 처음 붙이고, '천성을 향해 출발하는 장면'(始就天路圖)에서 시작하여 '천성에 들어가는 장면'(進天城圖)까지 10점의 삽화를 넣었다. 이 삽화의 도상적 구조는 영국에서 발간된 책을 참고한 것으로 보이나 어느 책이었는지는 아직 알 수 없다(이 때는 시기적으로 앞에서 검토된 메과이어 주석본이 나오기 전이다). 이 삽화에 나오는 사람들은 전반적으로 청조 말의 복식을 하고 있으며 건물의 모습도 이 시기를 표현하는데 어느 정도 양감을 살리고 원근법을 활용하고 있는 것으로 보인다.

그러나 〈삽화9〉에서 사하(死河) 건너편의 천성의 모습을 직사각형의 빛나는 빌딩들로 표현하였고, 〈삽화3〉에서는 천사들의 도상을 삭제하는 반면 〈삽화10〉에서는 천성입구에 두 날개를 가진 서양 여성 모습의 천사들이 등장하고 있다. 따라서 이 삽화들은 청조 말기로의 토착화를 지향하였지만 부분적으로 서양적 요소를 혼용하고 있다고 하겠다. 여기에 문언역 삽화를 차례로 인용한다.

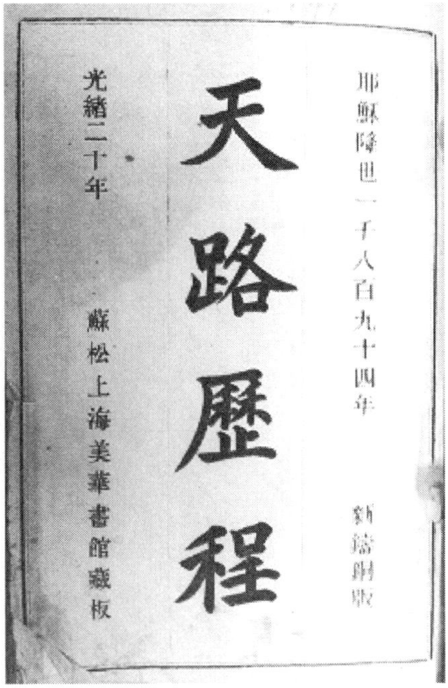

1〉 천성 가는 여행을 시작하는 그림(始就天路圖)

2〉 좁은 문으로 들어가는 그림(入窄門圖)

[삽화 : 1]

[삽화 : 2]

3〉 짐을 벗는 그림(脫罪任圖)

4〉 아름다운 궁전에 들어가는 그림(入美宮圖)

[삽화 : 3]

[삽화 : 4]

5〉 거짓 종교의 동굴을 지나는 그림(過邪教穴圖)

6〉 죽음으로 진리를 지키는 그림(死守眞道圖)

[삽화 : 5]

[삽화 : 6]

7〉 의심의 성을 탈출하는 그림(脫疑牢圖)

8〉 멀리 천성을 바라보는 그림(遙望天城圖)

[삽화 : 7]

[삽화 : 8]

9〉 죽음의 강을 건너는 그림(涉死河圖)

10〉 천성에 들어가는 그림(進天城圖)

[삽화 : 9]

[삽화 : 10]

2)『天路歷程官話』

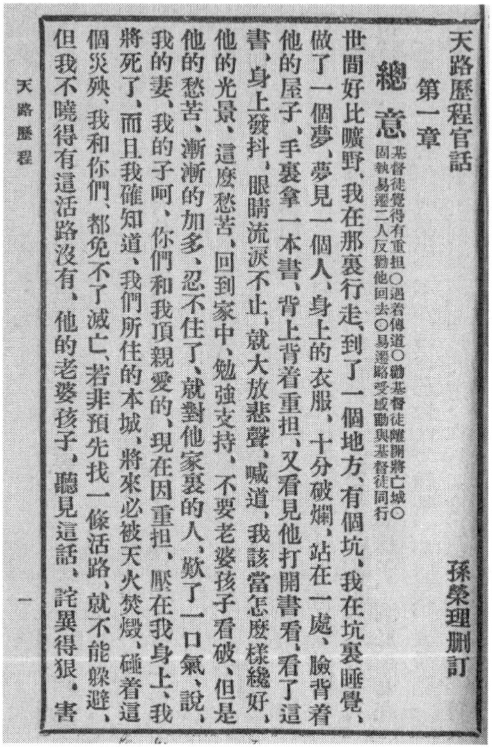
天路歷程官話　　孫榮理刪訂

第一章

總　意　基督徒覺得有重担○遇着傳道○勸基督徒離開將亡城○固執易遷二人反勸他回去○易遷路受感動與基督徒同行

世間好比曠野、我在那裏行走、到了一個地方、有個坑、我在坑裏睡覺、做了一個夢、夢見一個人、身上的衣服、十分破爛、站在一處、臉背着他的屋子、手裏拿一本書、背上背着重担、又看見他打開書看、看了這書、身上發抖、眼睛流淚不止、就大放悲聲、喊道、我該當怎麽樣纔好、他的光景、這麽愁苦、回到家中、勉強支持、不要老婆孩子看破、但是他的愁苦、漸漸的加多、忍不住了、就對他家裏的人、歎了一口氣、說、我的妻、我的子阿、你們和我頂親愛的、現在因重担、壓在我身上、我將死了、而且我確知道、我們所住的本城、將來必被天火焚燬、碰着這個災殃、我和你們、都免不了滅亡、若非預先找一條活路、就不能躲避、但我不曉得有這活路沒有、他的老婆孩子、聽見這話、詫異得狠、害

天路歷程　一

그런데 중국의 첫『天路歷程』 번역자인 번스는 이 책의 중국어 문장이 주로 중국 경전에 쓰이는 용어와 문체로 문장의 격조가 높아 주로 지식인들이 선호한 반면, 일반사람들은 그 내용을 이해하기가 어려워 이 책을 가까이 하지 못하고 있음을 파악하였다. 그래서 그는 12년 후인 1865년에 관청에서 민원을 다룰 때 사용하는 생활용어로 이 책을 손영리를 통해 다시 번역하는데 이것을『天路歷程官話』라고 명명하였다.

이 관화역에는 앞의 문언역과 달리 삽화의 수를 대폭 줄여 새롭게 그린 4점만 넣고 있다. 이 삽화들은 문언역에서 그렸던 삽화와 주제가 같은 것이 3점(삽화1,3,4)이고 새로운 주제를 선택하여 그린 것은 '절망죄인이 철창에 갇힌 그림'(삽화2) 1점이다. 여기에서 '절망죄인'은 하나님의 말씀을 의심하고 육체의 욕구대로 살다가 사탄에게 붙잡힌 사람으로, 영국에서는 블레이크(1757-1827)만 이 삽화를 그렸는데, 한·중·일에서도 관화역 만이 유일하다. 이는 당시의 사회상과 신앙생활에 꼭 필요한 것으로 여겨진 것 같다.

삽화의 복식은 같은 청조이긴 하나 말기의 서민의 모습이 강하게 부각되고, 기독도가 무장을 한 모습도 중국의 전통 갑옷이 아닌 근대 서양식 군복으로 바뀌었다. 그림은 전반적인 표현이 거칠고 대중적인 인상이 강하다.『천로역정관화』의 삽화는 다음과 같다.

1〉 좁은 문으로 가는 방향을 가리키는 그림 (指引往窄門圖)

2〉 철창에서 절망하는 그림 (絶望囚於鐵籠圖)

[삽화 : 1]

[삽화 : 2]

3〉 진리를 위해 죽는 그림 (爲道受死圖)

4〉 죽음의 강을 건너는 그림 (過死河圖)

[삽화 : 3]

[삽화 : 4]

3)『天路歷程土話』

한편, 홍콩을 중심한 광동지방에서는 북경어를 중심으로 번역된『天路歷程官話』를 이해하는데 어려움을 느껴 관화역이 나온 지 6년 후인 1871년에 영국출신인 선교사 피어시(Rev. G. Piercy, 1829-1913)가『天路歷程』을 광동어로 번역하여 출판한다. 이 책을『天路歷程土話』라고 하는데 여기에는 30점의 삽화로 들어가 있다.

이 책의 삽화들은 세밀한 선묘로 아름답게 명나라의 복식과 풍물로 내용을 토착화하였는데, 본문과 저본에서 표현하고 있는 천사를 구분되게 그리지는 않았다.[136] 이 책의 삽화의 구도를 살펴보면 16점이 메과이어 주석본의 삽화와 연관을 맺을 수 있으며, 9점은 차이가 나고, 2점은 독창적으로 그린 것으로 보여, 메과이어 본이 저본일 수 있다는 결론을 내릴 수 있다.[137]

특이한 점은 '화류계 여인이 유혹하는 장면의 그림'(삽화13)이다. 본문에는 유관한 내용이 있으나 다른 어느 책의 삽화에서도 그려지지 않았는데, 토화본에서만 그려진 것은 당대의 그 지역의 사회적 여건을 반영한 것으로 이에 관한 교훈을 강화하려는 것으로 판단된다. 삽화를 주제와 함께 보면 다음과 같다.

---

136) 〈삽화18〉의 진충수사(盡忠受死)에는 구름 위에서 진충의 영혼을 가져갈 마차가 대기하는 곳에 작게 3사람을 그려 넣었는데 천사의 이미지가 부각되지는 않는다. 참고로 영국 저본에는 구름 속에 쌍두마차에 날개가 있는 여성 모습의 한 천사가 타고 있고,『텬로력뎡』에는 약식으로 표현된 날개옷을 입은 동자가 구름 위에 대기한다.

137) 신선영은『텬로력뎡』과『天路歷程土話』를 메과이어 주석본과 비교하여,『텬로력뎡』과 두 판본이 유사한 예를 각각 10점, 텬로역명이 메과이어 주석본에 접근한 예가 9점, 그리고『텬로력뎡』과 두 판본의 장면이 각각 다른 예를 2점으로 분류하였음, "기산 김준근의 서화연구," 127-133.

[삽화 : 13]

1〉 좁은 문을 가리키다 (指示窄門)

2〉 진흙 속에서 구출하다 (救出泥中)

[삽화 : 1]

[삽화 : 2]

3〉 좁은 문으로 들어가다 (將入窄門)

4〉 먼지를 쓸어내다 (灑掃塵埃)

[삽화 : 3]

[삽화 : 4]

5〉 죄사함을 받다 (脫下罪任)

6〉 어리석은 자들을 깨우치다 (喚醒痴人)

[삽화 : 5]

[삽화 : 6]

7〉 고난산을 오르다 (上艱難山)

8〉 아름다운 궁에 들어가다 (美宮進步)

[삽화 : 7]

[삽화 : 8]

9〉 갑옷과 투구를 입다 (身披甲冑)

10〉 마왕을 물리치다 (戰勝魔王)

[삽화 : 9]

[삽화 : 10]

11〉 사망의 계곡에서 기도하다 (陰翳祈禱)

12〉 교황을 제압하다 (霸伯老王)

[삽화 : 11]

[삽화 : 12]

13) 음란한 여인을 거절하다 (拒絶淫婦)

14) 모세가 율법을 고집하다 (摩西執法)

[삽화 : 13]

[삽화 : 14]

15〉 수다쟁이가 말하다 (脣徒騁論)

16〉 다시 전도를 만나다 (復遇傳道)

[삽화 : 15]

[삽화 : 16]

17〉 시내에서 욕을 보다 (市中受辱)

18〉 진충이 죽임을 당하다 (盡忠受死)

[삽화 : 17]

[삽화 : 18]

19〉 미도를 처음으로 만나다 (初遇美徒)

20〉 재물산에 오라고 부르다 (招進財山)

[삽화 : 19]

[삽화 : 20]

21〉 소금기둥을 함께 보다 (同觀鹽柱)

22〉 의심의 성에 끌려 들어가다 (牽入疑塞)

[삽화 : 21]

[삽화 : 22]

23〉 의심의 성을 탈출하다 (脫出疑塞)

24〉 기쁨의 산을 함께 돌아다니다 (同遊樂山)

[삽화 : 23]

[삽화 : 24]

25〉 소신이 위협을 당하다 (小信被刦)

26〉 그물을 찢어 구출되다 (裂網救出)

[삽화 : 25]

[삽화 : 26]

27〉 미혹의 땅에서 잠들지 말라 (勿睡迷地)

28〉 기쁨의 땅에서 쉬다 (娶地暢懷)

[삽화 : 27]

[삽화 : 28]

29〉 다리없는 강을 건너다 (過無橋河)

30〉 천성에 들어가다 (將入天城)

[삽화 : 29]

[삽화 : 30]

4) 일본의 『천로역정』

(1) 사토 역본

일본의 경우, *The Pilgrim's Progress*의 첫 번역은 1879년에 『意譯天路歷程』으로 출판된다. 이 책은 1876년부터 정기 간행물인 「칠일잡보(七一雜報)」에 사토 키호우(佑藤喜峰)가 중국의 『天路歷程』(문언역)을 번역하여 연재하여 오던 것을 한데 모아 단행본으로 낸 것으로 이 책에는 삽화가 없다.

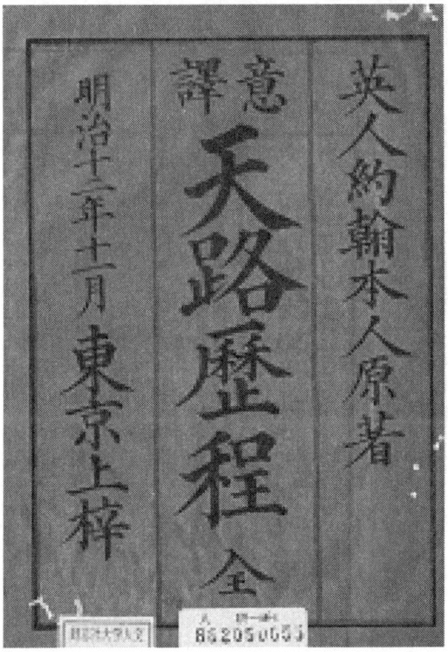

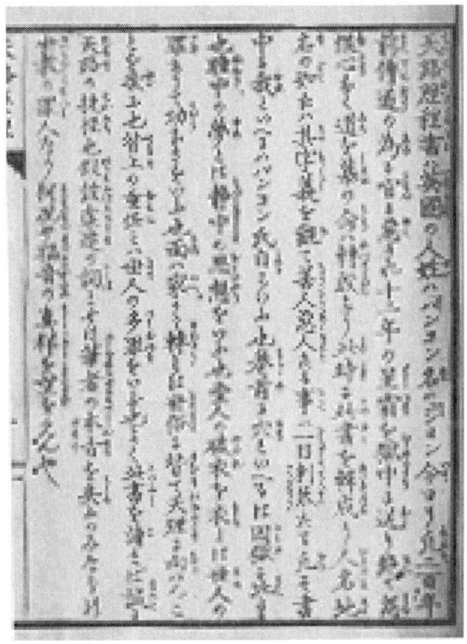

(2) 화이트 역본

일본에서 『천로역정』 첫 번역이 단행본으로 나오고 6년이 지난후인 1886년에 두 번째 번역이 선교사 화이트(Rev. William John White)에 의해 출판되는데 이 책에는 14점의 삽화가 있다.

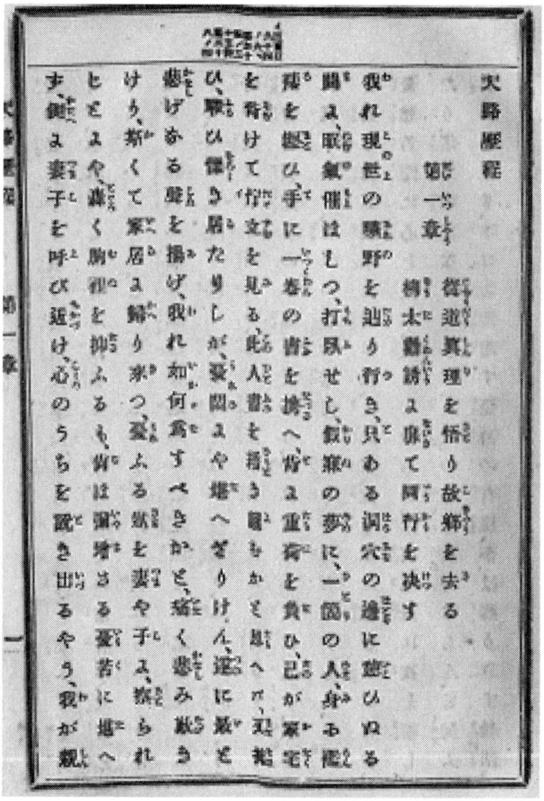
天路歴程

第一章

이 삽화들의 풍광과 복식은 일본 에도시대(1603~1867)의 모습을 양감과 원근법을 어느 정도 살려 그렸다. 이 삽화에는 천사나 천국이 포함되는 내용의 도상은 없다. 한편, 이 삽화들에 대해 일본 내에서는 기독도와 안내인이 너무 사무라이나 승려와 같이 그려졌다는 비판을 받았다고 한다.[138)]

필자가 보기에, 5점 정도는 메과이어 주석본과 연관되며, 6점은 차이가 있고 1점은 전혀 다른데 어느 정도 메과이어 본을 참고한 것으로 판단된다.

이 책에 실린 삽화들은 다음과 같다.

138) 이에 관해서는 2010년 1월에 김성은에게서 "일본의 선연구자들이 그렇게 평했다"는 말을 들음

1〉 전도자가 기독도에게 갈 길을 알려주는 그림 (教道従道に行路を示すの圖)

2〉 기독도가 고향을 떠나는 그림 (従道故郷を去るの圖)

[삽화 : 1]

[삽화 : 2]

3〉 유순과 고집이 기독도를 따라가는 그림 (柳太従道に従て途ふ上るの圖)

4〉 기독도가 낙담의 늪에 빠져 괴로워하는 그림 (従徒落膽の沼に苦むの圖)

[삽화 : 3]

[삽화 : 4]

5〉 세지가 기독도를 미혹하는 그림 (才助從徒を惑はすの圖)

6〉 기독도가 좁은 문으로 들어가는 그림 (從徒小門？入るの圖)

[삽화 : 5]

[삽화 : 6]

7〉 선의자가 기독도에게 천성길을 가리키는 그림 (善意從道?道を教ふるの圖)

8〉 기독도가 무거운 죄짐을 벗는 그림 (從徒重荷の苦を脫するの圖)

[삽화 : 7]

[삽화 : 8]

9〉 기독도가 ? 길로 들어가는 그림 (從道?路を進むの圖)

10)〉 기독도가 악마와 분투하는 그림 (從道惡魔 ? 奮闘するの圖)

[삽화 : 9]

[삽화 : 10]

11〉 기독도와 진충이 허화시를 지나가는 그림 (從道忠道の二人虛樂市を過ぐるの圖)

12〉 기독도와 미도가 절망성의 감옥에 갇힌 그림 (從道絶望城の獄牢に因はるの圖)

[삽화 : 11]

[삽화 : 12]

13〉 기독도와 미도 두 사람이 무신론자에 혹하는 그림 (從道望道の二人無神太に遺ふ圖)

14〉 기독도와 미도가 하늘의 강을 건너는 그림 (從道及び望道天川を渡るの圖)

[삽화 : 13]

[삽화 : 14]

6. 삽화의 국제적 비교

여기에서는 중국의 『천로역정』(天路歷程, 1853)과 『天路歷程官話』, 1865, 이하 관화본)와 『天路歷程土話』(1871, 이하 토화본), 그리고 일본의 『천로역정』(天路歷程, 1886)의 삽화를 한국의 『텬로력뎡』(1895) 삽화와 비교하여 봄으로써 각각의 특징을 살피고자 한다. 그러나 모든 삽화를 다 다루는 것은 여러 가지 면에서 적절치 않기에 토착화와 관련하여 '십자가 앞에서', '진충의 순교', '죽음의 강' 그리고 '천국'으로 그 주제를 제한하였다.

우선 앞에서 지적했던 것을 상기해보면, 10점으로 된 중국의 『천로역정』 삽화는 청조 말의 복식과 풍광으로 어느 정도 양감을 살리고 원근법을 활용하였고, 관화본에는 4점으로 같은 청대 말이긴 하나 서민적 복식이 부각되는 반면 갑옷대신 서양식 군복을 사용하는 등 좀 더 근대적인 모습을 보이며, 토화본에는 30점의 삽화를 선묘로 명나라의 복식과 풍물을 담고 있다. 그리고 일본의 화이트역 『천로역정』은 14점의 삽화를 에도시대의 복식과 풍광을 양감과 원근법을 어느 정도 살려 묘사하였다. 이에 『텬로력뎡』이 42점의 삽화를 조선조 복식과 풍속으로 그린 것을 감안하면 『텬로력텽』의 삽화가 숫자적으로 제일 많은 것을 알 수 있고, 중국의 『천로역정』과 관화본, 그리고 『텬로력텽』은 기본적으로 당대의 복식과 풍광으로 그렸으며[139], 중국의 토화본와 일본의 화이트역은 한시대 이전의 복식과 풍물을 그리고 있음을 알 수 있다.[140] 그리고 세 나라의 삽화가 토착화된 도상을 선택한 것은 모두 그 나라에 온 선교사의 번역에서였다는 공통점을 찾게 된다.

1) 십자가 앞에서

이 책에서 십자가와 관련된 삽화는 모두 8점으로 영국과 미국의 4점과 한, 중, 일의 4점이다. 십자가 앞의 삽화는 최초의 영국 삽화(1862년)부터 등장하는데, 여기에는 십자가가는 그려져 있지 않고 죄짐이 상자 속으로 떨어지는 모습을 앞쪽에 넣었으며, 루이켄은 이 장면을 그리지 않았고, 스터트가 처음으로 십자가와 날개가 부각되는 세 천사를 그렸다. 스타다드는 십자가를 그리면서 세 천사의 모습을 본문의 빛나는 존재(shining ones)로 강조하였으며, 블레이크는 십자가 대신에 십자가에 달리신 예수의 상반신을 환영처럼 묘사하여 그리스도를 만나는 의미를 부각하는 대신 천사는 그리지 않았지만, 앞쪽으로 내려진 죄짐을 그렸다. 셀루스는 십자가와 세 천사 그리고 죄짐 모두를 충실하게 그린 반면, 미국의 삽화는 십자가를 정면에 강조하고 죄짐이 떨어져나가는 모습을 묘사하였지만 천사는 그리지 않았다. 전체적으로 보면 각각 본문의 내용을 자신의 관점에서 강조 혹은 충실하게 반영하려고한 노력을 볼 수 있는데, 최초의 삽화의 경우에만 십자가와 천사를 모두 그리지 않은 것

139) 『텬로력뎡』은 단발령 이후에 그려진 것으로 동 시대의 변화를 민감하게 반영하기 보다는 보수적인 이미지를 고수하였음.

140) 이는 서양 기독교 성화가 사용하고 있는 복식의 예와 유사한 점이 많다. 르네상스 시기에 그려진 성화의 복식을 살펴보면, 한 시대 앞선 고딕 복식을 사용하는 경우가 가장 많은 것으로 나타난다. 박정세, 〈기독교 미술의 원형과 토착화〉 연세대 연합신학대학원 강연 자료(2007. 5).

[삽화: 영국 1682]

[삽화: 스터트 1728]

[삽화: 스터다드 1788]

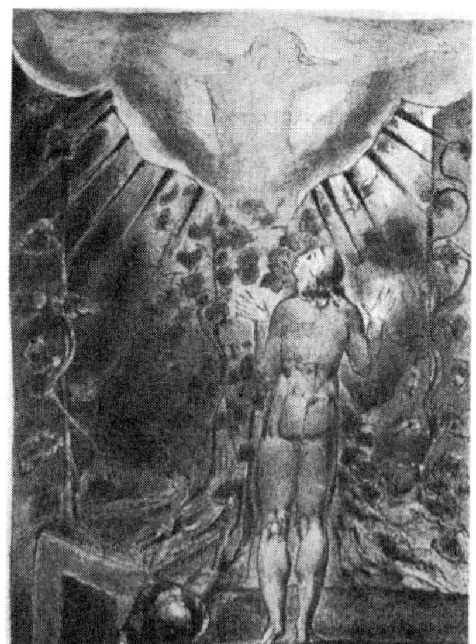

[삽화: 블레이크 1824]

[삽화: 셀루스 1862]

[삽화: 미국 1844]

이 의아하다. 반면에 십자가 있을 위치에는 유태식 동굴 무덤 같은 모습이 그려져 있는데 아마도 죄짐이 벗어지는 요소에 초점을 맞춘 것으로 보인다.

중국의 『천로역정』(문언본)의 경우 제목처럼 죄 짐을 벋는데 중점을 두고 천사는 그리지 않았는데 기독도가 십자가를 향해 두 손을 모은 모습(기도)이 처음 등장하고, 토화본에서는 두 손을 모은 것을 앞으로 뻗어 강조하고 십자가 주변에 천사는 그리지 않았지만 구름의 모양으로 신비함을 표현하려 한 것으로 보인다. 일본의 경우 십자가와 천사를 그리지 않고 손을 모아 기도하는 모습과 떨어진 죄 짐에 초점을 맞추고 있다. 중국과 일본은 천사를 그리지 않고 손을 모은 자세를 취하는 공통성이 있다. 천사를 그리지 않은 것은 아마도 날개가 갖는 동물 이미지와 여성의 모습과 가부장문화, 그리고 적절한 대안의 부재에 기인한 듯하다. 일본의 경우에는 십자가도 그리지 않았는데, 이는 일본 최초의 천주교 순교자 28인이 나가사키에서 십자가 처형을 당했던 경험이 주는 중압감을 의식한 것이 아닌가 한다. 이에 비하여 한국본은 저본인 셀루스의 구도를 따라 십자가를 세우고 천사를 그리는데 천사를 한국 전래의 선녀로 교체하며 본문 내용에서 구체적인 역할을 맡은 두 천사만 그렸고 떨어진 죄 짐도 첨가하였다.

[삽화: 중국 1853]

[삽화: 중국(토화) 1871]

[삽화: 일본 1886]

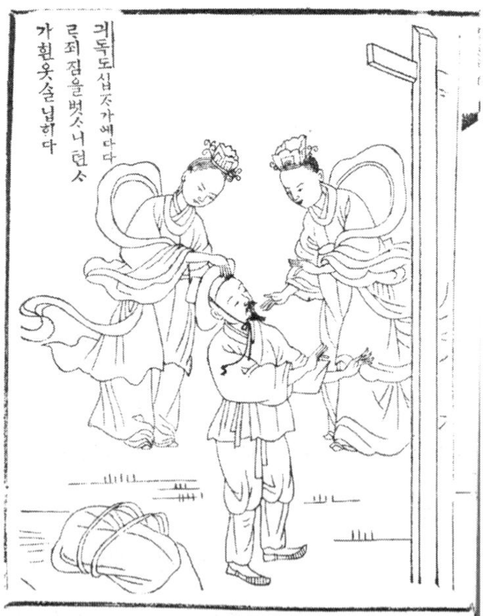

[삽화: 한국 1895]

2) 진충의 순교

〈진충〉의 순교 삽화는 스터트가 제일 먼저 그렸는데 처형에 참가한 군인들과 긴 창들이 전면에 부각되고 그 뒤로 화형을 당하는 〈진충〉의 모습이 보이는데 그의 눈길은 타오르는 연기 위로 멋진 하늘 마차가 대기하는 곳에 맞추어져 있다. 블레이크의 경우 하늘에서 보낸 말과 그 말의 머리 쪽을 잡고 함께 하늘로 올라가는 〈진충〉의 모습을 부각시켰다. 셀루스는 순교자가 고통받는 현실을 중심에 부각시키고 허화시 사람들은 자신들의 폭거의 정당성을 강조하며 은근한 호기심을 갖고 지켜보는 것으로 그렸는데 우측 상단에 대기하는 하늘 마차는 이들의 안중에 없다. 스터트는 화형을 당하면서도 하늘 마차가 자기의 영혼을 데려 갈 것을 생각하며 고통을 견뎌내는데 초점을 두고, 블레이크는 화형을 당하나 그것으로 끝나지 않고 하늘로 올라감을 강조하고, 셀루스는 모인 사람들이 하늘에 아랑곳없이 순례자의 처형을 좋은 구경거리나 만난듯 여기는 심리를 보여주려 한 것 같다.

중국 『천로역정』 삽화는 제목처럼 죽음을 두려워 하지 않고 진리를 지키기 위

[삽화: 스타더트 1728]

[삽화: 블레이크 1824]

[삽화: 셀루스 1862]

해 무섭게 타오르는 불꽃 속에서도 이를 감내하는 모습에 중점을 두었는데 〈진충〉의 눈길은 멀리 구름 위에서 대기하는 하늘 마차에 고정시키고 있다. 관화본의 경우 불속에 있는 〈진충〉의 굳은 의지가 부각되며 계속 불길을 키우려는 사람들의 모습을 전면에 그렸는데 그 중의 한 사람은 〈진충〉의 모습을 의아스럽게 바라보는 표정을 강조하였다. 토화본는 불길이 잘 일지 않아 걱정하며 장작을 넣는 사람과 이를 보다 못해 한 사람은 진충을 칼로 찌르려하고 또 한 사람은 몸에 대못을 박으려 하는데, 구름 위에는 하늘 마차가 크게 그려져 있지만 진충은 앞에서 자신을 해하려는 사람을 바라보고, 군사들은 귀속 말을 나누며 재미있어 하는 모습을 담았다. 이에 반하여 한국본은 화형이 아닌 효수를 하려는 듯 사다리를 몸에 걸쳐놓고 올라가 손으로 머리끄덩이를 잡고 다른 손에 는 칼을 들고 있으며 다른 한 사람은 장대로 배를 찌르는데 진충은 구름 위의 선인동자로 표현된 천사를 바라보고 있다. 따라서 중국의 『천로역정』은 고통을 넘어선 미래에, 관화본은 화형 자체에, 토화본은 처형에 여러 방법을 동원하는 것이 부각된다면, 『텬로력뎡』은 화형이 한국문화에 맞지 않음으로 전통적인 효수를 택하고 하늘 마차 대신 선인동자를 택하여 한국화하고 있다.

[삽화: 중국문언 1853]

[삽화: 중국관화 1865]

[삽화: 중국토화 1871]

[삽화: 한국 1895]

3) 죽음의 강

죽음의 강을 건너는 그림을 처음으로 그린 것은 루이켄의 삽화이다. 이는 기독도와 〈미도〉가 어려움을 무릅쓰고 강을 건너는데 천사들이 마중 나와 기다리는 모

[삽화: 루이켄 1685]

[삽화: 스터트 1728]

[삽화: 블레이크 1824]

[삽화: 셀루스 1862]

습과 높은 언덕의 천성까지 모두 담아 마지막 삽화로 매듭지으려는 바람에, 강을 건너는 방향이 바뀌게 된 것으로 보이는데 천사들이 거인같고 날개도 매우 큰 것이 눈에 띈다. 스터트의 삽화는 루이켄 삽화의 방향을 교정하기 위해 강을 건너는 사람들을 측면으로 그렸고, 이 그림으로 천성에 관한 내용까지 포괄하기 위해 마중 나온 천사들 뒤로 빛나는 하늘과 천사의 무리를 부각하였다. 블레이크는 강을 건너는 사람과 마중 나온 천사들을 대각구조를 잡아 그 주변과 수면에 마치 안개가 펴진 것 같은 신비함을 부각하는데 본문의 내용보다 많은 수의 천사를 그려 환대의 묘를 살리고 있다. 셀루스는 강을 건너며 사투를 하는 두 사람을 중심에 두면서도 강 건너의 빛나는 두 사람의 모습과 천성문을 그려 본문의 내용을 모두 반영하려 하였다. 이러한 모습들을 살펴 볼 때, 루이켄과 스터트는 강을 건너는 모습과 그 다음에 전개되는 천성에 들어가는 내용을 한 장의 삽화로 완성하기 위해 애쓴 흔적이 보이며, 블레이크는 강 건너편의 신비성을 부각시키는데 중점을 두고, 셀루스는 전체 구도를 잘 분할하여 충실하게 본문의 내용을 담으려고 했음을 알 수 있다.

중국의『천로역정』문언본의 삽화는 강을 건너는 두 사람에 초점을 맞추어 주변에 뭉게구름 같은 것을 조성하여 신비의 강임을 표현하며 구름 옆으로 천성문과 빛나는 하늘을 넣어 조화를 맞추고 있으나, 천성쪽이 아직 먼데 강물에서 곤란을 겪는 두 사람의 상반신이 모두 물 위로 노출되어 긴박감을 약화시키는 듯하다. 이를 다시 그린 관하본에서는 주변의 신비적 요소를 모두 생략하고 맥이 빠진 기독도를 〈미도〉가 부축하는 모습에 초점을 두었다. 토화본의 경우 기본적인 구도는 셀루스와 유사하게 본문의 내용을 모두 담고 있는데, 강물이 일렁이는 잔물결을 일일이 그려내던 고풍스런 중국산수화 전통을 살려내려 한 것으로 보인다. 일본의 경우, 이 삽화로 이야기를 매듭 짓기 위해, 강을 건너는 두 사람과 강 건너에 서있는 빛나는 두 사람, 그리고 그 뒤쪽으로 높은 언덕 위에 있는 찬란한 하늘나라의 광경을 함께 강조한 것으로 보인다.『텬로력뎡』은 저본인 셀루스의 삽화의 구도를 따르는 가운데 강 건너 높은 언덕과 울창한 숲을 흐르는 구름 몇 줄로 대치하고 천성문 앞 강가에 나온 빛나는 사람을 고귀한 신분의 선인과 선인동자로 바꾸어 함께 광배를 넣었는데,

[삽화: 중국 문언본 1853]

물속의 두 사람은 본문의 내용과 다르게 기독도가 〈미도〉를 이끌고 앞장서서 강을 건너는 모습으로 바꾸어 놓았다. 이러한 면에서 볼 때, 중국의 문언본 삽화가 지닌 신비적인 요소는 관화본에서 배재되었고, 토화본는 셀루스의 영향으로 본문의 내용을 모두 담는 쪽으로 구도를 잡았으며, 『텬로력뎡』은, 앞에서도 언급한 바와 같이, 기독교에 초보적인 관심을 갖은 사람들이 기독도에게 갖는 관심이 긍정적으로 유지될 수 있도록 적극적으로 삽화를 만들어 갔다고 하겠다.

[삽화: 중국 관화본 1865]

[삽화: 중국 토화본 1871]

[삽화: 일본 1886]

[삽화: 한국 1895]

4) 천국

천국과 관련된 삽화는 최초의 삽화에서 '구름 위의 순례자들'로 빛나는 천국으로 올라가는 중간에 천사들의 환대를 받는 모습으로 그려졌다. 그 다음에 스터다드가 그렸는데, 그는 죽음의 강과 천국을 한 도상에 넣으려는 의도에서 두 사람이 강변으로 올라와 천사들을 만나면서 하늘에서 내려오는 밝은 빛을 중심으로 표현된 천국을 바라보며 경탄하는 모습으로 그렸다. 블레이크는 밝은 빛 가운데 두 사람을 에워싸고 환영하는 천사들이 화면을 가득 채운 모습으로 신비한 기쁨을 표현하려 한 것으로 보인다. 셀루스는 밝은 빛이 쏟아져 나오는 천국 입구에서 수도복 같은 옷을 입고 환영하는 천사들에게 둘러싸여 기쁨이 경건한 표정으로 바뀐 모습을 표현하였는데, 남녀 아기 천사도 함께 한 것이 눈에 띈다. 그리고 한면 전체에 그려진 〈미국장로교본〉은 두 사람과 마중 나온 천사가 심산유곡에 울창한 숲과 굽이치는 폭포 위로 펼쳐진 빛나는 곳을 바라보는 모습이 마치 절경의 풍경화 같은 느낌을 준다. 이러한 면에서, 최초본이나 스타더드와 셀루스, 그리고 미국본은 모

[삽화: 영국 1682]

[삽화: 스터다드 1788]

[삽화: 블레이크 1824]

[삽화: 셀루스 1862]

[삽화: 미국 1844]

두 천국의 입구에서 천국을 신비한 빛으로 표현한 공통점을 보이고, 셀루스는 같은 천국의 입구 이면서도 좀더 천국 안의 실제와 연관된 것을 표현하려 했던 것으로 보인다.

중국에서는 문언본과 토화본에 천국관련 삽화가 있는데, 문언본에서는 구름 위에 빛나는 천성에서 쏟아져 나오는 빛을 중심으로 날개를 펼친 천사들이 마치 도열한 모습처럼 두 사람의 입성을 환영하는 모습인데 천성 내의 건물들 중에는 마치 빌딩처럼 사각진 모습도 보인다. 토화본에서는 아름다운 전통복식을 한 성인들과 피리와 소북 등으로 구성된 귀여운 동자 악단이 함께 두 사람을 환영하는 모습으로 뒤편으로 약간의 거리를 두고 누각이 있는 성벽으로 둘러싸인 빛나는 천성을 그려놓았다. 일본은 천

[삽화: 중국문언 1853]

[삽화: 중국토화 1871]

성에 관해 따로 삽화를 그리지 않았다. 한국은 신비한 구름 위에 여러 지체의 남녀노소가 좋은 옷을 입고 자유롭게 환담하는 모습으로 신선계를 연상케 하는데, 셀루스의 아기천사들처럼 차동(茶童)과 악동(樂童)도 함께 하는 것이 이채롭다. 중국의 두 삽화는 구도와 등장인물에서는 전혀 달라도 천국 자체보다는 천국의 입구에서 환영하는 모습을 그렸는데, 문언본에서는 날개달린 천사의 모습을 가급적 그리지 않으려고 노력하였으나 천국에서는 어쩔 수 없이 서양식 천사를 그려 넣었고, 토화본에서는 왕 혹은 상층 문인급의 귀한 신분의 존재로 천사를 묘사한 것으로 보인다. 반면 한국본은 천사의 모습은 앞에서 이미 역할에 따라 선녀와 선인으로 대치하였기에 여기에서는 천국에서의 평화롭고 안락한 삶을 신비하게 표현하려고 한 것으로 판단된다.

[삽화: 한국 1895]

III

『만사성취』

III

『만사성취』

1. 길선주

길선주(吉善宙)는 성균관 박사 길재(吉再-治隱)의 19대 손으로 본관은 선산(善山)이다. 그의 10대조가 대동법이 실시되던 현종(1660-1674) 말엽에 평안북도 영변으로 이주하게 됨에 따라 영변파 길씨의 조종(祖宗)이 되어 대를 이어 오므로 영변 길씨라 통칭된다. 길선주는 무과(武科)에 급제한 길봉수의 차남으로 1869년 3월 15일 평안남도 안주에서 출생하였다.[141] 그는 일곱 살에서 열여섯 살 때까지 한학을 수학하였으며, 열한 살에 결혼하였다. 열일곱 살쯤에 평양에서 상업을 하기도 하였으나 본래가 종교적인 소질이 많아 이를 그만두고 친구들과 함께 입산하여 수도를 하다가 중병에 걸려 귀가한 바 있다. 그러나 이에 그치지 않고 그는 열아홉 살부터 십 년 간 입산수도하여 마침내 선술과 수법에 능해지고 앞날을 예견하기도 하면서, 한약방을 차려 생업을 꾸려갔다.[142]

평양에서 길선주는 선교사 마포삼열(Samuel Austin Moffett, 1864-1939)과는 서로 아는 사이였는데, 친구 김중섭이 그를 찾아와 기독교인이 될 것을 권유한 바, 당시 길선주는 도교 수련에 한계를 느끼며 좀 더 영원한 진리에 대해 궁리하던 차라 관심을 보였다. 그의 친구는 존 번연(John Bunyan)의 책, 『천로역정』(*The Pillgrim's Progress*)이 마침 선교사 게일(James Scarth Gale, 1863-1987)에 의해

141) 길진경, 『영계 길선주』 종로서적, 1980, 15.

142) 김인서, "영계선생 소전(상)," 「신앙생활」 1932. 12. 26-28.

『텬로력뎡』으로 번역된 터라 이를 권하니, 이를 읽는 중 그는 기독교 신앙경험의 과정에 크게 동감하며 눈물로 책장을 적시었다 한다.[143)]

길선주는 그의 나이 28세인 1897년 기독교에 입신하고 그해 8월15일 평양성 첫 예배당인 반동교회에서 선교사 이지함 목사에게 세례를 받았다. 이듬해부터 교회 일을 열성적으로 돕기 시작하였으며, 1901년에는 새롭게 건축된 장대현 교회의 장로가 되고, 다음해에는 전적으로 교회의 조사로 일하였다.[144)] 그리고 그는 1903년에 평양신학교에 입학하였으며, 다음 해인 1904년에 『해타론』을 출간하였다.[145)] 그가 졸업반이 된 1907년 평양에서 대부흥운동이 일어나게 되는데 그는 이 운동을 이끈 한 주역으로 부흥운동이 전국으로 확산되게 하였다. 그 해 그는 한국 최초의 신학교 졸업생 일곱 명 중의 한 사람으로 졸업하게 되고, 9월에는 안수를 받아 10월에는 평양대부흥운동의 본산지인 장대현 교회 목사로 취임한다. 그가 이 교회의 목회를 맡은 다음 해에는 한 주일에 200여명이 함께 세례를 받기도 하는 등 그의 영향력이 점점 커져갔다.

그러나 1910년 한일합방이 되어 나라 잃은 설움과 더불어 속칭 105인 사건에 맏아들 진형이 연루되게 되고 옥사에서 심한 고문을 받아 폐인이 되어 가는데도 그는 기도하는 것 이외에 어찌할 수가 없었다(진형은 그 후유증으로 1918년에 사망했다). 1915년에 그는 신학생 시절에 출간하였던 『해타론』을 개작 증보하여 『만사성취』로 출판하였다. 1919년 3.1 독립선언 운동에 민족대표의 한 사람으로서 서명함으로써 2년간 옥고를 치르게 되는데 이 기간 동안 그는 자신의 묵시

143) 위의 책, 29-31.

144) 김인서, 『김인서 전집』 (서울: 신망애사, 1904) 49-51.

145) 광무 8년, 대한성서공회 간언 표지

록강해(默示錄講解)를 정리하고 또 그의 대표작인 말세학(末世學)을 체계화 한 것으로 보인다.[146)]

1922년에는 당시 평양의 인구가 4만 명이 채 안 되던 때임에도 장대현 교회의 교인 수가 1,358명에 이르게 되는 등 그의 목회와 교회는 크게 성장하여갔다. 그러나 점차 시대가 변하여 한국사회에 사회주의 사상이 만연하게 되면서 신진 청년들 사이에 길선주 목사의 보수적 신앙운동에 비판적인 태도가 확산되기도 하여 1926년에는 그를 배척하는 사건이 발생하기도 한다. 이러한 일 등으로 인해 길선주 목사는 장대현 교회의 목사직을 사퇴하게 되나 그는 이를 계기로 전국을 순회하며 부흥회를 인도함으로써 한국 교회의 부흥운동의 시대를 열었다 하겠다. 그러나 1933년에 새로 설립된 이향리 교회를 임시로 맡은 지 2년이 지난 1935년 11월 25일 고창교회에서 열린 평북노회 사경회의 새벽기도회 후 쓰러져 다음날 소천하게 되었다.[147)]

길선주 목사는 그의 생전 바쁜 일정 가운데도 한국교회를 위한 귀한 저작을 여럿 남겼다. 앞에서 언급한 『해타론』과 『만사성취』 외에 자신의 설교와 함께 그 요지를 정리한 『강대보감』과 암울한 시대에 또 다른 희망을 다룬 『말세학』이 있다. 그리고 그가 기독교인이 되기 전의 자신의 삶을 노래한 『산림처사춘몽가』가 있으며, 유고로는 『성경요집』, 『격언집』, 그리고 『조선과 유대 풍속 (유고)』 등이 있다.[148)]

---

146) 심일섭, 한국 토착화신학 형성사 논구, 국학자료원, 1995, 71.

147) 민경배, "한국교회의 초석이 된 길선주 목사", 『길선주』 KIAT편, 홍성사, 13.

148) 위의 책, 14.

2.『만사성취』의 저작 배경과 특성

1) 길선주와『해타론』

『해타론』은 길선주가 평양 장로교신학교 재학시절인 1904년에 저술하여 펴낸 소설식 전도문서로 대한성교서회에서 발간하였다. 국판 17쪽으로 순 한글 내려쓰기로 되어 있는 이 간결한 책자는 한국인에 의해 저술된 최초의 기독교 문서라는 점에서 귀중한 사료로 평가되고 있다.[149)]

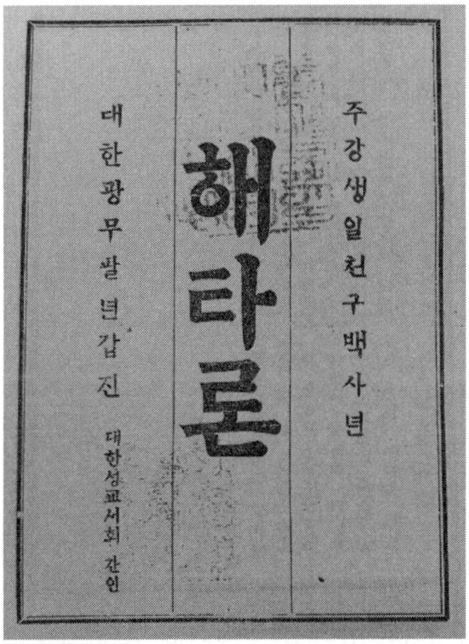

이 책자는 기본적으로 게으름(해타)을 피하고 부지런히 신앙생활에 매진할 것을 권고하는 내용으로, 본문에는 사람이 소원성(所願城)에서 성취국(成就國)을 통해 영생국(永生國)에 이르기 위해서는, 먼저 사로(思路)를 출발로 해서, 음란로(淫亂路), 취주로(醉酒路), 연락로(宴樂路), 자만로(自滿路), 이심로(二心路), 급심로(急心路)를 넘어서 정의문(定意門)을 통과해야 하고, 다음으로 모안로(謀安路)에서 혼미화(昏謎花), 무기천(無氣泉), 망리수(忘理樹), 다수산(多睡山), 고난산(苦難山), 휴식정(休息亭) 등을 거쳐 가야 하는 것으로 설명하고 있다. 그런데 모안로 길목에 해타(懈惰)란 짐승이 도사리며 지나가는 사람을 잡아먹거나 사람들이 게으름에 빠져 소원을 이루지 못하게 하고 있으므로 이를 극복하는 길을 제시하는 것이다. 이는 다분히 길선주의 개종 동기가 되었던 번연의『텬로력뎡』에 영향을 받은 것으로 단순한 교훈이 아닌 기독교 해설까지도 곁들여 있다는 점에서

149)『기독교대백과사전』(서울: 교문사, 1982) 263.

전도용으로 사용되었다.[150]

『해타론』의 내용에 관해서는 대략 3가지 특성이 지적 된다.[151] 첫째, 이 문서는 계몽주의 성격이 강하다는 것이다. '게으름'이란 뜻의 '해타'를 주제로 삼은 것에서 보듯이 '근면'을 촉구하고 있는데 이는 게으름을 한말의 중요한 사회문제 중 하나로 지적하는 것이기도 하다. 둘째는 내세지향적 신앙으로, 소원성, 정의문, 모안로, 고난산, 휴식정, 성취국, 영생국으로 이루어지는 이야기 구조가 미래지향적이다. 그는 내세를 부인하거나 현실에 안주하려는 생각을 사단의 '계교'로 정의한다. 셋째는 포괄주의 및 성취론적 입장으로, 결론 부분에서 '성취위국'에 이른 성인들의 대다수로 동양고전에 언급된 인물들을 제시하는 바, 이는 기독교에 최고의 가치를 부여하면서도 동양종교와 문화전통을 '예비적 은총'[152] 으로 이해하는 것이라 본다.

2) 『만사성취』 발간 동기와 배경

(1) 『해타론』과 『만사성취』의 차이점

『만사성취』는 1916년 8월 12일에 간행된 기독교 문서로 저자는 길선주이고, 게일 선교사가 교열을 하고 한상호가 서문을 썼으며, 평양의 광문사에서 국판 52쪽의 한글 내려쓰기로 인쇄하였다. 이는 길선주가 자신이 쓴 『해타론』을 수정 보완하여 새롭게 출간한 책으로 인간이 자신의 소원으로 뜻을 세우고 이를 성취해 나가는데 있어서 직면하게 되는 여러 가지 어려움과 유혹을 구체적인 형태로 제시하고 있다.[153]

『해타론』과 『만사성취』의 차이점을 살펴보면, 외견상 두 책이 구조와 내용 면

---

150) 위의 책.

151) 이덕주, 『한국교회형성사연구』 201-207.

152) 위의 책, 207.

153) 『기독교대백과사전』 970.

에서는 거의 같지만, 『만사성취』는 면수가 3배 이상 늘어났고, 내용 전개도 장 구분이 없던 것을 28개 장으로 제목을 붙여 기술하였으며, 11점의 한국화 삽화를 넣어 내용의 이해를 돕고 있다. 또한 구체적인 내용을 보면 『해타론』에 기록되지 않았던 성경 인물과 사건으로 조목조목 예를 들고, 한국의 속담이나 동양의 고사와 한시를 다양하게 포함시키고, 『해타론』에서는 명칭만 언급하였던 '영생국'에 관해 새롭게 장을 편성하여 성경을 근거로 자세하게 설명하고 있다. 이 외에 두 책 사이에는 또 다른 큰 변화가 보이는데 이는 역사적 상황의 변천과 개인적 변화가 반영된 것으로 파악된다.

(2) 『해타론』 발간 이후 『만사성취』 출간까지의 변화

길선주가 해타론을 출간한 1904년부터 만사성취를 출간하는 1915년 사이에는 국가적으로, 그리고 길선주 개인에게 중요한 변화가 일어났다. 이는 크게 3가지로 요약될 수 있다. 우선, 국가적으로 큰 소용돌이에 빠지며 전례 없이 불안하고 위축된 사회분위기가 형성된다. 즉 1904년부터 1905년 사이에 러일전쟁이 계속되어 살생과 폭력이 난무하였으며, 러일전쟁에서 승리한 일제는 억압적으로로 '을사늑약'을 체결(1905년) 하였으며, 헤이그 밀사 사건과 관련하여 고종을 강제로 폐위(1907년)하는 사건이 발생한다. 그리고 연이어 '한일 신협약'이 체결되는 바, 이로써 법률제정권, 고관임명권, 경찰권 등이 일제의 손아귀에 들어가게 된다.

반면에 이러한 소용돌이와 먹구름이 내리깔리는 상황 속에서 길선주는 교회의 지도자로서 리더십을 크게 신장하게 되며 한국교회의 실질적인 지도자로서의 위치를 굳히게 된다. 그는 1907년에 신학교를 졸업하고 목사안수를 받은 뒤 정식으로 장대현 교회에 담임목사로 취임하였다. 또한 이 기간에 시작된 '평양대부흥운동'에 길선주 목사는 실질적으로 매우 중요한 역할을 하게 되며,[154] 그의 활동은 이제 평양을 넘어 서울과 대구를 비롯한 전국의 교회로 영향을 미치게 된다[155]

154) 박용규, 『평양대부흥운동』 (서울: 생명의 말씀사, 2000) 294-301.

155) 박용규, 『한국기독교회사』 896-900.

예를 들면, 1907년 대구 전도에서는 하루에 350 인에게 입신을 결심케 하고[156], 1908년 의주의 부흥회에서는 1000여명이 밤을 지새우며 통회하는 역사를 일으키는 등 실로 대단한 성과를 거두었다[157]. 한걸음 더 나아가 당시(1909년)의 기독교인이 불과 수 만 명 정도에 불과할 때,[158] 개성의 선교사 캠블, 리드, 스톡스가 시작한 '백만인구령운동'에 합세하여 길선주는 그의 실력과 영력을 크게 발휘함으로써 그는 명실공히 이제 민족을 구하는 지도자의 반열에 들어섰다.[159]

그런데 시국이 급강하 하여 모든 희망이 꺾이게 될 뿐만 아니라 길선주는 가족의 일로 더욱 참담함의 골짜기를 헤매게 된다. 즉 1910년 8월 29일 국치의 날, 한일합방이 결행되어 하루아침에 조선인들은 나라를 잃은 백성이 된 바, 일제는 이러한 상황을 더욱 공고히 하기 위해 "데라우찌 총독 암살 음모라는 허무맹랑한 조작극에 따라, 105인이라는 수많은 인재를 구금하고, 비인간적인 고문을 자행하기 시작했다."[160] 이 때, 윤치호를 비롯한 애국인사 120여 명이 기소되었고 정해진 수순으로 모두에게 실형을 언도하여 옥살이를 하게 하는데, 그 사람들 중에는 숭실대학을 졸업한 후 선교사가 경영하는 신성중학교의 교사로 일하던 길선주의 장남 진형이 포함되어 있었다.[161] 그는 옥사에서 모진 고문으로 중병자가 되었으며, 이에 길선주는 3년여에 걸쳐 꾸준히 아들의 형무소 면회를 하는 동안 현실적 한계를 체험함과 동시에 국권 회복에 대한 강한 소망과 더불어 온전하고 영원한 세계에 대한 동경과 믿음이 강화될 수밖에 없었을 것으로 보인다.[162]

『해타론』 발간 이후 『만사성취』를 출간하기까지의 국가 사회의 변화와 길선

---

156) 김인서, 『김인서저작전집』 20.

157) 김인서, 위의 책, 59.

158) The Annual Report, Methodist Episcopal Church, South, for 1909. 87; 김인수, 『한국기독교회의 역사』 (서울: 장로교신학대학출판부, 1997) 263에서 재인용.

159) 박용규, 『평양대부흥운동』 294.

160) 길진경, 『영계 길선주』 (서울: 종로서적, 1980) 240.

161) 위의 책. 240-241.

162) 김인서, 위의 책, 61-62.

주가 개인적으로 체험하게 된 절망, 민족의 지도적 위치, 그리고 개인적 무력감은 고스란히 만사성취의 서문을 비롯한 본문 전반에 새로운 기대와 바램으로 전개된다.

(3)『만사성취』 저작의 동기와 배경

좌절의 심경은 길선주를 공허에 머물게 하기보다는 그로 하여금 믿음 안에서 보다 성숙한 삶을 추구할 수 있는 구체적인 대안을 마련케 하고, 이를 실현하는 한 방편으로 『만사성취』를 출판하게 한 것으로 보인다. 그의 책의 서론격인 '제 1장 인도'에서부터 그 변화가 감지되며, 또 책의 중간 중간에서 이를 언급하는데서 명확하게 파악할 수 있다. 그는 서문에서,

> "열은 소견과 열은 지식을 돌보지 않고 한조각 열성으로 붓을 들어 이 책을 저술함은 사랑하는 동포들이 무릉도원에 깊이 든 잠을 펄쩍 깨어 한번 용맹스러운 마음으로, 나라에 대적되고, 가정에 마귀 되며 개인의 원수가 되는 이 해타를 힘써 이기고 부지런한 열성으로 만사에 성취하여 일생에 쾌락한 복을 받으시기 바라오니..."[163]

이 글에서 전례 없이 부각되는 것은 "사랑하는 동포"라는 표현으로, 『해타론』에서 '첨군자'에게 전하던 내용이 이제 "사랑하는 동포"로 확대 발전된 것이다. 첨군자는 그 내용을 이해해줄 수 있는 일부의 뜻있는 사람이라면, 이제 그의 호소는 조선 민족 전체가 된 것이요, 그 민족도 자신의 정이 듬뿍 담겨있는 사람들의 집단으로 표현되고 있다.

길선주는『만사성취』에서 '민족의 구원'에 대한 열망을 다섯 번이나 반복하여 표현하는데, 이심로에서는 "사랑하는 나의 청년 동포들아"[164]로, '급심로'와 '해타의 해를 받

---

163) 길선주, 『만사성취』 (평양: 광문사, 1916) 1.

164) 위의 책, 14.

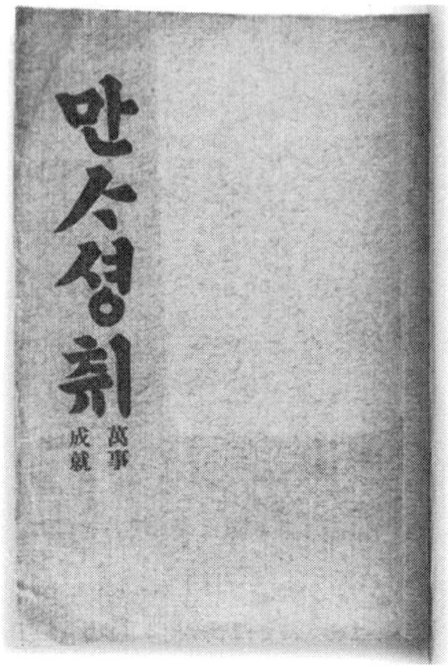

은 자의 사적' 그리고 '성취국'에서는 모두 동일하게 "나의 사랑하는 동포들이여"[165] 라고 외치고 있으며, 결언부에서 다시 한 번 "나의 사랑하는 동포형제자매들이여"[166] 라고 호소하고 있다. 따라서 『만사성취』는 길선주의 불타는 애국심이 믿음을 통해 온전한 구원의 길로 애타게 제시된 것이라 하겠다.

한편, 『만사성취』 제 1장 '인도'는 당시의 상황에 대한 길선주의 현실 이해와 이에 대한 대처 방향을 파악할 수 있게 한다. 그는 제 1장에서 당시의 조선 사람들의 삶의 모습을 "무능도원의 깊이 든 잠"으로 표현하고 있는데, 이는 아무 근심 걱정 없이 편안하게 지내는 것을 의미한다. 그러나 앞에서 언급된 것과 같이 당시 나라 안팎의 사정은 그렇지 못했다. 따라서 이렇게 나라를 잃게 되고 점점 더 큰 소용돌이가 치는 상황에도 불구하고 대 다수의 사람들의 나몰라라식의 삶의 태도가 안타까울 수밖에 없었다고 하겠다.

길선주는 이러한 당시의 조선 사람들에게 일반화된 생활 자세를 해타와 연결하였다. 즉 '여러 면에서 게을러빠진' 모습으로 보고 이를 타파하지 않으면 안 되겠다는 결심을 다시 한 번 굳게 한 것으로 보인다. 또한 그는 이렇게 게으름을 피울 수밖에 없는 근본적인 이유의 하나는 절망이라고 판단한 것 같다. 즉, 조선이 항상 대국으로 섬기던 중국을 일본이 무찌르고(1895년 청일전쟁) 막강한 러시아까지 제압(1905년 러일전쟁)한 뒤 이제 조직적인 폭력으로 조선을 말살하려 함에 더 이상 미래에 대한 희망을 가질 수 없음도 사실이었기 때문이다.

그럼에도 길선주는, '용맹스런 마음'을 다시 한 번 일으켜 무기력해질 수밖에

165) 위의 책, 17, 40, 45.

166) 위의 책, 52.

없게 만드는 이 난관(해타)을 극복하자고 호소하고 있다. 나아가 길선주는 용맹스런 마음으로 해타를 물리치는 일이야말로 만사를 성취하는 쾌락한 복을 받는 첩경이라고 강력한 희망을 제시하며 격려하고 있다.

또한 『해타론』에서는 군자들이 '성취국'에 이르는 것을 목표로 삼은 반면, 『만사성취』에서는 성취국 이후의 '영생국'을 설정하였다는 점을 중시하지 않을 수 없다. 이는 자신의 역할의 변모와 부흥운동에서 보여주었던 영성의 중요성, 그리고 나라를 잃은 심경이 융합하여, 현실을 중시하면서도(『해타론』) 좀더 영원하고 온전한 세계를 열성적으로 추구하게 된 것이라 하겠다.

3. 영생국을 향한 여정과 단계

1) 전제로서의 소원성(所願城)과 성취성(成就城)

길선주는 먼저 이 세상 모든 사람은 소원성(所願城)에 살고 있는 것임을 전제한다. 왜냐하면 모든 사람이 각각 나름대로의 바램이 있기 때문에 모든 사람은 소원성에 속해 있다고 보는 것이다. 길선주는 사람들이 가지고 있는 소원들을 구체적으로, 문장가, 대장, 목사, 교사, 의사, 벼슬하기, 농사짓기, 기술자, 장사, 부자로 지적하고 있다. 이렇게 구체적인 직업을 예시하는 바, 이미 사농공상(士農工商)의 체계는 깨어지고 개인적 소질과 능력 및 관심사를 중심으로 한 개화의 분위기가 깊게 깔려 있음을 파악할 수 있다.

소원성과 관련하여 길선주가 인용한 성경구절을 살펴보면, 먼저 우리의 소원은 그 자체가 진정한 의미에서 하나님이 주신 것이기에 하나님께서 기쁨으로 이루게 하신다고 전제하여,[167] 소원의 거룩함을 들어 성취의 희망을 격려하고 있다. 또한 우리가 그리스도를 인정하고 그의 말씀대로 살면 모든 소원이 이루어질 수 있

167) "대개 너희 안에서 행하시는 이는 하나님이시니 너희 원하고 행하는 것을 자기의 기쁘신 뜻대로 하게 하시느라." (빌립보서 2:13)

음을 성경의 말씀으로 확인시켜,[168] 소원실현의 가능성 및 성취성(成就城)의 존재를 논리적으로 제시하고 있다.

나아가, 뒤에서 언급하듯이 실제로 성취국으로 가는 길에는 괴악한 짐승 해타가 숨어서 사람들을 잡아먹으므로 성취국으로 들어가는 이가 별로 없기에 하나님의 특별한 은총이 주어졌음을 강조한다.

> "하나님께서 1904년 전에 구주 예수를 소원성에 강생시켜 성신의 권능으로 모든 사람을 환란 중에서 구원하게 하시고 또 신령한 인기를 주사 성취국에 들어가게 하신 지라. ... 그런고로 예수를 믿는 사람들은 이 인기를 주어 성취국에 들어가게 하고 그 직분을 다한 후에 그 나라를 떠나 영생국에 들어가서 영원한 안락을 누리게 하시매 예수를 믿는 사람마다 성신의 인기를 가지고 정의문으로 들어가면 그 문 주인이 반가이 영접한 후에 각 사람의 재질을 보아 무슨 표든지 나눠주고 경성갑옷(警醒甲)을 입혀 모안로를 지날 때에 저 해타 짐승을 피하게 하느니라."[169]

위의 글을 통해서 길선주는 구주 예수에 대한 믿음을 갖는 사람에게는 두 가지 은총이 주어짐을 분명히 하고 있다. 즉, 성취국과 영생국에 갈 수 있는 신령한 '예수의 인기(印記)'와 또한 이로써 정의문에서 모안로를 통과할 수 있는 '경성갑옷'을 받는 것이다. 이는 '믿음'이란 말에 관심을 갖게 하는 것과 더불어 믿음의 중요성을 강조하는 것으로 모든 사람 특히 조선의 동포 모두가 이에 확신을 가지고 용기를 내도록 격려하는 것이다.[170]

---

168) "너희가 내 안에 있고 내 말이 너희 안에 있으면 원하는 대로 구하라 다 이루게 하리라." (요한복음 15:7)

169) 길선주, 『만사성취』 27-28.

170) 위의 책, 1.

2) 3단계의 발전 구조

길선주는 『만사성취』를 모두 스물여덟 장으로 구분하여 설명하는데, '인도' '해타의 형상' '경성갑옷' 등과 같이 개념을 설명하는 여덟 장을 제외한 스무 장으로 만사성취과정을 전개한다. 필자는 이 과정을 좀 더 효과적으로 파악할 수 있도록 이 스무 장의 내용과 성격 그리고 조건을 구분하여 3단계의 발전 구조로 구분하여 내용을 정리하고자 한다.

(1) 첫 단계 : 일상과 인습의 극복(사로에서 정의문까지)

소원성취를 위한 행로는 소원을 성취하겠다고 결심을 하는 순간부터 주어진다. 목표를 정하고 보니 우선 나의 일상의 잘못된 버릇과 몸에 배인 사회적 폐습부터 버려야 함에 봉착한다. 그러다보니 다시 마음이 산란해지고 생각이 많아지게 되어 결심이 흔들리게 되는 상황을 사로(思路)로 설정하고, 인생에서 시기하는 마음으로 인해 큰 화를 부른 예와 거룩한 생각을 함으로써 큰 복을 받은 일들을 성경적으로 기록하며 결심을 확고히 하도록 한다.

사로와 연계된 내용은 크게 육체적인 것과 성격적(혹은 심리적)인 것으로 나눌 수 있다. 우선 취주로(醉酒路), 연락로(宴樂路), 음란로(淫亂路)는 전자에 속한다. 이는 기본적으로 음주(飮酒)와 탐색(耽色)이다. 이러한 행태는 당시의 남자들에게는 일상적인 것일 수도 있으나, 깊이 생각해보면 이는 나라가 폐망한 데 따른 공허와 좌절의 상황을 고착화 하는 것일 수 있으며, 일제의 입장에서는 영구적인 지배를 목적으로 조선인의 정신을 황폐하게 하기 위해 이를 조장할 경향도 당시로서는 무시할 수 없기 때문이다.

음주와 관련하여 길선주는 취주로에서 실제로 술로 나라가 망하고, 성현의 자손이 재앙을 당한 예를 들고 있으며, 술은 '미친 약'이요, '뱀같이 물고 독사같이 쏘는' 것으로 '마음이 거짓말을 좋아하게' 함을 지적하며 성취국에 들어가기 위해서는 이 길을 피해야 한다고 경고하고 있다.[171] 물론 금주를 길선주가 처음으로 강조한 것은 아니지만, 결국 음주는 일제 식민치하 조선인들의 큰 문제로 부각되어 단순한 교회의 내적 금주운동차원을 넘어서 1930년대에는 국가를 살리는 애국운동으로 발전하였다.[172]

길선주는 음란로에 관해 여자들이 길거리에서 공교한 말과 유혹적인 태도로 길가는 사람을 꾀는 고로 여기에 이끌리면 음란에 빠져 망하게 된다는 말로 시작하여, 지혜로운 임금들도 음란에 빠져 나라가 망하거나 실패한 예를 들어 경각심을 일으킨다. 그래서 간음하는 것은 결국 영혼을 망하게 하는 것이 되고 이러한 꾐에 빠지는 것은 소가 푸줏간으로 가는 것과 같은 것이므로 이 길을 피할 것을 권면하고 있다[173]. 이 문제 역시 개인적인 것 같으면서도 범국가적인 것이었음을 알게 되는데, 차후 일제가 한국 청년들의 정기를 흐리고 독립에 대한 관심을 멀리하려고 1920년대에는 공창(公娼) 제도를 강화한 것이다. 이에 한국 교회들은 폐창운동(廢娼運動)에 교단과 총회별로 총력을 다한 바 있다.[174] 한편, 연락로는 취주로와 음란로의 특성이 깊게 연결되어 있다.

다음으로는, 성격적인 범주라고 할 수도 있고 마음가짐의 영역일 수도 있는 것으로, 자만(自滿)과 이심(二心)과 급심(急心)의 문제이다. 자만로는, 무언가 좀 되는 듯하면 자신이 뛰어난 줄 알고 더 이상의 노력을 하지 않는 것을 지적하고 계속적인 노력을 하도록 주지하며, 이심로는 이렇게 할까 저렇게 할까 망설이다가 세월을 다 보내는 것을 경계하며 시간이 길지 않으므로 용맹스럽게 정진할 것을 촉구한다. 급심로는 조급함이 문제를 해결할 수 없으므로 인내하지 못하면 실패할 것임을 경고하고 있다.

이 길의 마지막 관건은 정의문(定意門) 통과이다. 이 문은 사람들이 그 앞에 오

---

171) 길선주, 『만사성취』 7-9.

172) 김인수, 『한국기독교회의 역사』 466.

173) 길선주, 위의 책, 10-12.

174) 김인수, 위의 책, 471-472.

기까지가 어렵지 "남녀노소를 물론하고 그 문만 두드리면 ... 반가이 영접하여 들이고"[175] 모든 생각이 한 가지 뜻으로 작정되게 하는 문으로 설정되어 있다. 이 문을 통과한 사람은 정의문 주인이 각자의 재질을 살펴 각각 그 재주대로 표지를 나눠주고 성취국을 향해 길을 나서게 된다.[176] 이는 자신의 소원 성취를 위해 자신의 재질을 살펴주며 그에 해당하는 '표'를 주어 그 소원을 성취하게 하는 전문적 협력의 문이라 하겠다.[177] 중요한 것은 이 문에 들어서기까지는 스스로의 노력과 인내가 필요한 것으로, 진정 소원을 성취하고자 하는 결심이 섰는지 여부를 판단하는 기본과정이라 하겠다.

(2) 둘째 단계 : 은혜로만 극복할 수 있는 난관(모안로에서 성취국까지)

이 단계는 정의문(定意門)을 지나 성취국에 들어가는 과정으로 소원성취의 중심부이다. 이 과정의 특징은 사로(思路)에서와는 달리, 소원 성취에 나선 사람 스스로의 능력만으로는 어찌할 수 없는, 초능력을 가진 악한 존재가 조직적으로 그 길을 막고 있는 상황이다. 이 길은 모안로를 중심으로 복합적으로 구성된 전반부와, 고난산을 중심으로 간략하게 언급된 후반부로 나눌 수 있다. 특히 전반부에서는 인간의 결심과 노력만으로는 온전하게 통과하기 어려운 만큼 이를 가능하게 할 수 있도록 정의문에서 미리 하나님의 은혜의 선물로 '경성갑옷'을 받게 된 바 있다.

먼저 전반부를 살펴보면, 모안로(謀安路) 통과가 관건이다. 모안로는 정의문을 지나 얼마 가지 못한 지경(地境)으로, 사람의 마음이 헤이 해져서 어떻게 하면 이젠 육신을 좀 편하게 하나 어떻게 하면 즐거울까 하고 꾀를 부리다가 일을 망치게 되는 길이다. 왜냐하면 이 모안로에는 성취성으로 가는 사람을 잡아먹는 괴악한

---

175) 한편 둘째 단계인 모안로에서의 재 언급(27-28쪽)에서는, 소원성에서 모두에게 "신령한 인기를 주어 성취국에 들어가게 하심"과, "예수를 믿는 사람마다 성신의 인기를 가지고 정의문에 들어가면 ... 반가이 영접"으로 라고 기록됨으로 '정의문 입장'에 관해 부분적으로 모호함이 있다.

176) 길선주, 『만사성취』 17-21.

177) 이 문의 특성에 관련해서는 2단계의 전반부인 '모안로' 부분에서 다시 설명한다. (필자 주)

짐승이 도사리고 있기 때문이다. 이짐승의 이름은 바로 해타(懈惰)이다.[178]

해타(게으를 해, 게으를 타)는 글자대로 '게으름' 자체를 뜻하는데, 길선주는 『텬로력뎡』의 아파룐(Apollyon)과 사자를 연관하여 해타를 괴괴망측(怪怪罔測)한 동물로 형상화 하여 강조하고 있다. 이놈의 특징은 입이 커서 사람을 통째로 잡아먹을 수 있는 반면 발이 짧아 빨리 움직일 수 없는 약점을 가지고 있다. 그런데 이놈이 [사람을 잡아먹지 못해] 배를 주릴 때 [허기를 채우기 위해] 항상 먹는 것이 담배(烟草)와 아편(鴉片)이라는 것이다.[179]

길선주는 담배와 아편에 관하여 두 장(13장, 14장)을 할애하여 그 문제점을 강력하게 지적하고 있다. 담배는 흉악한 짐승이 즐기는 식물이요, 사람에겐 독약으로, 그 진액이 뇌(腦)에 배어 정신을 흐리고, 재산경제(財産經濟)와 시간경제(時間經濟)를 방해낭비 한다는 것이다. 그는 이를 수치로 환산하여 그 폐해를 상기시키며 금연을 촉구한다. 그리고 아편 역시 사람을 패망케 하는 심한 독이 있음을 강조하는데 구체적으로 아편은 마음을 패하게 하고, 몸을 망하게 하며, 재산을 패망시키는 것임을 실례와 성경말씀을 들어 금하고 있다.[180]

담배와 아편은 사로에서의 음주와 음란과 같이 개인적 문제를 넘어서, 특히 당시로서는 장기적으로 민족 국가의 존폐와 연관될 수 있는 문제였다. 금연운동은 초창기 선교사들에게서 비롯되어, 1903년에는 감리교 연회에서 결정했으며, 1912년 장로회 창립총회에서도 이에 관한 여러 가지 보고가 이루어졌다.[181] 한편, 일제가 한국의 청년들을 피폐화시키기 위해 아편을 대량으로 재배케 하고 피우게 하는 악랄한 정책을 편 것에 대해, 교회는 단호히 이에 저항하는 태도를 견지하였다.[182] 그래서 1909년 선교부는 아편 문제 전담자를 선정하고, 총회의 결의로 교인들의 경우 병원의 처방을 제외하고는 아편을 먹거나 심거나 매매하는 자는 당회에서 치리하

178) 길선주, 『만사성취』 22-23.

179) 위의 책.

180) 위의 책, 23-28

181) 김인수, 『한국기독교회의 역사』 468-470.

182) 위의 책, 470.

게 하였다.[183] 길선주는 이러한 교회의 금연, 금아편 운동의 정신을 강한 호소력으로 『만사성취』에 반영한 것으로 보인다.

모안로와 관련해서는 특별하고도 중요한 사건이 있었다고 길선주는 기록하고 있다. 즉, 앞에서도 언급했듯이, 해타는 사람으로서는 감당할 수 없는 존재이다. 왜냐하면 해타라는 이름은 마귀 사자의 별명이기 때문이다. 따라서 모안로를 통과하는 사람이 매우 적게 되어 성취국에서 직분을 맡을 사람들조차 부족하게 되었다는 것이다. 이에 하나님께서 소원성 사람들을 불쌍히 여기사, 두 가지 조치를 취하셨는데, 그것은 표를 주는 것과 경성갑옷(警醒甲: 정신을 차려 그릇된 행동을 하지 않도록 타일러 깨우치는 옷)을 입혀주어 그 사람이 모안로를 지날 때에 저 해타짐승의 해를 피하게 하셨다는 것이다.[184] 『천로역정』의 기독도가 무장하는 것과 연계된 이 옷은 아무나 입어도 그 몸이 가벼워지고 정신이 새로워져서 용감하게 빨리 뛸 수 있게 되므로 감히 해타 짐승이 따라 잡지 못하게 한다는 것이다.[185] 믿음으로만, 값없이 얻게 되는 진귀한 선물이 강조되고 있다.

한편, 이렇게 하나님의 직접적인 개입으로 상황이 돌변하여 허다한 사람들이 성취국으로 들어갈 뿐만 아니라 영생국까지 가는 사람이 많아지게 되니, 마귀임금 사단이 분개하여 신하 사귀를 불러 모아 마귀(魔鬼)의 어전 회의(會議)를 열어 두 가지 계책을 추가로 실행하여 모안로 통과를 어렵게 하였다 한다. 우선은 사람들을 방심케 하여 육신의 즐거움과 편안함에 빠지게 하는 것으로, 모안로에 향내를 맡으면 정신을 잃게 하는 혼미화(昏謎花)를 심고, 한번 떠 마시면 움직이기가 싫어지는 무기천(無氣泉)을 파놓고, 망리수(忘理樹)를 심어 이 나무의 바람을 한번 쏘

183) 위의 책.

184) 길선주는 경성갑옷과 관련하여 다음의 성경구절을 인용한다. "잠자는 자여 깨어 죽은 자 가운데서 일어나라. 그리스도께서 네게 비취실 것이다."(엡5:14), "또한 너희가 이 때를 아나니 곧 자다가 마땅히 깰 때라. 이제는 우리를 구원함이 처음 믿을 때보다 가까우니라."(롬3:11), "깨어 기도하여 시험에 들지 않게 하여라. 마음에는 원이로되 육신이 약하도다."(마26:41), "하나님의 전신 갑주를 입고 능히 서서 마귀의 궤계를 대적하라."(엡6:11).

185) 길선주, 위의 책, 27-28.

이면 참 이치를 잊어버리게 하며, 다수산(多睡山)을 조성하여 이 산에 오르면 졸음에 빠지게 하는 것이다.[186)]

그리고 좀 더 적극적인 계책도 채택된다. 즉 모안로로 다가오는 사람들에게 성취국과 영생국으로 들어가 복락을 누리는 것이 아름답기는 하나, 그곳에 가는 것이 아직 급하지 않으니 놀면서 천천히 가도 좋다고 속여 잠시 방심하게 한다는 것이다. 그런 즉시 그 사람의 이마에 '마귀 대왕의 인기'[187)]를 붙여버리면, 해타가 길목에 숨어 있다가 이 표를 붙이고 오는 사람을 보면 곧바로 악한 냄새를 토해 기절시킨 후, 통으로 삼켜먹게 한 것이다.[188)] 결국 두 가지의 추가 대책은 모두 방심을 미끼로 한 것으로, 방심이 얼마나 무서운 결과를 가져오는가에 관해 경각심을 불러일으키고 있다. 한편 길선주는 이 방심이 바로 해타와 깊은 연고가 있음을 본문에서 다양한 예를 들어가며 강조하고 있다.

다음은, 2단계의 후반부로, 해타 짐승을 피해 모안로를 지나가게 되면 얼마 가지 않아 매우 높고 길이 험악하여 넘어가는 사람마다 큰 고생을 하게 된다는 고난산(苦難山) 입구에 이른다. 누구든지 성취국으로 가려면 이 높은 산을 넘어야지 결코 다른 길은 없다. 따라서 이 산을 넘는 것은 "우리가 하나님 나라에 들어가려면 여러 가지 환란을 겪어야 할 것이라"(행14:22)는 말씀과, "내 생각에 이제 고난을 받는 것과 장차 나타날 영광을 비교하면 족히 비교할 수 없느니라"(롬8:18)는 말씀들을 되새기며 이 산을 넘지 않으면 안 된다.[189)] 앞에서 본대로 길선주는 고난산과 관련하여 구체적인 고난과 유혹에 대해 기록하지 않았다. 모안로 통과만으로는 부족하다는 전제 아래 고난산을 설정하나, 고난산에서의 내용은 구체화하지 않고 성서 인용으로 대신하고 있다. 이는 아마도 각자의 현실적 정황에서 분리될 수 없는 요소이기 그 의미를 승화하는 방식으로 대처한 것으로 보인다.

---

186) 길선주, 『만사성취』 29-34.

187) 요한 게시록 13:6 ; 이현무, "길선주의 『만사성취』 연구," 41.

188) 길선주, 위의 책, 34-40.

189) 위의 책, 41-42.

감사하게도 이 고난산의 정상을 넘으면 휴식정(休息亭)이 있다. 이 정자의 주인은 힘들게 고난산을 넘어 성취국으로 가는 사람을 보면 이 정자에 평안히 앉게 한 후, 『천로역정』의 천국의 정원에서처럼 팔진선찬(八珍善餐: 여러 가지 진귀하고 맛있는 것을 푸짐하게 잘 차린 음식)을 대접하며 곤고한 몸과 마음을 극진하게 위로하고, 그 사람의 소원대로 만유주(萬有主) 하나님의 표(인기)를 써주어 멀어 보이지 않은 성취국으로 가게 한다.[190] 이로써 수고하고 무거운 짐을 진 자가 믿음 안에서 편히 쉴 수 있게 된다는 것이다.

성취국 도성(都城)은 견고하여 도적이 들어올 수 없고, 임금과 신하가 거룩하여 성현군자의 인애한 성품이 가득하고, 영웅열사의 용맹한 기상이 높아 서로 사랑하고 서로 화합하여 만사가 형통하게 되니, 인민의 생활은 아주 부유하고 만물이 풍족하고 사람마다 호걸이 되고, 아이들은 거리와 골목에서 태평국가(太平國歌)를 부르니, 그야말로 문명세계(文明世界)요 자유강산(自由江山)이다.[191]

해타 짐승을 이겨내고 고난산을 넘어 온 사람들의 면모를 살펴보면, 중국 전한 시대의 동중서와 광형과 주매신, 당나라 시인 이태백, 요(堯) 임금, 순(舜) 임금, 우(寓) 임금, 서국 이세택, 공자, 석가모니 그리고 바울 등이다.[192] 한편, 성취국으로 들어오는 조건은 은혜와 믿음으로 '하나님의 신령한 인기'[193]를 받은 사람들인데, 거명된 이들은 거의 모두가 동양의 성현 군자이다. 따라서, 논리적으로 살펴보면, 이들은 하나님께서 신령한 인기를 주시기 전에 스스로의 힘으로 모안로를 통과한 '소수의 사람들'[194]이라 하겠다. 그러나 이들이 앞으로 영생국에 들어가기 위해서는 '절대적 조건'이 요구된다.

---

190) 위의 책, 42-44.

191) 위의 책, 44-46.

192) 위의 책, 46-48.

193) 위의 책, 27.

194) 위의 책.

(3) 셋째 단계 : 믿음으로 얻는 영생

성취국에서 그 직분을 다하면, 얼마 멀지 않은 곳에 무궁안식세계(無窮安息世界)가 있으니 이를 영생국(永生國)이라 한다. 여기에는 영생하시는 하나님이 계신 곳이니, 이 나라에 들어가는 방법은 오직 '구세주 예수를 믿는 것' 밖에 다른 길은 없다.[195]

영생국을 살펴보면, 그 영광은 말로 다할 수 없다. 그 성벽은 모두 12가지 보석으로 쌓았고, 성문은 동서남북에 12문이 모두 진주로 되었으며, 성 안의 길은 모두 정금으로 깔렸으며, 큰 길 가운데 생명수 강물이 수정같이 흐르고, 강 좌우편에 생명나무가 일자로 총총히 심겨져 있어 언제나 봄과 같고, 그 생명강물에선 마음대로 목욕하며 생명나무 열매도 마음대로 따먹을 수 있다. 또한 이곳은 극히 명랑하여 항상 밝으며, 대궐 보좌 위에는 하나님과 성자 예수께서 앉아 계신데, 무지개가 보좌 사면을 둘러 있고 좌우편에는 옛 성현군자들과 모든 성도들 그리고 무수한 천사들이 모두 금 면류관을 쓰고, 손에는 거문고를 잡고 구름같이 시위하여, 하나님의 크신 권능과 구주 예수의 인애하신 공덕을 찬송하며 성가를 부르니 참 영생세계요, 극락강산이다.[196] 여기에서 영생국의 면모에 관해 길선주는 요한계시록 21장과 22장을 거의 그대로 사용하고 있으며 영생국에서의 생활상을 불교적 개념인 극락도 활용하고 있다.

이 책의 마지막 장(제28장)에서 길선주는 다시 '마귀의 인기와 하나님의 인기'(魔鬼印記與上帝印記)를 대칭적으로 구분하여 강조하고 소원의 성취와 영생의 길을 격려한다. 즉, 모안로 지경을 지키는 마귀의 인기는 바로 '할 수 없다'라는 말이요, 고난산 휴식정 주인의 인기는 '할 수 있다'는 말이니, 사랑하는 동포 형제자매들이 어려운 시험을 당하더라도 '할 수 없다'는 마귀의 인기를 떼어버리고, '할 수 있다'는 하나님의 인기를 받아 성취국과 영생국까지 들어가 태평복락을 누리기를 앙달(仰達)하고 있다.[197]

---

195) 길선주, 위의 책, 48.

196) 위의 책, 49-51.

197) 위의 책, 51-52.

3) 3단계 발전구조의 특성

길, 장소, 물체 등 스무 가지로 구성된 만사성취의 과정은 그 내용과 성격과 구조, 그리고 조건 면에서 크게 3 단계로 구분되었다. 첫 단계는 소원성을 출발하여 정의문을 들어서는 것으로, 음주 · 연락 · 음란을 멀리하고 자만 · 이심 · 급심을 극복해야하는 내용으로, 스스로의 결단과 노력으로 일상적 관습과 인습으로부터 벗어나는 단계이다. 둘째 단계는 모안로에 들어서는 데부터 성취국에 도착하기까지로, 해타 짐승 및 혼미화 · 무기천 · 망리수 · 다수산을 피해내며 모안로를 벗어나, 앞에 있는 고난산을 넘음으로써 휴식정에서 원기를 얻어 성취국에 들어가는 것으로, 하나님의 은혜로 극복할 수 있는 단계이다. 또한 셋째 단계는 성취국에서 영생국으로 들어가는 것으로, 믿음으로만 누릴 수 있는 영생의 단계이다.

여기에서 우선 『천로역정』에서의 중요한 요소 몇 가지의 예를 들어 그것이 『만사성취』에서 어떻게 변화되는지 살필 필요가 있다. 먼저 『천로역정』에서는 십자가 앞에 이르자 그동안 그를 괴롭혔던 죄 짐이 저절로 굴러 떨어져 버리고, 천사들의 환대를 받으며 새 옷으로 갈아 입혀주는데, 『만사성취』에서는 이를 앞당겨져 소원성에서 1904년(『해타론』 발간 연도) 전에 소원성에 구주가 강생하시어 사람들을 환란 중에 구하고 그를 믿는 자에게는 누구에게나 '신령한 인기(印記)'를 주어 정의문에 '재질표'와 경성갑옷을 받게 하셨다고 함으로써, 소원성취의 여정에 누구나 마음만 먹으면 참여할 수 있도록 용기를 주는데 활용하고 있다.

『만사성취』의 '정의문'은 『천로역정』의 '좁은문'의 이미지를 사용하고 있다. 그러나 정의문은 신앙적인 결단의 의미보다는 자신의 못된 버릇과 관행과 절연하기 위한 마음과 행동의 변화를 결정하는 의미를 강화하여 그 문의 이름을 바꾸고 있다. 이는 당시 신앙적 배경이 없는 여건에서 그 사람들에게 교리적인 설명에 한계가 있음과 더불어 삶의 행태의 변화가 먼저오지 않으면 안 된다는 판단에 기인한 것으로 보인다. 따라서 해설자의 집과 미궁에서의 교리적 해설 부분은 과감하게 삭제하고 있다. 그러나 미궁 앞의 무서운 사자의 이미지는 해타 짐승으로 둔갑하고, 기독교도가 미궁에서 투구와 갑옷 그리고 모세의 지팡이로 무장하게 되는 것은 『만사성취』의 정의문에서 '경성갑옷'을 수여받는 것으로 연결하고 있다.

『천로역정』에서 '허영시'의 설정은 마귀대왕 바알세블이 순례자의 '허영심'을 자극하여 타락시켜 순례를 계속하지 못하도록 만들기 위한 장소로 설정되어 있는데, 『만사성취』는 이를 '모안로'로 설정하여 마귀대왕의 어전회의에서 그 길을 통과하는 사람들을 '방심'하게 함으로써 이들을 제거하는 방안을 세운다. 그래서 결코 '방심'하지 않도록 수여받는 갑옷의 기능에 경성(警醒 : 항상 깨어 경계를 늦추지 않음)을 추가하고 있다. 이 역시 서로의 문화적 차이를 드러내는 것으로 당시에 조선에서 믿음의 길에 들어선 사람에게는 방심의 위험이 매우 중요했던 것으로 판단된다.

한편, 『천로역정』에서 허화시의 재판을 중심으로 당대의 과도한 시장경제와 연계된 사회경제에 대한 비판과 재판장과 배심원들의 이름과 언행을 통한 정치와 종교에 관한 비판적 요소 역시 또 다른 형식으로 『만사성취』에 반영되고 있다. 이 역시 '허화시'와 같은 '모안로'에서 길선주는 담배와 아편에 관한 장(章)을 각각 설정하여, 이것이 사람에게는 독약으로 그 진액이 뇌에 배어 정신을 흐리게 함은 물론 재산경제와 시간경제를 파탄케 하는데 이 배후에는 일제가 이를 암암리에 방조하며 조장하는 것에 대한 비판도 내포하는 것이다.

『천로역정』의 중요한 요소가 『만사성취』에서 삭제되기도 하고, 그 반대로 『천로역정』에서 부각되지 않은 것이 『만사성취』에 중요하게 등장하기도 한다. 『천로역정』에서 '죽음의 강'은 순례를 완성하는 최종적이며 매우 중요한 설정으로, 당시 영국의 현실에 타협한 것으로 평가되는 국교(성공회)에 대항하여 기독교 복음의 영성을 새롭게 되살리려는 청교도 신앙의 핵심의 하나이다. 그러나 길선주는 마지막 순간에 이러한 어려운 관문을 설정하기 보다는, 이미 소원성에서 누구나 믿기만 하면 값없이 얻을 수 있는 믿음의 '신령한 인기'의 소지 여부로 대체하였다. 반면 그는 『천로역정』에 없는 '사로'를 1단계로 설정하여, 믿음의 길을 가려는 사람은 나라를 잃은 이 시기에 결코 술에 취할 수 없으며 향락을 떠나 자만과 조급함을 버리고 마음의 중심을 잡지 않으면 안 된다고 갈파하고 있다. 이러한 삭제와 추가적 유입 역시 원본이 자신의 문화에서 제시한 초점이 부여하는 효과가 다른 문화에서도 그에 상응하는 효력을 발휘할 수 있도록 한 깊은 통찰과 사랑의 산물이라 하겠다.

그래서 『만사성취』의 첫 단계는 의욕과 소망을 바탕으로 스스로를 채찍질하여 극복해야 하지만, 이를 극복하기만 하면 둘째 단계는 은혜로 주어지는 '경성갑옷'으로 험악한 모안로를 벋어나 고난산을 넘는 수고만 하면 '휴식정 주인의 인기'로 성취국에 들어가는 단계로 설정된다. 그리고 셋째 단계는 구세주 예수를 믿는 믿음만으로 성취된다. 따라서, 만사성취의 전 과정을 돌아볼 때 첫 단계만 스스로의 결심과 노력으로 넘어서면, 나머지 두 단계는 은혜와 믿음으로 가능하다. 그러므로 길선주는 첫 단계를 극복할 결심과 노력만 하면 나머지는 기독교의 은혜와 믿음으로 가능함을 설파하며, 우선적으로 첫 단계의 극복에 중점을 두고 있다고 하겠다.

물론 둘째 단계에서도 해타의 밥이 되는 술과 아편을 금할 것이 강조되고, 잠깐 동안의 방심이 큰 화를 부름에 경각심을 불러일으키는 것이 전제이다. 그래서 모안로는 참으로 험난한 과정일 수 있지만 은혜로 주어진 경성갑옷으로 인해 이 길도 문제가 되지 않는다. 또한 길선주가 『만사성취』 마지막 장에 '마귀의 인기'와 '하나님의 인기'를 부가하여 대조하면서 이를, '할 수 없다'와 '할 수 있다'로 대치시키는 것도 첫 단계 극복을 위한 격려에 큰 비중이 있다고 하겠다.

4. 삽화의 구성과 특성

1) 삽화의 구성와 내용

『만사성취』에는 11점의 삽화가 본문의 이해를 돕고 있는데 여기에서는 이 삽화들을 앞에서 논의한 3단계의 발전과정에 맞추어 분류하여 그 특성을 살펴보고자 한다. 아울러 『텬로력뎡』의 삽화와 주제 혹은 구도 면에서 관련된 삽화를 대비하여 설명하고자 한다.

(1) 소원성(所願城)

소원성의 모습은 전면에 단층 누각이 있는 성문과 성으로 둘러쳐 있는데 후면에는 높은 산과 나무가 있어 서울의 숭례문(남대문)과 북악산으로 둘러싸인 서울, 혹은 광화문과 연결된 경복궁을 연상케 한다. 이 삽화에서 특이한 것은 먼저 하늘에 구름이 전혀 없다는 것이다. 이곳에는 갓, 사모, 면류관과 실크 모자, 그리고 현대식 모자를 쓴 사람들이 뒤섞여 있어 그 신분으로 보면 왕, 선비, 공인, 상인, 그리고 쟁기를 멘 소와 농부가 함께 등장하고 있다. 이는 조선조 말 한양성 안에 있는 사람들을 상징적으로 포괄하여 그 삶의 정황을 표현하는 것으로 보인다.

그런데 이 그림을 자세히 살펴보면 예사롭지가 않다. 왜냐하면 『만사성취』가 출간된 시기가 한일 합방 이후 6년째로, 이때의 조선은 데라우찌(寺內正毅) 총독의 세상이고 순종은 왕위에서 물러나 그냥 '이왕(李王)'이라고 불릴 때이기 때문이다. 이 삽화는 이 시기의 정황을 암시하는 것으로 보인다.

왕의 의복을 입은 이는 우측으로 물러나 앉아 물끄러미 쳐다보고 있고 그의 오른쪽에는 그를 보좌하는 이가 서 있다. 삽화의 중앙부에는 다리를 꼬고 거만하게 앉아 있는 사람이 있다. 이 사람은 약식으로 그려진 조선의 정자관을 쓰고 두루마기 혹은 일본식 유카타 같은 옷을 입고 있는데 그 옷 속에는 서양식 바지를 입고 검은 구두를 신고 있는 것이 보인다. 그의 왼쪽에는 서양식 중절모를 쓴 건장한 비서관 같은 이가 서있고 오른쪽에는 조선의 관복을 입은 이가 얌전하게 앉아 있다. 또

[삽화 1: 소원성]

한 그의 앞에는 일본 고등계 형사들이 자주 쓰던 도리후찌(hunting cap)를 쓴 이가 노트를 펴들고 보고하고 있다. 이 모든 정황은 그가 바로 데라우찌 총독임을 분명히 하고 있다. 그리고 이 그림의 왼쪽 끝부분에는 검은 색 실크 모자를 쓴 이가 책을 펴놓고 앉은 것을 보아 서양과 연계된 지식인을 표현하는 것 같고 오른쪽 끝부분에는 대장장이가, 그리고 그 앞쪽에는 소가 끄는 쟁기를 잡고 밭을 가는 농부가 있다. 이렇게 보면, 이 삽화는 당대의 정치적 상황을 은유적으로 표현하여 바람직하지 못한 상태라는 공감대를 유도하는 기지를 발휘하고 있다 하겠다. 즉 각자가 소원이 있음은 물론 일제의 억압 상태를 상기시키며 국가의 독립에 대한 바램도 함께 부각하고 있는 것이다.

(2) 사로(思路)에서 급심로(急心路) 까지

사로(思路)의 삽화는 전통적인 의미에서 그림이라 하기 어렵다. 오히려 정로(正路)를 둘러싼 여러 가능성의 복잡한 길들을 만화적 기법으로 한 번에 효과적으로 설명하려는 의도가 앞서 보인다. 그리고 모든 다툼과 불화의 기본이 되는 술에 취하지 말라는 취주로(醉酒路)는 조선조 당시의 평범한 주막의 모습을 보여주고 있다.

일은 제대로 하지 않고 놀고먹으려는 습성을 버리고 음란한 행위를 하지 말라는 교훈을 담으려고 누각이 있는 기생집을 함께 그린 연락로(宴樂路)와 음란로(淫亂路)는 하나의 삽화로 통합하였는데 이는 기산의 풍속도에 나오는 그림과 유사하다.[198] 또한 조급한 마음이 많은 문제를 일으키므로 이를 부각하기 위해 돌들이 많은 길을 급하게 가려다 넘어진 사람을 그린 급심로(急心路)의 전반적인 산수 묘사는 전통화법에 가깝다. 그러나 바위와 산의 처리가 좀 특이하다.

(3) 정의문(定意門)

정의문은 『천로역정』의 좁은 문에서 발상된 것으로 문의 크기보다는 그곳에 이르는 길이 매우 험악함을 부각시키며, 이곳이 일상적인 생각을 넘어서는 매우 중요하고 고귀하며 정도(正道) 이외의 어떠한 방법으로도 접근할 수 없는 곳임을 기본적으로 표현하고 있다. 그래서 복층 누각이 있는 성문이 바위산 좁은 골짜기를 가로막은 모습으로 누각 위로 구름이 많아 어느 정도 높은 산이거나, 아니면 높이와 관계없이 신성함을 표출하려한 것으로 보인다.

성문 위의 누각을 정교하게 그리려 한 점에서 이 삽화를 그린 사람은 조선의 궁중 행사도의 건물 표현 방식을 알고 있는 화가로, 민간에 돌아다니는 궁중 행사에 관한 그림을 본 경험이 있는 것으로 생각된다. 그리고 '급심로'에서와 같이 산과 바위를 처리한 것도 눈에 띈다. 정의문 삽화(196쪽 왼편)에서 동일한 복식의 두 사람의 역할 차이를 단지 몸집의 크기로 구분한 것도 특이하다 하겠다.

---

198) 하인리히 융, 『기산의 한국 옛 그림: 풍경화』 (서울: 민속원, 2003) 27.

[삽화 2: 사로]

[삽화 3: 취주로]

[삽화 4: 연락로와 음란로]

[삽화 5: 급심로]

[삽화 6: 정의문]

『텬로력뎡』[삽화: 7]

(4) 모안로(謀安路)에서 고난산(苦難山) 휴식정(休息亭) 까지

다수산(多睡山) 삽화는, 도상의 유사성은 별로 눈에 띄지 않으나, 물가에 있는 나무 아래서 쉬는 것은 『텬로력뎡』의 생명강 삽화의 쉬었다 가는 장면(삽화 32)과 관련성이 보인다. 이는 『텬로력뎡』에서 고난을 극복하는 과정에 주어진 안락과 쉼이 자칫 방심으로 연결되지 않도록 하는 의도와 연결될 수 있다.

모안로(謀安路) 삽화의 해타(懈惰)의 모습과 장면의 구성은 『텬로력뎡』 삽화의 두 삽화를 취합하여 응용하고 있다. 모안로를 앞서가는 경성갑옷을 입은 이는 『텬로력뎡』의 기독도의 무장한 모습(삽화 22)과 연계하였고, 『텬로력뎡』의 미궁 앞의 사자는 쇠사슬에 묶여 있어 그 성정을 다하지 못함(삽화 16)을 응용하여 해타의 다리를 매우 짧다고 함으로써 민첩하지는 못한 짐승으로 만들었다. 또한 해타의 모습을 당시 사람들에게 익숙한 해태와 유사하게 그려 그 존재의 현실성을 강화하고 있다.

고난산(苦難山) 삽화의 모습은 『텬로력뎡』의 천성을 바라보는 장면(삽화 36)

[삽화 7: 다수산]

『텬로력뎡』 [삽화: 32]

[삽화 8: 모안로]

『텬로력뎡』 [삽화: 22]

『텬로력뎡』 [삽화: 16]

과 부분적으로 유사하다. 그러나 『텬로력뎡』에는 구름만 보일 뿐 천성은 보이지 않는데 비해, 여기에서는 구름 속에 성채와 문이 보인다. 또한 자세히 보면 성문 누각이 단층이어서 성취국이나 영생국의 성문과는 다르다. 단층 누각으로 된 것은 오히려 소원성의 모습인 것을 감안하면, 여기에서는 구름을 그려 넣는 것을 보아 영생국 성문 누각을 약식으로 처리한 것으로 볼 수밖에 없다.

[삽화 9: 고난산]

『텬로력뎡』 [삽화: 36]

[삽화 10: 성취국]

(5) 성취국(成就國)

바위산 좁은 골짜기를 막아선 성문과 성으로 둘러쳐진 성취국은 그 누각이 복층으로 소원성과 다름을 먼저 시사한다. 성 안은 앞부분과 뒷부분에 경계가 선연하다. 앞부분에는 높낮이가 다른 기와집들과 매우 다양한 사람들의 모습이 보이고, 뒷부분에는 의자에 앉아있는 군왕과 그의 주변에 고관대작들이 서 있는 모습이다. 경계가 엄연한 성내를 형성한 것은 각자의 소원이 성취되었으나 고관과 평민의 차이는 넘지 못하는 것을 전제하고 있다.

수종이 다른 나무를 뒤섞어 그리는 것이 전통 산수화임을 생각해 볼 때, 이 그림을 그린 사람은 전통 산수화법을 전혀 모르는 화가는 아닌 것으로 보인다.

(6) 영생국

영생국의 모습은 복층 누각 성문에 성이 앞뒤로 둘러쳐 공간의 제한을 표시하고, 배경으로 나무와 구름을 함께 그리되 구름은 위쪽에만 그려놓았다. 따라서 이 광경은 초월적인 별개의 하늘나라나 신선계와 같은 분위기보다는 지상의 한 부분처럼 친밀한 정경으로 연출되고 있다. 『만사성취』의 영생국 삽화에서 부각되는 것의 하나는 바로 영생국의 위치로 그 장소는 분명하게 좀 더 지상과 연결된 곳에 실현시킨 것이다. 『텬로력뎡』에서의 하늘나라 혹은 천성이 지니는 초월성 혹은 피안이라는, 지상과 동떨어진 이미지를 『만사성취』에서는 '영생'이라는 말로 현실과 보다 강한 연계를 표현하여 당대의 조선사람들의 의식에 다가간 것으로 보인다.

[삽화 11: 영생국]

『텬로력뎡』 [삽화: 42]

『만사성취』의 영생국 삽화에서 특이한 것은 영생국 내의 모든 사람이 동일한 면류관과 예복을 입고 있다는 점이다, 이는 『텬로력뎡』의 천국(삽화 42)이 신선계적 상징으로 그려지면서 왕, 대신, 평민, 여성, 아동 등 모든 신분의 사람이 함께 있는 것과 대조가 된다. 즉 『만사성취』의 영생국에서는 지체에 차별이 없어지고 모두가 군왕과 같이 고귀한 존재가 됨을 강하게 부각하고 있다. 유교적 가부장제도의 강력한 영향으로 여성이 표현되지 않은 것이 유감이지만 이미 만인 평등사상에 관한 비전을 강하게 유포하고 있는 것이다.

2) 삽화의 전반적 특성

길선주의 『만사성취』에 게재된 삽화 자체에 관한 기록은 없었다. 그는 본문의 내용을 28장으로 표현함에 있어 11개의 삽화만 사용하고 있다. 따라서 한 삽화가 한 제목을 설명하는 것이 보편적이긴 하나, 한 삽화가 두 장의 내용을 복합적으로 표현하여, 다수산 삽화에 망리수를 삽입하고, 고난산 삽화에 휴식정을 삽입하고 있다. 또한 본문에서 이미 지나간 내용을 뒤에서 몰아 한 삽화로 표현하기도 하였는데 바로 모안로 삽화에 해타와 경성갑옷을 모두 포함시킨 것이다.

삽화를 전반적으로 살펴 보면, 다음과 같은 특성을 발견하게 된다. 첫째로, 이 삽화를 그린 사람에 대해서는 자료가 없어 알 수 없으나, 화법을 제대로 배우지는 못했을지언정 화법을 전혀 모르는 사람은 아닌 것으로 보인다. 어느 정도 기본 교육은 받았지만 전문적으로 그림을 그리는 사람은 아니라 하겠다. 그리고 이 화가는 신교육보다는 전통에 더 익숙한 사람이라 하겠다. 둘째, 이 삽화를 그린 사람은 『텬로력뎡』 삽화 이외에도 조선풍속을 그린 기산풍속도에 노출되었을 가능성이 있다. 셋째로는 화면의 구성이 남성(성인) 위주란 점에서 『텬로력뎡』과 동일하다고 하겠다.

그러나 무엇보다도 『만사성취』 삽화의 특징은 소원성을 당시의 데라우치 총독하의 억압된 국권을 잃은 조선의 현실을 은유적으로 표현함으로써, 본문에서는 개개인이 소원을 가짐으로 소원성을 전제하는데 그쳤지만, 삽화에서는 민족적 공통의 소원을 강하게 부각시킨 것이라 하겠다. 이와 더불어 한국인의 의식에 깊게 깔린 현세(혹은 이승) 중심의식을 감안하여 영생국을 피안의 세계가 아닌 보다 현실성 있는 장소로 표현하고, 한걸음 더 나아가 영생국에서는 지체의 차이가 없이 모두가 군왕과 같은 복락을 누린다는 비전을 제시한 것이라 하겠다.

Ⅳ

토착화 과정과 그 특성

IV
토착화 과정과 그 특성

1. 각 책과 삽화의 특성

1)『천로역정』(*The Pilgrim's Progress*)

땜쟁이의 가정에서 태어나 거친 청소년기를 보낸 번연(John Bunyon, 1628-1688)은 20대 초반에 소용돌이치는 당시 영국의 정치적 상황 속에서 지역적 분위기에 편승해 소위 청교도 혁명군에 참여하기도 하였다. 간접적으로나마 생사가 오가는 경험도 하였지만 제대 후에도 그는 여전히 망나니로 지냈다고 한다. 그러나 신앙심이 매우 깊은 아내를 맞게 된 것이 계기가 되어 번연은 차츰 신앙에 눈을 뜨게 되었고 굴곡진 과정을 걸쳐 참다운 신앙을 갈구하는 삶을 추구하게 된다.

그러나 그는 과거의 자신의 모습에 대해 남다르게 깊은 죄의식을 갖고 있었고 그의 신경증적 예민함은 그로 하여금 이러한 죄의식으로부터 벗어나 구원의 확신을 얻기까지 감당하기 힘든 과정을 수차례에 걸쳐 반복적으로 경험하게 하였다. 하지만 그가 경험한 다양한 신앙적 회의와 갈등은 차후 수많은 사람들에게 당시의 청교도적 신앙이 지향하는 바를 설명하는데 깊은 공감대를 형성하게 하였고, 마침내 그는 능력 있는 설교자로서의 역할을 담당하게 된다.

그러나 당시의 정치적 상황은 여러모로 복잡하게 전개되어 국교도 성직자 이외에는 공식적으로 설교할 수 없도록 법적인 조치가 내려진 상태이나 청교도적 복음 전파에 열정을 가진 번연은 이에 굴하지 않고 설교자로서 역할을 강행함으로써 결국 투옥되게 된다. 감옥생활이 점점 장기화되면서 당대 영국의 종교적 상황변화에 아무런 역할을 할 수 없음을 안타깝게 여긴 번연은 감옥 안에서나마 청교도 신앙운동에 보탬이 되고자 먼저 『넘치는 은혜』라는 자서전적 신앙고백서를 쓰게 되었다.

또한 그는 연이어 자신이 믿음의 길을 가게 된 연유에서부터 시작하여 자신이 겪은 다양하고 실제적인 신앙적 경험과 무수한 현실적 난관들, 그리고 그의 신앙적 소망의 확신을 알레고리로 표현한 소설 『천로역정』을 완성하고 출감 후 이를 출판하게 된다. 이 책은 출판되자마자 예상을 뛰어 넘는 관심과 인기로 판을 거듭하여 출판되고 결국 신앙의 길을 효과적으로 인도하는 불후의 명작이 되어 수 세기가 지난 오늘에 이르기까지 재판을 거듭하며 전 세계적 영향력을 발휘하고 있다.

번연의 『천로역정』에는 기본적으로 두 가지의 큰 특징이 있는데 그 첫째는 성경과의 관계이다. 그는 성경을 수없이 읽음으로서 성경에 능통하였을 뿐만 아니라 성경의 문장들이 자신의 문장력 자체가 되었으며, 한 걸음 더 나아가 스스로 헤어나올 수 없었던 용서받지 못할 죄인으로서의 죽음에 이르는 그의 번민과 고통 그리고 그의 신앙적 확신이 바로 성경 한 구절 한 구절과의 사투를 통해 이루어졌다. 전체를 관통하는 그의 성경에 대한 깊이 있는 이해는 400여 구절을 직접적으로 인용할 수 있는 책을 완성한 것이다.

둘째는 거의 모든 장면을 꿈이라고 명기한 가운데 의인화한 모습으로 등장하는 신앙적 고뇌와 다양한 사건의 알레고리이다. 여기에서 의인화한 모습들은 대부분이 자신의 신앙적 고뇌와 갈등의 내용이며 또한 그를 이끌어준 도움의 손길들이었다. 또한 허화시를 비롯한 재판과정 등은 자신이 실제로 겪은 재판과정과 이에 따르는 현실적 모순을 고발하는 요소도 포함하고 있음을 부인할 수 없다. 이러한 면에서 이 책의 내용들을 각각 꿈에서 본 일들로 포장한 것은 은유의 신선함을 선용할 뿐만 아니라 이 책에 등장하는 인물이나 사건으로 말미암아 생각지 않게 발생할지도 모르는 문제나 오해를 사전에 예방하려는 의도도 충분히 있었다고 판단된다.

한편 필자는 이 책에서 죄로 인해 심판을 받게 될 멸망성을 떠나 영생의 영원한 안식을 누리게 될 천성에 이르는 과정을 좀 더 간편하게 이해하고 기억할 수 있도록 그 내용의 구분을 시도하였다. 그래서 전반적인 전개 과정을 망라하여 변화 혹은 신앙적 성장의 모습을 찾아 구분하였으나 자칫 원작의 흐름을 깨트릴 수 있음을 감안하여 그 구분을 최소한으로 했고 이를 3단계의 신앙성숙과정으로 정리하였다.

전반부에서 나타나는 중요한 변화는 기독도가 좁은 문을 통과 하는 것과 미궁에서 전신갑주로 무장하는 것이다. 그러나 좁은 문 통과 후 미궁에 이르기까지 과정이 짧고 내용적으로는 죄 짐이 사라진 것 뿐 이어서 이를 하나로 통합하였다. 이야기의 중반부에서는 실제로 큰 변화가 없는데다, 후반부에 이르러서도 안식의 땅인 베울라(Beulah)에 이르면서부터는 어려움이 없이 쉼과 안식의 장소에서 즐거움을 만끽하는데 그 다음의 중요한 과정이 죽음의 강을 통과 하는 것으로 이는 곧 천성의 입구에 이르는 것이기에 죽음의 강을 기준으로 삼았다.

따라서 일 단계는 멸망성을 떠나 좁은 문을 지나 죄짐을 벋고 미궁에 들어가 전신 갑주로 무장하는 데까지로, 이 단계는 굴욕의 골짜기에 들어서 아포륜(Apollyon)과 싸움을 시작하는데서부터 천국의 정원(King's Garden)에 이르기까지로 나누었다. 그리고 마지막 세 번째 단계는 죽음의 강을 건너는 데서부터 천성에 들어가 즐거움을 함께 하는 부분까지로 하였다. 내용적으로 볼 때 둘째 단계가 가장 다양하게 성취와 실패를 거듭함에 따라 희비가 엇갈리는 부분이라 하겠다.

『천로역정』(*The Pilgrim's Progress*)에 처음으로 삽화가 등장한 것은 첫 출간으로부터 2년 후에 나온 제4판(1680)이다. 이 책에는 표지화 및 삽화 1점이 실렸을 뿐이지만 이를 기점으로 다양한 삽화들이 출연하며 『천로역정』 출판 자체에 영향을 주고 있다. 초창기 삽화로 비교적 본문내용 전반을 표현해낸 것은 제5판(1682년)에 수록된 14점이다. 그러나 이 시기는 책의 삽화가 개발되는 초창기이기에 그 디자인과 조각기술이 거칠고 투박하다는 평을 면할 수 없다.

3년 후(1685년)에 플라망어로 출판된 『천로역정』에 실린 네덜란드의 다재다능한 판화가 누이켄의 삽화 9점은 비록 그 수는 적지만 내용 표현에서나 제작 기술에서 장인정신이 드러나는 것으로 평가된다. 따라서 10년 후의 14판(1695년)은 이들 두 책의 삽화를 취사선택하고 또 모방하기도 하여 다시 14점을 삽입하였는데 이 구성은 그로부터 30여 년간 『천로역정』의 표준삽화 역할을 하였다.

18세기에는 제22판인 케롤라인 여왕 즉위기념판(1728년)에 미세화에도 재능을 지닌 판화가 스터트의 삽화 14점이 실리는데 이는 이전의 삽화들과 연속성을 가지면서도 나름대로의 전문성을 바탕으로 미적인 요소를 잘 살린 것으로 평가된다. 또한 당 세기 후반기인 1788년판에 실린 8점의 삽화는 화가이자 삽화가인 스터다드가 화가로서의 기능을 발휘하여 그림들을 예쁘게 치장하였지만 풍속화의 전형을 유지하였으며 인기도 높아 이 분야에 영향력을 끼치게 된다.

19세기 삽화는 이전과 또 다른 질적 변화를 가져오는데 그 숫자도 크게 증가하였다. 1824년부터 그려진 블레이크의 묵상과 공상을 기반으로 신비의 세계를 펼친 28점의 삽화는 그의 생전에는 출판되지 못한 아쉬움을 간직하고 있다. 그러나 독특한 색의 수채화로 그려진 그의 삽화들은 분명히 삽화 자체에 새로운 장을 열었고 앞으로의 무한한 가능성을 확인하게 하였다. 또한 판화가이면서도 풍경화와 역사화 등 다양한 장르를 섭렵한 셀루로스가 1844년에 그려 메과이어 목사 주석판에 실은 58점의 삽화는 그 많은 분량에도 불구하고 한 점 한 점이 복합적 구성을 이루며 중심 주제를 명확하고 역동적으로 표현해낸 것으로 정평이 나있다.

3여세기 걸친 이러한 변화의 과정들을 살펴볼 때 『천로역정』의 삽화들은 당대의 유명한 화가들이 참여하여 그 질을 높이고 창의적으로 발전시킴으로써 먼저 독자로 하여금 이 책에 호기심을 갖게 하고 천성을 향한 순례에 관해 개략적인 이해와 친근감을 갖게 하였다. 이러한 현상은 글을 읽을 수 있던 없던, 내국인이든 외국이든 관계없이 동일하였다. 또한 삽화는 본문의 이야기를 확실하게 확장하였고 삽화 나름대로의 독립적인 성격을 갖게 되어 본문 없이도 그 내용의 설명이 가능하게 하였다. 그래서 독자들은 삽화를 통해 본문을 더욱 확고하게 받아들이고 그 극적인 장면들을 구체적으로 마음에 새길 수 있었다고 하겠다.

한편 미국판 『천로역정』의 삽화의 경우 그 변화가 또 다른 양상을 보인다. 초창기 미국판에서는 영국과 네덜란드 삽화를 사용하는 것이 주종을 이루었다. 미국적 삽화의 시작은 1784년 앤더슨의 도판부터라 하겠으나 그는 독창적인 작품을 내어놓기보다는 이전의 삽화들을 모방하였고 그의 제자들도 계속해서 이를 반복함으로써 미국 나름대로의 특징을 갖는 삽화를 개발해내지 못하였다.

오히려 19세기 초반 미국에서는 대량생산의 기술과 현저한 상업주의적 행태가 삽화의 특성을 완전히 변질시킨 것으로 평가된다. 즉 이전의 미국의 『천로역정』의 판화는 비록 모방적이기는 했어도 나름대로의 의미전달의 효과를 나타냈지만 이제는 삽화의 구성을 낭만적이고 광대한 조망의 경치에 중점을 둠으로써 알레고리적 순례가 갖는 기본적인 특질을 상실하게 된 것이다. 이러한 경향성은 한걸음 더 나아가 흥행을 위해 경치와 경관의 장엄함을 부각시키는 파노라마로의 전환과 이러한 대형 삽화의 야외 전시회 등으로 발전함으로써 『천로역정』의 기본정신과 초기 목판화의 의도를 망각한 것으로 지적되고 있다.

번연(John Bunyan)이 『천로역정』(*The Pilgrim's Progress*)을 출판한지 이미 330여년이 지났지만 이 책은 지금도 영어권에서는 거의 대부분 17세기의 영어 본문 그대로 계속 출판되고 있으며 아시아와 아프리카, 그리고 중동 등 세계 각지에서 출판되는 번역본은 영국에서 출판된 삽화를 넣기도 하지만 자기나라의 전통복식 삽화로 대체해서도 다양하게 출판되고 있다. 이와 같이 이 책이 계속 그 명맥을 이어가는 것은 본문의 중요성과 더불어 삽화의 역할과 그 특성 때문이라고도 말할 수 있다. 새로운 삽화로 새로운 책으로 재탄생되었기 때문이다.

이러한 경향성은 근간 영국에서 출간된 1993년 판에 네덜란드의 유명화가의 유화를 바탕으로 73점의 삽화를 삽입하게 하였는데 조판 자체가 왼쪽은 본문 오른쪽은 삽화로 전체를 일관하고 있다. 이는 나름의 긍정적인 측면과 부정적인 측면을 동반하고 있다고 판단된다. 그러나 현 시대는 새로운 매체가 폭발적으로 증가하여 독서환경이 전과는 또 다른 양상을 보일 수밖에 없다는 점에서 앞으로도 삽화에 관한 다양한 연구가 필요하다고 하겠다.

2)『텬로력뎡』

1895년에 선교사 게일이 존 번연의 *The Pilgrim's Progress*를 번역하고 기산의 풍속도에 기반한 삽화를 넣은『텬로력뎡』의 출판은 한국 개신교 초기 선교에 있어서 획기적인 사건으로, 이 책은 선교활동에 매우 중요한 역할을 하였다. 또한 근간에 이르러 그 번역에 관한 국어학적 연구가 진행되고 그 삽화에 관해 한국미술사학계에서 다양한 고찰을 하고 있다.

게일은 1888년에 캐나다 선교사로 조선에 온 후 3년여에 걸쳐 언어와 풍습을 익히고 고전을 읽으며 조선에 관해 알기 위해 상당한 노력을 기울였다. 4년째인 1892년부터 게일은 규칙적으로『신약성경』과『천로역정』을 번역하기 시작하여 3년 후인 1895년에『텬로력뎡』을 출판하기에 이른다. 그 과정을 살펴보면 게일은 1894년 말에 한 주간 여에 걸쳐 당시의 풍속화가 김준근에게 삽화를 집중적으로 그리게 함으로써 한국적인 삽화가 그려지는데 결정적인 역할을 한 것으로 보인다.

게일은 이 책을 번역하는 과정에 중국어 번역본『天路歷程』도 참고했는데, 한글 번역에 선택된 용어를 비교해 볼 때, 그는 중국에서 1853년에 출판된 문어역본이 아닌, 1865년에 출판된 관화본을 저본으로 삼은 것을 알 수 있다. 관화본의 특징이 서민 대중의 용어를 사용한 것이므로, 게일이 식자층은 물론 일반 서민 대중을 대상으로 널리 읽힐 수 있도록 의도하였음을 파악할 수 있다.

또한 게일은 본문을 번역함에 있어 독자를 위해 부분적으로 의역을 하는 한편, 본문에서 장면이 바뀔 때 마다 이것이 '꿈'임을 반복적으로 언급하는 부분을 모두 삭제하여 이야기의 흐름이 주는 긴장성을 저해하지 않도록 하였다. 그러나 본문의 시작과 마지막에 있는 '꿈의 시작'과 '꿈에서 깨어남'을 명시적으로 번역해 놓음으로써 전반적인 내용의 정확성을 유지하였다.

게일은 특히 'God'을 한글로 번역함에 있어 한국의 토착어인 '하ᄂᆞ님'이란 말이 가진 역사성과 존귀한 의미를 폭넓게 파악하여 이 용어의 사용을 강력하게 주장한 바, 성경번역위원들과 합의가 되지 않은 상태에서,『텬로력뎡』번역시에 'God' 과 'Lord' 를 모두 '하ᄂᆞ님'으로 번역함으로써 한국의 전통적이고 토착적인 용어의 장점을 살려 문화적 긍지와 친근감을 가질 수 있도록 하였다.

이 책의 삽화는 19세기 영국 삽화가 셀루스와 프리올로가 그린 삽화가 저본이 된 것으로 둘을 비교해보면 『텬로력뎡』 삽화는 대다수가 저본과 매우 유사한 구도로 표현하면서 그 인물의 복식과 배경을 모두 조선의 풍속화 형식으로 교체하여 그렸다. 특히 그 가운데서도 천사나 천국 등의 도상은 아예 한국의 전통종교의 유사한 기능과 형태의 도상으로 과감하게 대체하였음을 알 수 있다. 이는 게일이 조선을 이해하고 효과적인 선교의 접촉점을 마련하기 위한 그의 결단에 의한 것이라 하겠다.

한편, 예수 도상의 문화적 토착화는 기독교 역사의 초기부터 시작된 것으로, 이는 구원의 현실적 목표를 적극적으로 구현하는 작업의 일환이다. 또한 기독교 예술의 역사는 피선교국이 복음을 자신의 문화 예술로 표현할 당위성을 부여한다는 점에서, 『텬로력뎡』에 그려진 최초의 '갓 쓴 예수'의 모습은 역사적으로나 민족적으로 매우 중요한 의미를 갖는다.

『텬로력뎡』 삽화 전반에 반영된 의관(衣冠)은 조선복식사의 관점에서 보면 의관의 조화와 모양이 모호한 경우가 많다. 그럼에도 기독교가 순례여정에서의 난관을 극복할 때마다 그의 신앙적 성장을 보다 높은 신분의 의관을 입은 것으로 표현하여 천국으로의 여정을 신분상승 과정으로 그려냈다. 이는 신앙의 영성적 측면을 간과하고 현실성을 구체적으로 부각시킨다는 면에서 부정적인 측면이 있으나, 기독교를 처음으로 대하는 당시 사람들에게는 일단 호감을 갖게 하였다고 할 수 있다.

또한 중국 『천로역정』의 문언본 · 관화본 · 토화본 그리고 일본의 화이트본 삽화와 영국 및 미국의 삽화의 '십자가 앞에서' '진충의 순교', '죽음의 강' 그리고 '천국' 주제화를 각각 비교하여 본 결과 『텬로력뎡』의 각각의 삽화들은 각각의 상황에서 적극적인 토착화를 시도했음을 파악할 수 있었다. 중국과 일본 그리고 한국에서 삽화가 들어가 있는 것은 모두 각 나라에 와 있던 선교사들의 노력이었음도 파악하게 되었다. 한편, 동아시아 삼국의 삽화들 가운데서는 한국의 『텬로력뎡』이 절대적으로 삽화의 수가 많을 뿐만 아니라 삽화의 내용을 완전하게 토착화된 것도 한국 뿐이었다.

삽화의 토착화와 관련하여 생각할 때, 게일은 『텬로력뎡』에서, 저본 삽화의 '천사'를 '선녀' 혹은 '선인'으로 대체(삽화 12, 30, 41)하고 '천사'라고 칭하는가 하면, 저본삽화의 '천국'을 신선계(삽화 42)로 바꾸어 놓고 '천국'이라 기록하였다. 즉 불교적 배경을 가진 비천과 도교적 배경을 가진 선녀와 선인으로 천사를 대치하고 천국을 도교의 신선계로 바꾸어 놓았다. 따라서 이는 기본적으로 종교 혼합주의적 태도라고도 할 수 있다.

그러나 게일의 행태와 당대의 상황을 고려해 볼 때 그를 종교 혼합주의자라고 할 수는 없을 것이다. 게일은 기본적으로 조선의 전통문화에 대해 존중하는 태도를 갖고 있었으며, 선교 초기에 '전이해'가 없는 낯선 개념과 도상으로 이질감을 조성하기보다는 공감대를 조성하는 접촉점으로 삼기 위해 유사한 기능을 하는 것으로 인식될 수 있는 토착문화로 그것을 과감하게 대치한 것으로 이해할 수 있다. 물론 여기에는 차후 기독교적 고유인식으로 발전하게 하는 과정이 전제되어 있었다고 하겠다.

이러한 선교사로서의 게일의 정신과 입장은 중국저본의 선택과정에서나, '하ᄂᆞ님' 칭호의 사용 및 '꿈' 표현의 제한적 선택, 그리고 삽화의 과감한 토착화에 따른 삽화의 교체 및 대체 등에서 드러난 바와 같이, 전반적으로 한국문화를 이해하고 존중하는 가운데 한국인이 기독교를 긍정적으로 수용할 수 있게 하려는 마음이 그 기반을 이루었다고 하겠다.

3) 『만사성취』

유교적 학문과 도교적 수련에 조예가 깊었던 청년 길선주는 구한말에 기독교인이 되어 교회를 열심히 섬기며 신학을 공부하여 목사가 된 후 평양대부흥운동을 이끈 주역의 한 분이다. 또한 그는 한일 합방 이후 기미독립선언서에 서명한 33인 중의 한 분으로 한국 초대교회와 한국 사회에 끼친 그의 영향은 실로 컸다고 볼 수 있다.

길선주는 자신이 기독교인이 되게 된 동기 중에는, 1678년 영국의 존 번연이 쓰고 1895년에 선교사 제임스 게일이 번역한 『텬로력뎡』 (*The Pilgrim's Progress*)을 읽은 일이 중요한 계기가 되었다고 고백한 바 있다. 그는 신학생 시절 『텬로력뎡』의 감동을 바탕으로 고질적인 게으름을 타파하게 하는 『해타론(懈惰論)』을 저술했고, 12년 후 『해타론』의 내용을 대폭 확충하고 삽화까지 넣어 『만사성취(萬事成就)』를 출판한다.

『만사성취』의 내용을 살펴보면, 이 책이야말로 한국판 *The Pilgrim's Progress* 라고 할 수 있으며 동시에 그 내용이 탁월하고 고유함을 알 수 있다. 『해타론』과 『만사성취』의 차이점을 파악하기 위해 당시의 정황을 살펴보면, 『해타론』을 발간 이후 당시 조선의 국정은 혼란과 쇠퇴의 길을 걷는 반면 길선주는 조선 교회의 지도자로 급부상하게 되고, 이러한 상황에서 한일합방으로 나라가 망하는가 하면 길선주는 그 아들의 일로 절취부심하며 한계를 체험한다. 이러한 변화는 고스란히 『만사성취』에 반영되어 '사랑하는 동포들의 구원'을 위해 그 내용을 폭 넓게 보완하고 영생국에 대해서도 새롭게 장을 편성하는 등 스물 여덟 개 장에 걸쳐 모든 조선인이 기독교를 통해 구원 받기를 염원하며 그 방안을 각 과정으로 제시하고 있다.

전개된 소원성취의 여러 과정은 그 내용이 요구하는 특성에 따라 3단계로 구분할 수 있다. 첫 단계는, 당시 조선인들이 직면한 다양한 난관과 과제를 스스로의 결심(決心)으로 극복하는 과정(定意門)이고, 둘째 단계는, 하나님의 직접적인 도움을 받아 사탄의 다양한 유혹을 극복해내는 과정(成就國)이며, 셋째 단계는 그리스도를 믿는 믿음으로 영생에 이르는 길(永生國)이라 하겠다.

『만사성취』에는 『천로역정』과 마찬가지로 삽화가 들어가 있다. 삽화의 수는 11점에 그치고 화가에 관해서도 기록된 바 없지만, 간결한 그림으로 본문의 내용을 부각시키는 데는 손색이 없다고 하겠다. 특히 소원성에 관하여 당시의 정치적 상황을 은유하여 표현한 내용이나 영생국에서의 삶에 관한 표현이 당대의 현실에서부터 당시 사람들의 희망과 바램을 넘어서는 이상을 매우 효과적으로 표현해 놓은 것이라 하겠다.

따라서 『만사성취』는 당대 조선에 대한 이해를 바탕으로, 조선인들의 삶을 설득력 있게 변화시킬 수 있는 방안으로써 현실에서의 삶의 변화와 한걸음 더 나아가 영생의 길을 구체적으로 제시했다는 점에서 그 내용은 물론 이러한 시도 자체가 신학적으로 매우 큰 의미가 있는 일이었다. 또한 이 책은 서양의 기독교 문화권에서 나온 한 중요한 문학과 삽화가 어떤 식으로 피선교국에서 토착화 될 수 있는지를 보여주는 좋은 사례가 될 수 있다고 하겠다.

2. 문학과 삽화의 토착화와 그 특성

1) 이야기의 번역과 토착화

지금까지의 논의를 통해 『천로역정』의 토착화 과정과 연관하여 보면, 이 책을 번역함에 있어 그 대본과 용어의 선택, 이야기 주제의 변형, 그리고 전개구조의 응용이라는 점들이 부각된다. 따라서 여기에서 이 내용들을 하나씩 살펴봄으로서 토착화가 어떠한 과정을 걸쳐 어떻게 정착되었는지를 살펴보려고 한다. 대부분 각 장에서 다루었던 주제이기에 여기에서는 각각의 내용을 간략하게 연결하여 설명하려한다.

번연의 『천로역정』은 17세기의 영국 영어로 쓰여 졌다. 번연은 초등교육과정 정도를 겨우 마쳤지만 그가 흠정역 성경에 열중하여 읽고 또 읽으며 그 말씀의 깊이와 그 이면까지 한 구절 한 구절 상고하였기에 이 성경의 문체에 숙달되었다. 그 후 이 책은 계속해서 독자들의 사랑을 받아 출판이 거듭되었고, 19세기에 들어와서는 이 책이 '영국정전문학'으로 인정되었다. 그리고 오늘까지도 이 책은 모든 영어권에서 당시의 원문 그대로 출판되고 또 읽혀지고 있다.

19세기 후반에 개신교 선교사로 한국의 선교 초창기에 온 게일은 이 책을 번역하면서 당시의 순수한 한글을 사용하였는데 이를 위해 이창직의 도움을 크게 받은 바 있다. 게일의 이러한 태도는 어찌 보면 지나칠 정도여서, 그가 이 책의 재판을 찍을 때는 단어의 이해를 위해 부분적으로 괄호 안에 한자를 넣었을 정도이다. 물론 근간에 이르러서는 이 책이 당시의 한글 표현을 연구하는데 좋은 자료가 되기도 한다.

게일은 또한 한글 용어를 사용하면서, 중국의 서민 대중이 읽기 쉽도록 다시 번역한『天路歷程官話』의 표현을 대거 활용하였고, 무엇보다도 게일의 큰 공헌은 '하ᄂᆞ님'이라는 용어를 적극적으로 사용한 점이라 하겠다. 당시 신(神), 진신(眞神), 천주(天主) 등 여러 표현이 선교사들 사이에 각각 주장되고 있던 상황에서 게일은 '하ᄂᆞ님'이란 토착어의 의미와 기능을 강조하며 이 책에 전격적으로 사용하였던 것이다. 이 말에 대한 그의 깊은 이해와 확신은 급기야 이 용어가 한국 기독교의 표준적 표현으로 정착하게 한 바 이는 번역용어 토착화의 모범적인 선례라 하겠다.

이 책의 번역을 토착화한 또 다른 시도는 '꿈' 이라는 용어의 제한적 사용이라 하겠다. 원전에서 '꿈'의 표현은 신비로운 상상력을 배가시키는 알레고리였고 자신의 현실적 경험을 토대로 한 이야기에서 오해의 여지를 막을 수 있는 장치라 하겠다. 그래서 번연은 장면이 바뀔 때마다 이것이 꿈이라는 사실을 상기시키고 있다. 그러나 이 부분의 번역에 있어서 게일은 문장의 정확한 번역 보다는 이 책의 집필 동기를 더 중요시한 것으로 보인다. 즉 이 책은 한 소설로서의 문학작품이라기 보다는 당대의 청교도 신앙운동의 일환으로 쓰여 진 점에 중점을 두었다. 그 목적이 전도와 깊은 관련이 있다는 점에서 이 책을 읽게 될 사람들의 삶의 정황을 우선시 하게 된 것이라 하겠다.

당시의 조선은 천주교를 통해 기독교 사상이 일부 전해지기는 했으나 오랜 박해로 인해 소외된 상태로 대다수의 사람들에게 기독교에 대한 '전이해'가 없는 상태라 하겠다. 이러한 상황에서, 본문의 내용이 이미 꿈으로 전제로 되어 있음에도 불구하고, 장면이 바뀔 때 마다 이것이 꿈속에서 이루어 진 것임을 반복적으로 명시할 경우, 이는 그 이야기의 긴장감을 흐트러 놓는 것은 물론 그 내용에 관한 신뢰를 약화시킨다. 따라서 게일은 처음과 끝 부분의 꿈이라는 전제만 남기고 각 장면마다 언급된 꿈이라는 표현을 삭제한 것은 이 책의 집필 정신과 일치하는 것으로 이 역시 번역의 토착화의 좋은 선례라 하겠다.

한편, 『천로역정』의 내용과 이야기의 전개구조는 이 책의 번역본을 읽은 청년 길선주에게 큰 영향을 주었다. 원래 한문에 조예가 깊었고 선도에 깊은 관심을 갖고 여러 가지 수련에 정진하다가 이에 한계를 느낀 길선주는 『텬로력뎡』을 읽으며 눈물을 흘리며 감동하였던 것으로 전해진다. 그가 세례를 받고 또 교회의 조사로 헌신하며 신학교에 다닐 때, 그의 전도의 열정으로 『해타론』이라는 책을 써서 전도문서로 출판한 바, 이 책의 기본적인 구조는 『천로역정』를 염두에 둔 것으로 당시 조선사람들의 병폐의 핵심을 '게으름'으로 파악하고 사람들이 이로부터 벗어날 수 있도록 계몽적 차원에서 지적하고 믿음과 은혜로 이를 극복하는 길을 제시한 바 있다.

그 후 10여년이 지나는 사이에 길선주는 목사가 되어 평양의 장대현 교회를 담임하고 몇몇 선교사들이 주축이 되어 이끌어간 백만인구령운동에 참여하여 이 운동이 그 목적을 달성하는데 중추적 역할을 담당하게 되어 기독교계의 새로운 지도자로서 부상하고 평양대부흥운동의 주역이 되어 한국교계의 대표적인 지도자의 한 사람으로 추앙되게 되었다. 반면에 조선의 정치상황은 매우 불안했다. 청일전쟁과 노일전쟁에서 승리한 일본은 한일합방으로 조선을 식민지화 하고 이에 대한 반발을 막기 위해 사전에 〈데라우치 총독 암살음모사건〉을 조작하여 기독교계 지도자 105인을 강제로 구금하고 고문을 가하며 실형을 선고하였다. 이 사람들 가운데는 길선주 목사의 아들도 포함되어 있었는데 그는 고문의 깊은 상처로 인해 점점 폐인이 되어가면서도 옥고를 치를 수밖에 없었다.

이상과 같은 정황에서 기도하는 것 이외에 아무런 조치를 취할 수 없었던 길선주 목사는 『해타론』을 수정 증보하여 『만사성취』를 출간하였다. 『해타론』과의 근본적인 차이는 서문에서부터 나타나는데, 『해타론』에서는 '첨군자여 이를 읽어보소' 하는 정도의 제안이 『만사성취』에서는 '사랑하는 동포들이여'라는 표현을 반복하며 애절하게 민족 갱생과 더불어 구원의 길을 제시하는 것으로 바뀌게 된다. 앞서 언급한 것과 같이 『해타론』 자체가 『천로역정』의 감흥을 전제로 구조상 유사성을 가지고 있었지만 『만사성취』에서는 본격적으로 한민족 전체의 구원을 목표로 그 내용이 재정비되는 것을 파악할 수 있다.

번연이 17세기 영국의 정치적 소용돌이 가운데 국교적 믿음의 한계를 지적하고 새롭게 청교도적 신앙을 기반으로 구원의 길을 제시한 것이 길선주에 의해 식민지화 된 조선의 백성들이 이 정황을 극복하고 민족 전체의 구원을 성취하는 길로 승화된 것이다. 이것이야말로 기독교의 복음이 지향하는 참된 목표요, 온전한 토착화라 하겠다. 영국과 조선에서는 각각 당면한 시대가 다르고 문화적 배경이 다를 수밖에 없으므로 문제의 핵심들도 다를 수 있고 그 해결도 자신들에게 효과적인 방식으로 조정되는 것은 당연한 것으로 이는 꼭 필요한 과정이 아닐 수 없다. 왜냐하면 복음의 역할은 피선교국의 문화가 봉착한 한계를 극복하고 그 내재한 생명력을 진작시키는 것[199]으로 진정한 의미의 토착화는 바로 이러한 역할을 수행하게 하는 것이라 하겠다.

여기서 『천로역정』과 『만사성취』는 과연 어떻게 구조적으로 연계되고 효과적인 토착화를 일구어 내는가를 대비하여 볼 필요가 있다. 『천로역정』의 1단계는 장차 멸망할 수밖에 없는 도시에서 무거운 죄짐을 지고 쳇바퀴를 도는 것 같은 생활을 청산하고 구원받기 위해 집을 나와 좁은문을 통과하고 십자가 앞에서 죄짐을 벋고 미궁에 들어가 믿음의 갑옷으로 무장하여 본격적으로 순례의 길을 준비하는 것이다. 『만사성취』에서 이에 대비되는 부분은 소원성을 출발하여 사로에서 취주와 연락과 음란의 관습을 탈피하고 자만과 이심과 급심의 성격 및 정신상태를 교정함으로써 정의문을 통과하여, 자신의 소망과 자질을 인정받는 '표지'를 받고 난관을 극복할 수 있도록 은혜로 주어지는 경성갑옷을 입는 것이다. 양자 사이의 특징은 『천로역정』이 신앙적인 주제로 그 과정이 전개되는 반면, 『만사성취』에서는 우선적으로 개개인의 잘못된 관습과 성격적인 문제까지를 스스로의 힘으로 극복하는 것이 우선 된다는 점에서 큰 차이를 보인다. 이는 신앙의 연조(혹은 역사)의 현격한 차이를 감안한 것이나, 그 출발점이란 바로 각각에 꼭 필요한 요소를 기반으로 하였다는 점에서 동일하다.

---

199) 박정세, "민속자료에 반영된 민중의식과 그 효용 연구," (연세대학교 연합신학대학원 석사논문, 1973), 63, 65.

『천로역정』의 2단계는 굴욕의 골짜기로 들어가 아폴리온과 사투를 벌리는데서 시작하여 허영시에서 곤욕을 치루고 생명에 강에 이르러 몸과 마음을 추수린다. 그러나 다시 '의심의 성'에 붙잡히지만 이를 탈출하여 이단산에 이르러 희망을 되찾고, 계속되는 난관을 극복하여 드디어 안식의 땅인 천국의 정원에서 기쁨을 만끽하게 되는 것이다. 이와 대견되는 『만사성취』의 2단계는 해타의 먹이인 담배와 아편을 멀리하고 모안로에 있는 혼미화, 무기천, 망리수의 함정을 넘어선 후, 결코 방심하지 않으며 경성갑옷으로 해타를 따돌리는 것이다. 그리고 고난산에 올라 휴식정에서 노고를 풀고 만유주 하나님의 인기를 받아 성취국으로 들어가 자기에게 맡겨진 직분 곧 자신의 소망을 성취한 일에 기쁨으로 매진하는 것이다. 『천로역정』에서는 신앙의 다양한 양태에 대한 시시비비를 가리며 올바른 길로 매진하여 좋은 결과를 얻게 되는 것을 보여주는 반면, 『만사성취』에서는 동서고금의 성인들을 제외하고서는 인간이 자기의 능력으로서는 결코 따돌릴 수 없는 해타를 하나님께서 마련해놓으신 '경성갑옷'을 입음으로써 벗어날 수 있음과, 휴식정에서 '하나님의 인기'를 받는 것이 중요함을 강조함으로써 하나님의 은혜를 믿는 것이 강조된다.

『천로역정』의 마지막 단계인 3단계에서는, 하늘나라에서의 영생을 목표로 죽음의 강을 건너는 것으로 시작하여 강 건너에 높은 언덕을 올라 천성문을 통과함으로써 온전한 기쁨과 평화, 그리고 영생의 세계에서 하나님께 치하를 받은데 이르고 있다. 이에 대비된 『만사성취』는 영생국에 들어가는 것인데, 성취국에서 영생국을 들어가기 위해서는 '하나님의 인기' 만이 필요한데 이는 바로 '믿음의 표'이다. 따라서 아무리 성인군자라도 하나님과 그리스도를 믿는 믿음 없이는 들어갈 수 없음을 확실히 하고 있다. 특히 이 '하나님의 인기'란 믿음 안에서 '할 수 있다'는 의지에 초점을 둔 것으로, 조선사람들에게 은혜로 주어지는 믿음의 세계를 재차 강조하고 있다.

『천로역정』의 본문 전개의 토착화 과정을 축약하면, 번연은 당대에 주어진 신앙적 고민을 청교도 정신을 기반으로 자신의 신앙으로 재정립한 과정과 이를 설파하는 상황에서 발생한 다양한 문제들을 종합하여, 이를 신앙운동의 일환으로 『천로역정』이라는 소설을 출판하였다. 게일은 기독교적 배경이 없는 조선에 선교사로 와서 기독교를 소개하기 위해 『천로역정』의 원전을 번역하는 과정에서 내용을 부분적으로 조정하여 조선사람들이 좀 더 효과적으로 그 내용을 이해할 수 있도록 하였다. 이렇게 번역된 『텬로력뎡』을 읽은 길선주는 자신이 처한 여건에서 동포 전체를 구원의 길로 인도하기 위해 이 책의 기본구조를 기반으로 하되 당대의 조선사람들의 의식구조를 감안해 그 내용을 새롭게 조정하여 『만사성취』로 출판하게 된 것이다. 이러한 과정이야말로 서양기독교문학이 피선교국에서 이상적으로 토착화한 좋은 모델이라 할 수 있다.

〈 3단계 성숙과정 비교 도표 〉

책명 단계	『천로역정』	『만사성취』	비고
1	멸망성 세속 현자를 만남 불붙는 바위산 좁은 문 〈인기〉 해설자의 집 십자가 앞 고난의 언덕 미궁 〈갑옷, 투구, 검〉	소원성 취주로 연락로 자만로 이심로 음란로 급심로 정의문 〈재주표지, 경성갑옷〉	
2	굴욕의 골짜기 〈아파룐〉 죽음의 그늘진 계곡 황야를 지나며 허화시 이득의 언덕 생명수강 이단산 천성을 향한 큰길에서의 시련, 마법의 땅 안식과 평화의 땅 천국의 정원	모안로 〈마귀회의〉 혼미화 무기천 망리수 해타 〈마귀의 인기〉 고난산 휴식정 〈하나님의 인기〉 성취국	
3	죽음의 강 천성(Celestial City)	영생국	

2) 삽화와 토착화

영국 저본의 셀루스의 삽화는 17세기 영국의 풍치와 복식으로 『천로역정』 삽화의 배경과 인물을 구성하였다. 이를 『텬로력뎡』에서는 당시 조선의 풍치와 복식을 이용해 배경과 인물이 묘사한다. 서양의 삽화가들이 자신의 화법에 따라 삽화를 그리듯 김준근도 최대한 자신이 이미 그렸던 그림의 전례를 찾아 주제에 맞게 옮겨다 놓고 전례가 없는 것은 새롭게 그린 것으로 보인다.

그래서 대부분의 삽화가 같은 구도로 되어 있는데 셀루스의 삽화는 양감과 원근법을 살리면서도 복잡한 구성을 섬세하게 그리고 있다. 반면에 김준근의 삽화는 선묘로 간략하게 처리하며 내용구성도 가급적 단순화 하면서도 주제가 지향하는 바를 부각시켰다. 또한 『텬로력뎡』은 저본의 삽화 가운데 14점은 옮겨오지 않았는데 그 내용을 보면, 이 역시 등장인물 각각의 미묘한 차이를 흥미롭게 보는 영국 기독교 문화의 산물인 이 삽화들이 아직 전말을 잘 모르는 조선의 상황에서 불필요하게 복잡한 감만 더할 수 있다는 판단에 따른 것이라 하겠다.

반면에 『텬로력뎡』에는 영국저본에 없는 삽화를 추가하기도 하였다. 독자적으로 삽입된 삽화는 '기독도와 〈진충〉이 전도를 다시 만나다'(삽화: 27)로 이는 말 많은 평촌론을 지나온 그들이 앞으로 허화시로 들어가 고초를 겪기 전에 예기치 못하게 〈전도〉를 만나게 되어 위로를 받고 용기를 얻게 되는 그림으로 삽화를 순서에 따라 보게 될 때 긍정적 상황과 부정적 상황이 좀 더 다양하게 교차되도록 하기 위한 것으로 보인다.

또한 『텬로력뎡』의 삽화 중에는 임의로 그 내용(인물)을 바꾼 것도 있다. 기독도와 〈미도〉가 '사하를 건너다'에서 본문의 내용이나 저본 그림(삽화 55)에서 모두 기독도가 강물에 빠져 허덕이는 것을 〈미도〉가 끌러 안고 천성문을 가리키며 용기를 주는 장면으로 되어있는데, 『텬로력뎡』의 삽화는 〈미도〉와 기독도의 위치를 바꾸어 기독도가 당당하게 〈미도〉를 구출하는 모습으로 그렸다. 이는 하나님의 은총을 입은 주인공 기독도는 마지막까지 용감하게 그 길을 갔음을 강조하여 초보적 믿음을 가진 사람들에게 긍정적 이미지를 심고자 함이라 사려 된다. 이와 같이 두 사람의 위치를 바꾼 삽화는 한국 이외에 어디에서도 발견되지 않는다.

무엇보다도 『텬로력뎡』의 삽화가 적극적으로 토착화를 지향한 삽화는 갓 쓴 예수, 선녀와 선인 천사, 그리고 신선계 천국이다. 셀루스는 그의 삽화에 등장하는 인물들을 17세기 영국의 복식으로 그렸다. 그런데 소위 '은혜의 기름'(The Oil of Grace, 삽화: 12)은 영국에서도 셀루스만이 그린 삽화인데 아시아에서도 한국만이 이 삽화를 번안하였다. 셀루스는 여기에 등장하는 예수의 모습은 긴 머리에 넓고 긴 옷을 걸친 모습으로 그렸다. 아마도 당시에 사용되던 성화 도상의 복식으로 추정된다.

그런데 『텬로력뎡』에는 이 예수의 모습이 두루마기를 입고 갓을 쓴 모습으로 나온다. 이는 한국에서 최초로 그려진 갓 쓴 예수의 모습인데 그동안 예수로 인식되지 않았던 것 같다. 이러한 현상은 마치 카타콤의 성화들과도 일맥상통한다. 카타콤에 그려진 기독교 성화들은 그리스와 로마의 복식과 화풍으로 그려졌기에 기독교를 탄압하던 로마에 있었지만 드러나지 않았다. 기독교가 공인된 후에 카타콤에 순교자 기념예배당을 조성하고 이 때 새롭게 그려진 성화에는 후광을 넣었기 때문에 공인 이전과 이후의 성화가 확연하게 구분된다. 한국에서도 후광을 넣은 갓 쓴 예수의 모습은 1950년에 운보 김기창의 '예수전'에 나오게 되고 몇 년 전까지도 운보의 갓 쓴 예수가 한국 최초의 토착화된 예수의 모습으로 알려졌었다. 그러나 게일과 김준근은 이보다 55년 빠른 1895년에 갓 쓴 예수를 『텬로력뎡』에 그려놓았던 것이다. 이와 같이 예수를 자기나라 당대의 복색으로 표현한 삽화는 중국과 일본의 『천로역정』은 물론 영국이나 미국에도 없다.

선녀 천사 역시 『텬로력뎡』의 고유한 도상이다. 동아시아 문화에서 날개가 달린 천사는 신선함 보다는 동물적 요소가 더 부각될 수 있다. 원시 불교와 도교의 그림 가운데 이러한 이미지가 연계될 수 있기 때문이다. 앞에서도 지적 되었지만 아시아에서 선녀의 원형이 될 수 있는 불교의 비천은 초창기에 동물의 형상과 같은 괴이한 모습이기 때문이다. 그러나 이 형상은 인도와 서양의 영향을 받는 가운데 중국의 막고굴에서는 표대를 휘날리며 하늘을 나는 나체의 여성으로 바뀌었고 우리나라에 들어오면서 점차 유교적 영향을 받아 나신(나체)은 화려하면서도 단정하게 한복을 입은 형태로 바뀐 것이다. 또한 『텬로력뎡』에는 저본 삽화의 여성 천사를 선녀 혹은 선동(仙童)으로 바꾸거나 저본 삽화에서 날개 달린 천사가 아닌 빛나는 두사람의 모습은 선인과 선동이 함께 서 있는 모습으로 그려냄으로써 천사의 모습을 다변화 하였다.

중국의 문언역 삽화에는 날개가 달린 여성 모습의 천사를 그려 넣었고 중국의 관화역과 일본의 『천로역정』에서는 천사가 나오는 장면의 삽화는 아예 그리지 않았다. 다만 일본의 경우 죽음의 강을 건너는 기독도와 〈미도〉 뒤편에, 영국의 저본과 같이, 광채가 나는 긴 옷을 입은 두 사람을 그려 놓았고, 중국의 토화역에서는 천사를 그리지않거나 일반적인 사람의 모습으로 그렸다. 아프리카 본에서는1905년부터 토착화된 삽화가 나오는데 처음에는 흑인들 가운데 백인 여성천사로 표현하다가 1920년대에 들어서면서부터 흑인 여성 천사로 바뀐다. 하늘의 뜻을 받아 사자로 활동하는 그 기능이 유사한 점과 한국화에서 이미 다양하게 등장함으로써 이해와 친근감이 있는 선녀와 선인의 형상을 『텬로력뎡』에 사용한 것 역시 깊은 지혜의 소산이라 하겠다.

그간의 천국 삽화를 살펴보면 제일 처음 그려진 것은 1682년 판에 나온 것으로 작가가 누군지는 알려져 있지 않다. 이는 제목처럼 구름 위에서 천사들의 환영인사를 받는 모습이다. 그 다음은 1788년에 스터다드와 1824년에 블레이크로 역시 환영하는 천사들의 모습으로 그려졌다. 그리고 번안 저본의 셀루스는 환영하는 천사들이 기독도와 미도를 데리고 밝은 빛이 쏟아지는 쪽으로 함께 날아가는 모습을 그렸다.

반면에 『텬로력뎡』에는 구름 위에 열 사람의 모습을 그려 놓았으나 이들은 천국 안에 들어와 있는 상태를 그린 것이다. 앞줄에는 군왕이 쓰는 와룡관을 쓴 이가 조관이 쓰는 복부를 쓴 이를 바라보고 있고 그 옆에는 차통을 들고 있는 다동(茶童)과 상투관을 쓴 은이, 그리고 와룡관을 쓴 이가 있다. 뒷줄에는 표대가 둘러진 옷을 입은 여성이 돌아서 있고 옆에는 여선(女仙) 같이 표대를 휘날리며 군왕의 통천관 같은 족두리를 쓴 부인, 그 옆에는 피리를 부는 아이, 그리고 그 옆에는 정갈해 보이는 두 노인이 마주보며 말하고 있다. 이들의 머리 위로는 신비하게 구름이 흐르고 있다. 이는 앞에서도 밝힌 대로 도교의 신선계에 신선들의 모임을 바탕으로 하여 군왕과 조관 그리고 평민과 남녀노소의 여러 모습의 각각 신선이 되어 부족함이 없이 한가롭게 담소를 즐기는 모습이라 하겠다. 적어도 이때까지는 조선 왕조가 유지되던 시절이라 이들에게 친근한 형태로 각각의 지체에서 최선의 상황을 그려 천국에 관한 이해와 소망을 갖게 하려 한 것으로 파악된다.

한편, 중국의 『천로역정(문언)』에서는 구름 위에 누각이 없는 성의 문 위에 본문에서와 같이 사람들이 있고 성문 주변의 광채가 나는 하늘에는 천사들이 줄지어 환영하는 모습으로 되어 있다. 관화본에서는 이 장면의 삽화가 없고, 토화본에서는 귀티가 나는 여러 사람들이 기독도와 〈미도〉를 맞이하는 가운데, 피리, 대금, 소북, 등의 악기를 갖춘 동자들의 음악대가 환영 연주를 하고 있는데 그들의 뒤 쪽 끝에 복층 누각이 있는 빛나는 성곽이 보이는 것을 보아 천성 문 앞에서의 모습으로 보인다. 일본의 화이트역은 이 부분의 삽화가 없다.

영국의 저본 삽화나 중국의 문언본, 그리고 토화본의 삽화는 모두 천국 문 앞에서의 모습을 그린 것으로 보아 순례의 여정이 성공적으로 마치게 된 것에 중점을 둔 것으로 보인다. 그러나 『텬로력뎡』은 삽화는 천국 문 앞이 아닌 천국에서의 평안한 일상생활을 그리고 있다. 『텬로력뎡』이 당시 조선 사람들에게 초월적인 세계인 천국을 이해할 수 있게 하기 위해 이들에게 친근한 신선계를 활용하고, 민중의 관심은 도착에 초점이 있기 보다는 그곳에서의 삶에 무게를 둔다는 점을 파악하여 독자적인 구성을 하였다고 하겠다. 이러한 경향성이야말로 진정한 의미의 토착화의 지혜와 열정이라 하겠다.

『만사성취』의 첫 번 째 삽화는 모든 사람이 소원을 가지고 살게 됨으로 모두가 일차적으로 소원성에 살고 있는 것을 기반으로 한 것이다. 입구가 좁은 골짜기에 단층 누각이 있는 성채는 높은 뒷산에 막혀 오붓한 분지를 이룬다. 그곳에 여러 사람들이 있는데 복색이 매우 다양하다. 그런데 이 그림을 자세히 살펴보면 예사롭지가 않다. 만사성취가 출간된 시기는 한일합방이 된 후 6년째인 이 때의 조선은 데라우찌 총독의 세상이고 순종은 왕위에서 물러나 단지 "이왕(李王)"이라고 불리기만 할 때이다. 이 삽화는 바로 이러한 시기를 강하게 암시함으로써 당대의 정치적 상황을 은유적으로 표현하여 이것이 바람직하지 못한 상태라는 공감대를 형성하는 기지를 발휘하고 있다. 즉 각자가 소원이 있음은 물론 일제의 억압 상태를 상기시키며 국가의 독립에 대한 민족적 바램도 함께 부각하고 있는 것이다.

『만사성취』에서의 백미는 영생국 삽화이다. 이는 『텬로력뎡』의 천국과는 또 다른 세계를 표현하고 있다. 앞에서 지적한대로 『텬로력뎡』의 천국은 구름위에 있으며 남녀노소와 군왕과 평민이 각각 자신의 지체를 유지하는 상태이나 모두 신선처럼 복락을 누리는 모습이었다. 『만사성취』에는 두 가지가 기본적으로 다르게 표현되어 있다. 첫째는 영생국의 위치로 그 장소는 분명하게 지상에 실현된다. 소원성과 다른 것은 성문에 복층 누각이 있는 점과 평화를 상징하는 구름이 뒷산 위쪽 큰 나무에 허리 부분을 감싸고 있을 뿐 오히려 좌측에는 야산에 둘러친 성벽이 부각된다. 다음으로는 영생국 사람들이다. 성취국에서는 왕과 조관들의 거처와 일반인의 지체 사이에 경계가 분명하였다. 그런데 영생국에서는 모두가 면류관을 쓴 군왕으로 모습이 바뀐다. 지체에 차별이 없어진다는 것이다. 강력한 유교적 가부장 제도의 영향으로 여성이 표현되지 않은 것이 유감이지만 이미 만인 평등사상에 관한 비전을 강하게 유포하고 있다.

이와 같이 『천로역정』의 천국의 모습이 『만사성취』에서 당시의 조선사람들의 의식세계에 친근성이 있는 군왕의 모습을 부각하며 모두가 이같은 복락을 누릴 수 있음을 구체적으로 보여준다는 면에서 이는 적극적이고 효과적인 토착화의 모델을 제시한 것으로, 현재의 한계를 넘어 '희망의 미래로의 초대'가 그 중심을 이루고 있다. 결국 함께하는 사람들에 대한 진실된 사랑과 변화를 위한 구체적인 지혜, 그리고 용기있는 결단이 합력할 때 진정한 토착화가 완성된다 하겠다.

참고서적

The Pilgrim's Progress

Bunyan, John, *The Pilgrim's Progress*, this world to the that which to come, with notes by the Rev. Robert Maguire, D.D., Illustrated by H. C. Selous, Esq. and Paolo Priolo, London, Paris & New York: Cassell, Peter, Galpin & Co., 1876.

Bunyan, John, *The Pilgrim's Progress*, Embellished with twenty-five Engravings, Philadelphia: Presbyterian Board of Publication, 1844.

Bunyan, John, *The Pilgrim's Progress*, with illustrations by Albert Wessels, England: Gospel Standard Trust Publications, 2010.

Norvig, Gerda S., *Dark Figures in the Desired Country: Blake's Illustration to The Pilgrim's Progress*, Berkely: University of California Press, 1933.

Collé-Bak, Nathalie, "The Roll of Illustrations in the Reception of *The Pilgrim's Progress,*" *Religious & Discourse*, vol.33, Bern: Peter Lang, 2007. 81-97.

Cooke, Simon, "A 'Considerable Power': the Illustration of Henry Courtney Selous", *The Private Library*, Sixth Series, vol.1:3 (Autumn 2008) 95-144.

Smith, David E., "Illustrations of American Editions of *The Pilgrims Progress* to 1870," *Princeton University Library Chronicle*, vol.26:1(1964) 16-26.

번연, J./게일, J. 역, 『텬로력뎡』 삼문출판사, 1895.

번연, J./황찬호 역, 『천로역정 정편』 서울대학교출판부, 2001.

박정세, 『기독교미술의 원형과 토착화』 연세대학교출판부, 2008.

______, "번연의 『천로역정』 삽화와 그 변천," 〈미술사 비평〉 2010.

Oxford Dictionary of National Biography, Oxford University Press, 2004; online edn, Jan 2008.

http://www.gameo.org/encyclopedia/contents/L9.html

http://www.iupui.edu/~engwft/blake.htm

http://en.wikipedia.org/wiki/William_Blake

『텬로력뎡』

Bunyan, John / 제임스 게일 역, 『텬로력뎡』 서울: The Trilingual Press, 1895.

Bunyan, John / 황찬호 역, 『천로역정 정편』 서울: 서울대학교 출판부, 2001.

Bunyan, John / tr. by William C. Burns, 『天路歷程』 상해: 소송상해미화서관, 1894.

Bunyan, John / tr. by Rev. G. Piercy, 『天路歷程土話』 광저우: 양성혜사예당전, 1871.

Bunyan, John / 화이트 역, 『天路歷程』 제6판, 동경: 기독교서류회사, 1886.

本仁約翰 原著, 孫榮理 重譯, 『天路歷程 言體』 上海/漢口: 中國基督聖教書會.

約翰 原著, 『意譯 天路歷程(全)』 東京: 明治12年11月(1879).

『기산 김준근 조선풍속도』 매산 김양선 · 스왈론수집본, 숭실대학교 기독교 박물관, 2008.

『그리스도교 대사전』 서울: 대한기독교서회, 1972.

『조선왕조신록』(영인본), 47책

『철학대사전』 서울: 학원사, 1964.

『한국기독교박물관 소장 기독교 자료 해제』 서울: 숭실대학교 한국기독교박물관, 2007.

게일, J. / 김인수 역, 『James S. Gale의 선교편지(1891-1900)』 서울: 쿰란출판사, 2009.

그라바, 앙드레/ 박성은 옮김, 『기독교 도상학의 이해』 서울: 이화여자대학교출판부, 2007.

그리피스, 죤/ 올링거, 후랭클린 역, 『인가귀도(引家歸道)』 경성: 정동예수교회당, 1894.

박용규, 『한국기독교회사』 서울: 생명의 말씀사, 2004.

박정세, 『성서와 한국민담의 비교연구』 서울: 연세대학교 출판부, 1996.

______, 『민담과 민속의 신학적 이해』 서울: 연세대학교 출판부, 2006.

______, 『기독교미술의 원형과 토착화』 서울: 연세대학교 출판부, 2008.

석주선, 『한국복식사』 서울: 보보제, 1971

______, 『속 한국복식사』 서울: 고려서적, 1982.

조흥윤·G. 푸르너, 『기산풍속도첩』 서울: 범양사, 1984.

김동언, "『텬로력뎡』초판본과 개화기 한국어," 『텬로력뎡』 서울: 배제학당역사박물관, 2010.

김성은, "선교사 게일의 번역 문체에 관하여 -『천로역정』을 중심으로-," 「한국기독교와 역사」 31, 2009.

김 옥, "한국 기독교 미술의 토착화 연구," 숭실대학교 석사논문, 2004,

민경배, "게일의 선교와 신학 -그의 한국정신사에의 합류-." 「현대와 신학」 24. 1999.

박기선, "『텬로력뎡』 이본의 국어학적 연구," 한국외국어대학교 대학원 박사학위논문, 2005.

박정세, "게일(J, Gale)의 『텬로력뎡』과 김준근의 풍속삽도" 「신학논단」 제60집(2010)

______, "'선한목자' 도상의 변천과 토착화," 「신학논단」 제68집(2012)

박세록, "『천로역정』의 번역론 재고" 「고서연구」 17호, (2000) 81-89.

박효은, "『텬로력뎡』 삽도와 기산풍속도," 「숭실사학」 21, 2008.

______, "기산 풍속도의 미술사적 해제," 『기산 김준근 조선풍속도』(매산 김양선 수집본), 숭실대학교 한국기독교박물관, 2008.

______, "근대전환기 개항장의 조선화가 김준근," 「한국기독교박물관지」4, 숭실대학교 한국기독교박물관, 2008.

신선영, "기산 김준근 풍속화에 관한 연구," 「미술사학」 20, 2006.

______, "19세기 말 시대의 반영, 기산 김준근 풍속화," 『기산 풍속도: 그림으로 남은 100년 전의 기억』 서울: 청계천 문화관, 2008.

______, "김준근이 그린 『텬로력뎡』 삽화의 도상적 연원," 『텬로력뎡』 서울: 배제학당역사박물관, 2010.

______, "기산 김준근 서화 연구," 한국학 중앙연구원 한국학대학원, 박사학위논문, 2012.

임문철, "J. S. 게일의 한국사 인식 연구 -A History of Korean People 을 중심으로-," 연세대학교 연합신학대학원 석사논문, 2003.

정병모, "기산 김준근 풍속도의 국제성과 전통성," 「미술사강좌」26, 2006.

정혜정·최수진, "기산 김준근의 풍속화를 통해 본 조선후기 복식색에 대한 연구," 「한복문화」 7-2, 2004. 8.

조광호, "그리스도교 미술의 한국화 방향," 『한국 가톨릭, 어디로 갈 것인가』 서울: 우리사상연구소, 1997.

조영인, "천로력정 이본간의 표기양상 연구," 서경대학교 대학원 석사학위논문, 2007.

허 균, "비천: 불국정토에 살며 부처님 찬탄하는 매혹적인 천인," 「불교신문」 2096호, 2005. 1. 4.

Gale, J., *Korean Sketches*, New York: Fleming H. Revell; 제임스 S. 게일, 『코리언 스케치』 장문평 역, 서울: 현암사, 1971.

______, *The Vanguard*, New York: Fleming H. Revell, 1904; 제임스 S. 게일, 『선구자』 심현녀 역, 서울: 기독교서회, 1993.

______, *Korea in Transition*, Cincinnati: Jenning & Graham, 1909; 제임스 S, 게일, 『전환기의 조선(재판)』 신복룡 역주, 서울: 집문당, 1999.

Hofmeyr, Isabel, *The Portable Bunyan -A Transnational History of The Pilgrim's Progress-*, Princeton and Oxford: Princeton University Press, 2004,

Gale, James, "Korea's Preparation for Bible," *The Korean Mission Field*, vol.8 (March, 1912)

Little, Stephen, *Taoism and the Art of China*, University of California Press, 2000.

Pooly, Roger, "*The Pilgrim's Progress* and the line of allegory," *The Cambridge Companion to Bunyan*, ed. Anne Dunan-Page, Cambridge: Cambridge University Press, 2010, 84.

『만사성취』

김인서, "영계선생 소전, (상), (종)," 「신앙생활」 1932년12월, 1936년1월.

박정세, "민속자료에 반영된 민중의식의 구조와 그 효용에 대한 연구," 연세대학교 연합신학대학원 석사논문, 1974.

_____, "길선주의 『만사성취』 및 삽도 고찰," 「대학과선교」 제22집(2012)

옥성득, "평양 대부흥운동과 길선주 영성의 도교적 영향," 「한국기독교와 역사」 제25호, 2006. 9.

이현무, "길선주의 『만사성취』 연구," 목원대학교 신학대학원 석사논문, 2005.

김인수, 『한국 기독교회의 역사』 서울: 장로교신학대학 출판부, 1997.

김재현, 『만사성취』 한국기독교 고전씨리즈 I, KIAT. 2008.

길선주/KIATS 엮음, 『한국기독교지도자 강단 설교: 길선주』 서울: 홍성사, 2008.

길진경, 『영계 길선주』 서울: 종로서적, 1980.

이덕주, 『한국교회 형성사 연구』 서울: 한국기독교 역사연구소, 2001.

박용규, 『평양 대부흥운동』 서울: 생명의말씀사, 2000.

_____, 『한국 기독교회사2:1910-1960』 서울: 생명의말씀사, 2004.

융, 하인리히, 『기산의 한국 옛 그림: 풍경화』 서울: 민속원, 2003.

한국기독교역사연구소, 『한국 기독교의 역사 I, II』 서울: 기독교문사, 1989, 1990.

Gale, James S. "Elder Keel," *Missionary Review of The World*, 1907. 7.

Kim, In Soo. "Protestant And the Formation of Modern Korean Nationalism, 1885-1920: A study of the Contributions of Horace Grant Underwood and Sun Chu Kil," Ph. D. Dissertation, Union Theological Seminary in Virginia, 1993.

Kim, Jae-hyun, "Indolence [On Haeta]," *KIATS Theological Journal, I-1*, 2005.

색인

A

B

C

D

E

F

G

H

I

J

K

L

M

N

P

R

ㄹ

ㅁ

ㅇ

ㅈ

ㅊ

ㅋ

ㅌ

ㅍ

ㅎ

부록

『만사성취』 영인본

(축소판)

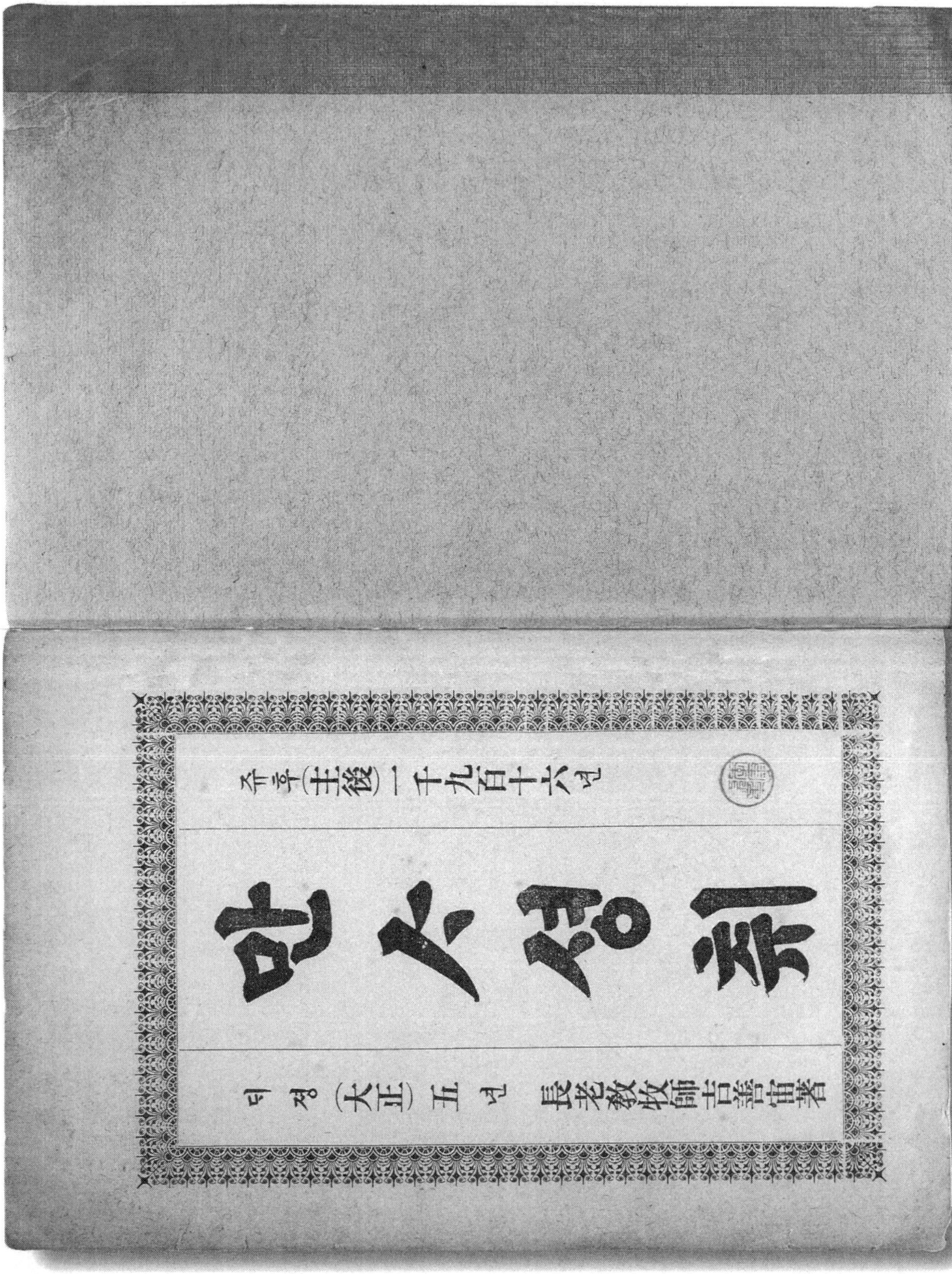
쥬후(主後)一千九百十六년
만ᄉᆞ셩취
대졍(大正)五년 長老敎牧師吉善宙著

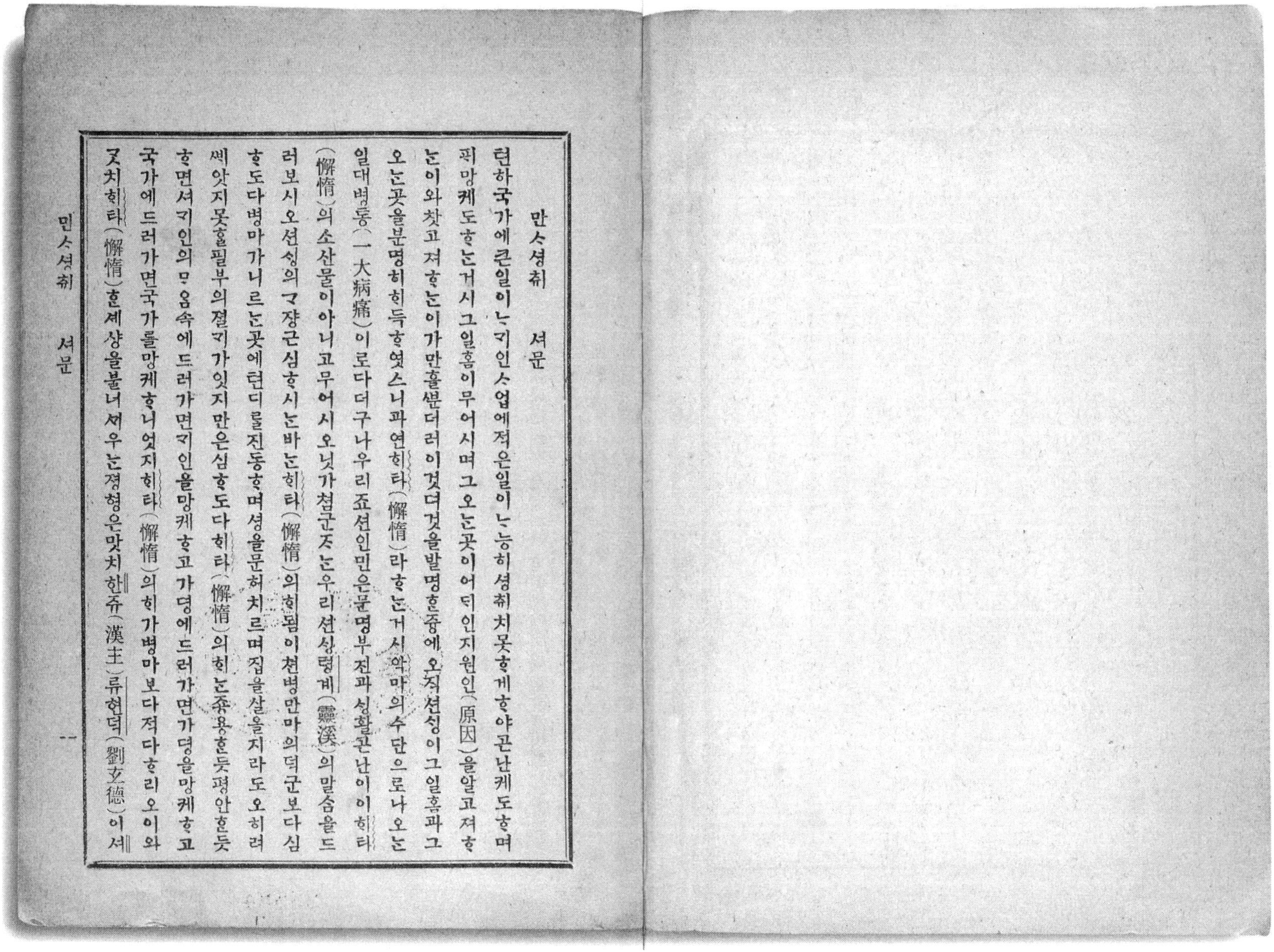

만ᄉᆞ셩취 셔문

텬하국가에큰일이나ᄀᆡ인ᄉᆞ업에적은일이나능히셩취치못ᄒᆞ게ᄒᆞ야곤난케도ᄒᆞ며
곽망케도ᄒᆞ는거시그일홈이무어시며그오는곳이어ᄃᆡ인지원인(原因)을알고져ᄒᆞ
는이와찻고져ᄒᆞ는이가만흘ᄲᅮᆫ더러이것더것을발명ᄒᆞᆫ중에오직션ᄉᆡᆼ이그일홈과그
오는곳을분명히히득ᄒᆞ엿스니파연히타(懈惰)라ᄒᆞ는거시악마의수단으로나오는
일대병통(一大病痛)이로다더구나우리죠션인민은문명부젼파ᄉᆡᆼ활곤난이이히타
(懈惰)의소산물이아니고무어시오닛가쳠군ᄌᆞ는우리션ᄉᆡᆼ령계(靈溪)의말ᄉᆞᆷ을드
러보시오션ᄉᆡᆼ의ᄀᆞ쟝근심ᄒᆞ시는바는히타(懈惰)의히됨이쳔병만마의덕군보다심
ᄒᆞ도다병마가니르는곳에텬디를진동ᄒᆞ며셩을문허치르며집을살을지라도오히려
쎄앗지못ᄒᆞᆯ필부의졀ᄀᆡ가잇지만은심ᄒᆞ도다히타(懈惰)의히는죵용ᄒᆞᆫ듯평안ᄒᆞᆫ듯
ᄒᆞ면셔ᄀᆡ인의ᄆᆞ음속에드러가면ᄀᆡ인을망케ᄒᆞ고가뎡에드러가면가뎡을망케ᄒᆞ고
국가에드러가면국가를망케ᄒᆞ니엇지히타(懈惰)의히가병마보다적다ᄒᆞ리오이와
ᄀᆞᆺ치히타(懈惰)ᄒᆞᆫ셰상을불너ᄭᅢ우는경형은맛치한쥬(漢主)류현덕(劉玄德)이셔

만ᄉᆞ셩취 셔문 一

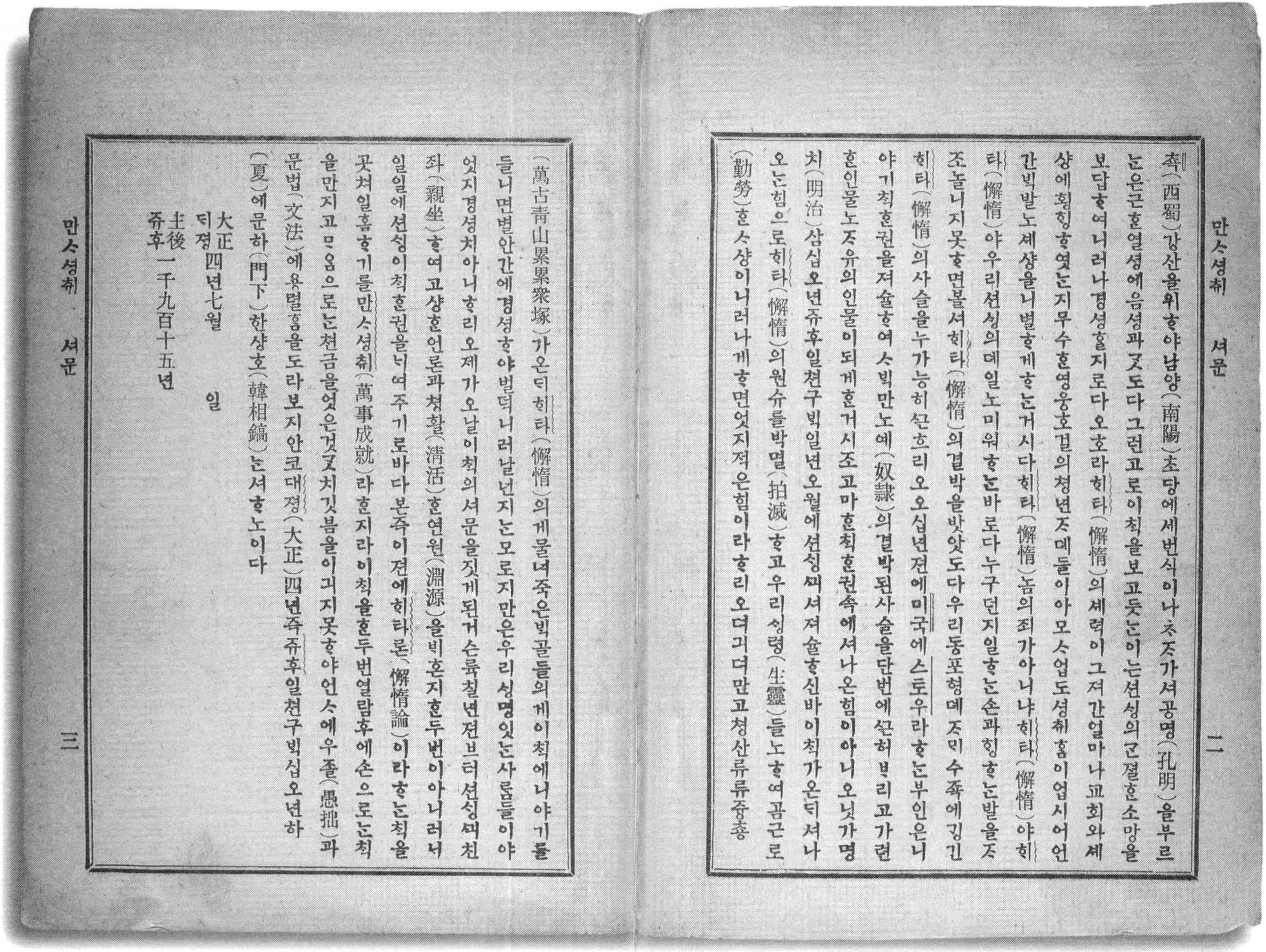

촉(西蜀)강산을위ᄒᆞ야남양(南陽)초당에세번식이나ᄎᆞᄌᆞ가셔공명(孔明)을부르
는은근ᄒᆞᆫ열셩에음셩과ᄀᆞᆺ도다 그런고로이ᄎᆡᆨ을보고듯는이는션싱의근졀ᄒᆞᆫ소망을
보답ᄒᆞ여니러나경셩ᄒᆞᆯ지로다 오호라히타(懈惰)의셰력이 그져간얼마나교회와셰
샹에횡힝ᄒᆞ엿는지무수ᄒᆞᆫ영웅호걸의청년ᄌᆞ데들이아모ᄉᆞ업도셩취홈이업시어언
간빅발노셰샹을니별ᄒᆞ게ᄒᆞ는거시다히타(懈惰)놈의죄가아니냐히타(懈惰)야히
타(懈惰)야우리션싱의데일노미워ᄒᆞ는바로다누구던지일ᄒᆞ는손과힝ᄒᆞ는발을ᄌᆞ
조놀니지못ᄒᆞ면불셔히타(懈惰)의결박을밧앗도다우리동포형뎨ᄌᆞ미수죡에긩긴
히타(懈惰)의사슬을누가능히ᄭᅳᆫ흐리오오십년전에미국에ᄉᆞ토우라ᄒᆞ는부인은니
야기ᄎᆡᆨ혼권을져술ᄒᆞ여ᄉᆞ빅만노예(奴隷)의결박된사슬을단번에ᄭᅳᆫ허ᄇᆞ리고가련
ᄒᆞᆫ인물노ᄌᆞ유의인물이되게ᄒᆞᆫ거시조고마ᄒᆞᆫᄎᆡᆨ혼권속에셔나온힘이아니오닛가명
치(明治)삼십오년쥬후일쳔구빅일년오월에션싱ᄭᅴ셔져술ᄒᆞ신바이ᄎᆡᆨ가온ᄃᆡ셔나
오는힘으로히타(懈惰)의원슈를박멸(拍滅)ᄒᆞ고우리싱령(生靈)들노ᄒᆞ여곰근로
(勤勞)ᄒᆞᆫᄉᆞ샹이니러나게ᄒᆞ면엇지적은힘이라ᄒᆞ리오더ᄀᆞ더만고청산류류즁총

(萬古靑山累累衆塚)가온ᄃᆡ히타(懈惰)의게물녀죽은빅골들의게이ᄎᆡᆨ에니야기를
들니면별안간에경셩ᄒᆞ야벌덕니러날넌지는모로지만은우리싱명잇는사ᄅᆞᆷ들이야
엇지경셩치아니ᄒᆞ리오제가오날이ᄎᆡᆨ의셔문을짓게된거슨륙칠년젼브터션싱ᄭᅴ친
좌(親坐)ᄒᆞ여고샹ᄒᆞᆫ언론과청활(淸活)ᄒᆞᆫ연원(淵源)을비ᄒᆞᆫ지ᄒᆞ두번이아니러니
일일에션싱이ᄎᆡᆨᄒᆞᆫ권을니여주기로바다본즉이젼에히타론(懈惰論)이라ᄒᆞ는ᄎᆡᆨ을
곳쳐일홈ᄒᆞ기를만ᄉᆞ셩취(萬事成就)라ᄒᆞᆫ지라이ᄎᆡᆨ을ᄒᆞᆫ두번열람후에손으로는ᄎᆡᆨ
을만지고ᄆᆞ음으로는천금을엇은것ᄀᆞᆺ치깃붐을이긔지못ᄒᆞ야언ᄉᆞ에우졸(愚拙)과
문법(文法)에용렬홈을도라보지안코대졍(大正)四년쥬쥬후일천구빅십오년하
(夏)에문하(門下)한샹호(韓相鎬)는셔ᄒᆞ노이다

大正四년七월　일
主後一千九百十五년

목록 (目錄)

소원셩 (所願城) 소원잇단말

사로 (思路) ᄉᆡᆼ각ᄒᆞᆫ단말

취쥬로 (醉酒路) 술취ᄒᆞᆫ단말、

연락로 (宴樂路) 연락을도화ᄒᆞᆫ단말

음란로 (淫亂路) 음란ᄒᆞᆫ단말

ᄌᆞ만로 (自滿路) ᄆᆞᄋᆞᆷ이스ᄉᆞ로찻단말

이심로 (二心路) 두가지ᄆᆞᄋᆞᆷ이잇단말

급심로 (急心路) 급ᄒᆞᆫᄆᆞᄋᆞᆷ이잇단말

뎡의문 (定意門) 뜻을작뎡ᄒᆞᆫ단말

모안로 (謀安路) 평안ᄒᆞᆷ을도모ᄒᆞᆫ단말

ᄒᆡ타 (懈惰) 게으르단말

경셩갑옷 (警醒甲) ᄒᆞᆼ샹셰여잇단말

혼미화 (昏迷花) 졍신을아득케ᄒᆞᆫ단말

무긔쳔 (無氣泉) 긔운이업셔진단말

망리수 (忘理樹) 리치를니져ᄇᆞ린단말

다수산 (多睡山) 잠이만단말

고난산 (苦難山) 어려옴이만탄말

휴식뎡 (休息亭) 평안히쉰단말

셩취국 (成就國) 일을일우웟단말

영ᄉᆡᆼ국 (永生國) 영원히산단말

뎨 一 쟝 인도 (引導)

뎨 二 쟝 소원셩 (所願城)

뎨 三 쟝 사로 (思路)

뎨 四 쟝 취주로 (醉酒路)

뎨 一 쟝 인도 引導

녯날동양에엇던지혜잇는사름이말ᄒᆞ기를ᄒᆞᆫ글ᄌᆞ치부조런ᄒᆞᆫ사름의게는텬하에어
려온일이업다ᄒᆞ엿고또우리나라격언에부조런이밧복이라ᄒᆞ엿스니이로볼진ᄃᆡ만
ᄉᆞ를셩취ᄒᆞ는거슨부조런ᄒᆞᆫᄃᆡ잇고쳔가지화로오는거슨게으른ᄃᆡ잇도다대뎌사름이
텬하에만ᄉᆞ업을일우어나아가는길에방해ᄒᆞ는거시만치만은그즁에뎨일큰방해
는히타(懈惰)라ᄒᆞᄂᆞᆫ지라엇지그런고ᄒᆞ니졍부가게으르면나라히쇠ᄒᆞ고가족이게으
르면가뎡이퍠ᄒᆞ고ᄀᆡ인이게으르면그사름이망ᄒᆞᄂᆞ니그런즉인류샤회에큰원슈는
이히타(懈惰)라ᄒᆞᆯ지로다그런고로엿ᄌᆞᆫ소년과ᄒᆞᆨ도ᄂᆞᆫ지식을도라보지안코ᄒᆞᆫ조각열
셩으로부죡을드리며이칙을져술ᄒᆞᆷ은ᄉᆞ랑ᄒᆞᄂᆞᆫ동포들이무릉도원에ᄀᆞ기ᄒᆞ든즁을필셰셔
여ᄒᆞᆫ번욕망스러운ᄆᆞ음으로나라에드ᄃᆡ이되고가뎡에마귀가되며ᄀᆡ인의원수가되
는이히타(懈惰)를힘써이긔고부조런ᄒᆞᆫ열셩으로만ᄉᆞ에셩취ᄒᆞ야일셩에쾌락ᄒᆞᆫ복
을밧으시기를ᄇᆞ라오니이칙에긔록ᄒᆞᆫ말이실젹(實跡)은업는일이나그뜻인즉잇는
거시오니쳥컨ᄃᆡ그뜻을깁히ᄉᆡᆼ각ᄒᆞ며보시옵소셔ᄒᆞᄂᆞ이다변변치못ᄒᆞᆫ말ᄉᆞᆷ을드리니동포는

만수성취　뎨일쟝 인도　一

쇠를먹고히타(懈惰)는사ᄅᆞᆷ불먹는다ᄒᆞ는말을듯고대단히이샹히녁이고ᄉᆡᆼ각ᄒᆞ기를호랑과ᄉᆞᄌᆞ는사ᄅᆞᆷ을히ᄒᆞ는줄노알거니와히타(懈惰)라ᄒᆞ는즘싱은엇더ᄒᆞᆫ즘싱이기에능히사ᄅᆞᆷ을먹는고ᄒᆞ여심히아혹ᄒᆞ더니내가몟날을궁구ᄒᆞ여그즘싱의ᄉᆞ젹을분명히셰다른고로몟마듸니야기를이아래에모도비유로셜명ᄒᆞ오니이칙을보시는형뎨ᄌᆞᄆᆡ들은그ᄯᅳᆺ을묵샹ᄒᆞ여이히타(懈惰)즘싱의화를피ᄒᆞ고셰샹에머무는평ᄉᆡᆼ에인ᄉᆡᆼᄉᆞ업을셩취ᄒᆞ여무궁ᄒᆞᆫ복락을누리심을ᄇᆞ라ᄂᆞ이다

뎨二쟝 소원셩 所願城

내가ᄉᆡᆼ각컨ᄃᆡ이셰샹사ᄅᆞᆷ이다소원셩(所願城)에잇는줄노아는거슨엇던사ᄅᆞᆷ은박ᄉᆞ되기를소원이오엇던사ᄅᆞᆷ은셩현되기를소원이오엇던사ᄅᆞᆷ은문쟝되기를소원이오엇던사ᄅᆞᆷ은대쟝되기를소원이오엇던사ᄅᆞᆷ은목ᄉᆞ나교ᄉᆞ되기를소원이오엇던사ᄅᆞᆷ은의ᄉᆞ되기를소원이오엇던사ᄅᆞᆷ은벼슬ᄒᆞ기를소원이오엇던사ᄅᆞᆷ은농ᄉᆞᄒᆞ기를소원이오엇던사ᄅᆞᆷ은쟝공되기를소원이오엇던사ᄅᆞᆷ은쟝ᄉᆞᄒᆞ기를소원이오엇던사ᄅᆞᆷ은부쟈되기를소원이라그런고로녯날에유대국에엘니사라ᄒᆞ는유명ᄒᆞᆫ션지는ᄌᆞ긔의션ᄉᆡᆼ엘니야를ᄯᅡ라ᄃᆞᆫ니되ᄒᆞᆼ샹그가는곳마다ᄯᅡ라가미그션ᄉᆡᆼ이승텬ᄒᆞ기젼에그의소원을무러본즉ᄃᆡ답ᄒᆞ되션ᄉᆡᆼ님ᄭᅴ감동ᄒᆞ신신령ᄒᆞᆫ셩신의능력이내게감동ᄒᆞ시기를션ᄉᆡᆼ님ᄭᅴ감동ᄒᆞ심보다ᄇᆡ나더감동ᄒᆞ시기를나의소원이로소이다ᄒᆞ매그시예파연그ᄃᆡ로셩취ᄒᆞ엿스며(왕하二○一ㅣ十一)ᄯᅩ예수당시에뎨ᄌᆞ야고보와요한의모친은예수ᄭᅴ나아와셔ᄒᆞ는말이쥬ᄭᅴ셔나라흐로림ᄒᆞ실ᄯᅢ에나의아ᄃᆞᆯ형뎨를쥬의좌우편에안게ᄒᆞ여주시기를나의소원이로소이다ᄒᆞ엿스니(마태二十○卄ㅣ卄一)셩경즁에소원을말ᄒᆞᆫ쟈의ᄉᆞ젹을대강말ᄒᆞ엿거니와시험ᄒᆞ여보라이셰샹사ᄅᆞᆷ즁에남녀로쇼를물론ᄒᆞ고네의소원이무엇시냐ᄒᆞ고무러볼것곳ᄒᆞ면일구일셩으로ᄃᆡ답ᄒᆞ기를혹은이것이나의소원이오혹은뎌것이나의소원이라ᄒᆞ야ᄒᆞᆫ사ᄅᆞᆷ이라도소원이업다는사ᄅᆞᆷ은결단코업스리로다셩경에ᄀᆞᆯᄋᆞ샤ᄃᆡ대개너희안에셔힝ᄒᆞ시는이는하ᄂᆞ님이시니너희원ᄒᆞ고힝ᄒᆞ는거슬ᄌᆞ긔깃브신ᄯᅳᆺᄃᆡ로ᄒᆞ게ᄒᆞ시ᄂᆞ니라ᄒᆞ셧ᄂᆞ니라(빌닙보二○十三ㅣ)그런즉이셰샹을신령ᄒᆞᆫ심계(心界)로ᄉᆡᆼ각ᄒᆞᆫ건ᄃᆡ가히소원셩(所願城)이라일훔ᄒᆞᆯ거시오ᄯᅩ

사ᄅᆞᆷ마다소원만잇슬ᄲᅮᆫ아니라셩취ᄒᆞ기ᄭᆞ지ᄇᆞ라ᄂᆞ니그런고로셩취국(成就國)이
잇ᄂᆞᆫ거슬말ᄒᆞᆫ거시니구쥬예수ᄭᅴ셔ᄀᆞᄅᆞ샤ᄃᆡ너희가내안에잇고내말이너희안에잇
스면원ᄒᆞᄂᆞᆫᄃᆡ로구ᄒᆞ라다일우게ᄒᆞ리라ᄒᆞ셧ᄂᆞ니라(요한十五〇七)

詩曰　　시에ᄀᆞᄅᆞᄃᆡ

願城就國隔西東　　소원셩과셩취국이셔와동ᄀᆞᆺ치격ᄒᆞ엿스니
空費百年此道中　　공연히ᄇᆡᆨ년을이길가온ᄃᆡ셔허비ᄒᆞᄂᆞᆫ도다
假使兩邊能縮近　　가ᄉᆞ두가흐로능히주름잡아갓가히ᄒᆞ면
人間認定最高功　　인간에ᄀᆞ장놉흔공으로인뎡ᄒᆞ리로다

대뎌광대ᄒᆞᆫ텬하에밀밀총총히ᄉᆡᆼ활ᄒᆞᄂᆞᆫ남녀로쇼허다ᄒᆞᆫ사ᄅᆞᆷ들이다이소원셩(所願城)에잇서셔셩취국(成就國)으로드러가기를ᄇᆞ라ᄂᆞᆫ거슨셩취국(成就國)님군이드러가ᄂᆞᆫ사ᄅᆞᆷ마다밋ᄂᆞᆫ표를의지ᄒᆞ야셩현이나、박ᄉᆞ이나、문쟝이나、대쟝이나、목ᄉᆞ나、교ᄉᆞ나、의ᄉᆞ나、벼슬이나、농업이나、공업이나、샹업이나、부쟈나、이모든직분을소원ᄃᆡ로일우워주ᄂᆞᆫ고로사ᄅᆞᆷ마다이셩취국(成就國)으로드러가기를원ᄒᆞ나그

소원셩　所願城

러나엇던사ᄅᆞᆷ들은이소원셩(所願城)에셔거져늙어죽는이가만코엇던사ᄅᆞᆷ은이소원셩(所願城)을떠나셩취국(成就國)으로드러갈시소원셩(所願城)문밧게나셔면사로(思路)라ᄒᆞ는길이잇ᄂᆞ니라

뎨三쟝 사로 思路

사로(思路)라ᄒᆞ는거슨이길노가는사ᄅᆞᆷ마다ᄌᆞ연히무ᄉᆞᆷ싱각이만히니러나는고로사로(思路)라ᄒᆞᄂᆞ니라태초에하ᄂᆞ님께셔창조ᄒᆞ신텬ᄉᆞ쟝이이길노가다가교만ᄒᆞᆫ싱각으로하ᄂᆞ님을싀긔ᄒᆞ는ᄆᆞᄋᆞᆷ이ᄌᆞ연이니러나셔하ᄂᆞ님압헤역적이된고로하ᄂᆞ님께쫏김을닙어흑암ᄒᆞᆫ셰계에떠러졋스며또샹고시ᄃᆡ에우리인류의시조하와도이길노가다가마귀의꾀임을듯고하ᄂᆞ님을의심ᄒᆞ는싱각이니러나셔하ᄂᆞ님의명령을범ᄒᆞ야션악과를ᄯᅡ셔먹은고로하ᄂᆞ님께져주를밧고잇던동산에셔쫏겨나스며또예수당시에십이ᄉᆞ도즁유대도이길노가다가마리아를싀긔ᄒᆞ는ᄆᆞᄋᆞᆷ과지물을탐ᄒᆞ는싱각이니러는고로하ᄂᆞ님께벌을밧아영원ᄒᆞᆫ멸망을취ᄒᆞ엿스나녯날이삭은이길노

사로 思路

가다가밧가온ᄃᆡ셔하ᄂᆞ님을묵샹ᄒᆞᄂᆞᆫᄉᆡᆼ각이니러남으로하ᄂᆞ님압헤특별ᄒᆞᆫ복을밧앗스며또삼우열은어려슬때브터이길노ᄃᆞᆫ닐때에ᄒᆞᆼ샹하ᄂᆞ님만ᄉᆡᆼ각ᄒᆞᄂᆞᆫᄆᆞᄋᆞᆷ이만ᄒᆞᆫ고로하ᄂᆞ님의부르시ᄂᆞᆫ음셩을친히귀로듯고이스라엘나라에유명ᄒᆞᆫ셩현이되엿스며또다니엘은이길노갈때에ᄌᆞ긔의족속과하ᄂᆞ님의셩뎐을ᄉᆡᆼ각ᄒᆞᄂᆞᆫᄆᆞᄋᆞᆷ이잠시도ᄯᅥ나지아니ᄒᆞᆷ으로이스라엘나라이쟝ᄎᆞᆺ엇더케될것과말셰에이셰샹이엇더케될일을특별이하ᄂᆞ님의묵시(默示)로보앗스며ᄉᆞ도요한도이길노가다가하ᄂᆞ님의거륵ᄒᆞᆫ교회를ᄉᆡᆼ각ᄒᆞᄂᆞᆫ즁에신령ᄒᆞᆫ묵시(默示)를밧앗스니사ᄅᆞᆷ들이이길을당ᄒᆞ면쳔ᄉᆞ만려(千思萬慮)가녀름구름ᄀᆞᆺ치니러나ᄂᆞ니삼가조심ᄒᆞᆯ지어다그런고로셩경에ᄀᆞᆯᄋᆞ샤ᄃᆡ육신의ᄉᆡᆼ각은죽ᄂᆞᆫ거시오셩신의ᄉᆡᆼ각은사ᄂᆞᆫ것과평안ᄒᆞᆷ이니라ᄒᆞ셧ᄂᆞ니라(로마八〇六ㅣ)

詩曰　　　　시에ᄀᆞᆯᄋᆞᄃᆡ

住筇立望九疑山　막ᄃᆡ를머무르고구의산을ᄇᆞ라보니
恠霧奇雲幻幾容　괴이ᄒᆞᆫ안개와긔히ᄒᆞᆫ구름이몃ᄌᆞ스로활롱ᄒᆞ엿ᄂᆞ뇨
雲散霧捲山翠後　구름이허여지고안개것고산이푸른후에

完然一路在此間　완연히ᄒᆞᆫ길이이ᄉᆞ이에잇도다

이사로(思路)라ᄒᆞᄂᆞᆫ길을지ᄂᆞ면여러갈ᄂᆡ길이잇ᄂᆞ니그길일홈들은이러ᄒᆞ니라
취주로(醉酒路)연락로(宴樂路)음란로(淫亂路)ᄌᆞ만로(自滿路)이심로(二心路)
급심로(急心路)이여러길이잇ᄂᆞ니라

뎨四쟝　취주로　醉酒路

취주로(醉酒路)라ᄒᆞᄂᆞᆫ거ᄉᆞᆫ이길가에ᄂᆞᆫ집집마다무르닉은술이만흔고로그술ᄂᆡ음시가길가ᄂᆞᆫ사ᄅᆞᆷ의코를찔너ᄆᆞᄋᆞᆷ을흔돈케ᄒᆞ며이길노가ᄂᆞᆫ사ᄅᆞᆷ은술을먹고취ᄒᆞ야셩취국(成就國)을니져ᄇᆞ리고ᄉᆞᄉᆞ로망ᄒᆞᄂᆞ니라녯날상나라(商國)에쥬(紂)라ᄒᆞᄂᆞᆫ님군은황육으로산을일우으고포육으로수풀을만들고술노못슬일우워놋코ᄆᆡ일연락에술을먹ᄂᆞᆫ쟈들이ᄒᆞᆫ번북칠ᄯᅢ에소마시듯ᄒᆞᄂᆞᆫ쟈가삼쳔인이나되여나라졍ᄉᆞᄂᆞᆫ술먹ᄂᆞᆫ거ᄉᆞ로일삼앗ᄉᆞ니필경은그나라이픽망ᄒᆞ엿고ᄯᅩ노아라ᄒᆞᄂᆞᆫ이ᄂᆞᆫ비록홍수를피ᄒᆞᆫ셩현이라도포도동산에술을비져넷코그술을마시고취ᄒᆞ야옷슬벗고누어실

취주로 醉酒路

례ᄒᆞᆫ고로ᄌᆞ손이저앙을밧은지라(창九〇二十一二十五) 그런즉이길노가셔망ᄒᆞᆫ사ᄅᆞᆷ을다낫낫치말ᄒᆞᆯ수업거니와동양셩현이말ᄉᆞᆷᄒᆞ시기를술은셩픔을치ᄂᆞᆫ밋친약이라ᄒᆞ셧고녯날이뎍(夷狄)이비로소술을ᄆᆞᆫ들미우(禹)님군이마셔보시고골ᄋᆞ샤ᄃᆡ후셰에술노나라를망케ᄒᆞᆯ쟈가잇겟다ᄒᆞ셧ᄉᆞ며또셩경에골ᄋᆞ샤ᄃᆡ술을취ᄒᆞ지말나ᄒᆞ셧고(로마十三〇十三) 또골ᄋᆞ샤ᄃᆡ술은거만케ᄒᆞᆷ이오독ᄒᆞᆫ술은ᄯᅥ들게ᄒᆞᄂᆞ니무릇여긔미혹ᄒᆞᆫ쟈ᄂᆞᆫ지혜가업도다(잠二十〇一) 또골ᄋᆞ샤ᄃᆡ저앙잇ᄂᆞᆫ쟈가누구며근심잇ᄂᆞᆫ쟈가누구며분징잇ᄂᆞᆫ쟈가누구며원망ᄒᆞᄂᆞᆫ쟈가누구며ᄭᆡ닭업시샹ᄒᆞᆫ쟈가누구며븕은눈잇ᄂᆞᆫ쟈가누구뇨이ᄂᆞᆫ술에ᄌᆞᆷ긴쟈나곳셕근술을구ᄒᆞ려ᄃᆞᆫ니ᄂᆞᆫ쟈로다술이븕어셔잔에빗초여슌ᄒᆞ게넘어가ᄂᆞᆫ거슬보지말지어다이거시맛ᄎᆞᆷ내비얌ᄀᆞᆺ치물고독ᄉᆞᄀᆞᆺ치쏘리니또ᄒᆞᆫ네눈이괴악ᄒᆞᆫ거슬보고네ᄆᆞᄋᆞᆷ이거즛말을됴화ᄒᆞᆯ거시라ᄒᆞ셧ᄂᆞ니라(잠二十三〇二十九一三十三) 그런즉셩취국(成就國)으로드러가ᄂᆞᆫ사ᄅᆞᆷ들은삼가조심ᄒᆞ여이길을피ᄒᆞᆯ지여다

뎨五쟝 연락로 宴樂路

연락로(宴樂路)에ᄂᆞᆫ더쳥루주샤화려ᄒᆞᆫ집속에북치고、라팔불며、거문고와비파타
고、양금치며、단소와싀황과피리불고、ᄒᆡ금혜며、싀당고치니、이ᄀᆞᆺᄒᆞᆫ오음륙률아
름다온소ᄅᆡᄂᆞᆫ귀를즐겁게ᄒᆞ고풍비ᄒᆞᆫ음식은맛됴코향긔러워입을싀롭게ᄒᆞᄂᆞᆫ고로
이길노가ᄂᆞᆫ사ᄅᆞᆷ은연락(宴樂)에반ᄒᆞ야셩취국(成就國)을니저ᄇᆞ리ᄂᆞᆫ도다녯날바
벨논님군벨사살은메다나라군ᄉᆞ가바벨논도셩을에워싼날밤에ᄌᆞ긔나라흥망은싱
각지안코대연을비셜ᄒᆞ고거륵ᄒᆞ신하ᄂᆞ님의셩뎐긔명을가져다가술을부어마시며
풍악을치고금은동텰목셕지신(金銀銅鐵木石之神)을찬송ᄒᆞᆯᄉᆡ그날밤왕궁벽샹에
젼능ᄒᆞ신하ᄂᆞ님의손가락이나타나셰셔벨사살왕을칙망ᄒᆞ시ᄂᆞᆫ글ᄌᆞ를쓰신고로그
날밤이지나지못ᄒᆞ여셔그나라이뎍병의게망ᄒᆞ고그님군이원수의손에죽엇스니
(다니엘五〇)위티ᄒᆞ고위티ᄒᆞ도다음악이라ᄒᆞᄂᆞᆫ거슨본ᄅᆡ사ᄅᆞᆷ의ᄆᆞᄋᆞᆷ을즐겁게ᄒᆞ며텬디
에쥬쟈되신하ᄂᆞ님을찬송ᄒᆞ게ᄒᆞ신거시여ᄂᆞᆯ지금사ᄅᆞᆷ들은이아름다온긔계로음란
ᄒᆞᆫ긔관을삼아방탕ᄒᆞᆫ연락으로그ᄆᆞᄋᆞᆷ을히타케ᄒᆞ여만ᄉᆞ를셩취ᄒᆞᄂᆞᆫ길에큰방히가
되게ᄒᆞᄂᆞ니더음란방탕ᄒᆞᆫ연락을조심ᄒᆞᆯ지어다그런고로셩경에ᄀᆞᆯᄋᆞ샤ᄃᆡ연락을됴

ᄒᆞᆫ ᄒᆞᄂᆞᆫ 이ᄂᆞᆫ 살앗ᄉᆞ나 쥭은거시니라(뎐五〇六) 또 ᄀᆞᆯᄋᆞᄉᆞᄃᆡ 연락을 됴화ᄒᆞᄂᆞᆫ쟈ᄂᆞᆫ 부쟈가 되지 못ᄒᆞ리로다 ᄒᆞ셧ᄂᆞ니라(잠廿一〇十七)

뎨六쟝 음란로 淫亂路

음란로(淫亂路)라 ᄒᆞᄂᆞᆫ 거ᄉᆞᆫ 이 길 거리마다 아름다온 미인이 만히 나와셔 공교ᄒᆞᆫ 말과 아름다온 티도로 길가ᄂᆞᆫ 사ᄅᆞᆷ을 ᄭᅬ이ᄂᆞᆫ 고로 이 길노 가ᄂᆞᆫ 사ᄅᆞᆷ은 음란에 ᄲᅡ져 망ᄒᆞᄂᆞ니 녯날 하(夏)나라 걸(桀)이라 ᄒᆞᄂᆞᆫ 님군은 포ᄉᆞ(褒似)라 ᄒᆞᄂᆞᆫ 계집의게 음란ᄒᆞ여 그 나라를 망ᄒᆞ엿고 유대나라 님군 다윗은 비록 셩군이라도 그 신하 우리아의 쳐의게 음란ᄒᆞᆫ 고로 그 나라에 환난이 ᄭᅳᆫ허지지 아니ᄒᆞ고 그의 ᄌᆞ식이 ᄯᅩ ᄒᆞᆫ 피ᄎᆞ 음란을 범ᄒᆞ야 그 집안이 어즈러온 가운데 되엿ᄉᆞ며 다윗이 ᄒᆞᆫ 평ᄉᆡᆼ을 근심으로 지내엿고 솔노몬왕도 지혜가 만흔 님군이로되 말년에 음란에 ᄲᅡ짐으로 ᄒᆞ나님ᄭᅴ셔 주시ᄂᆞᆫ 복을 온젼이 밧아 누리지 못ᄒᆞ엿ᄉᆞ니 참 위험ᄒᆞ도다 다윗과 솔노몬왕도 이 길에서 실패ᄒᆞ엿거든 ᄒᆞ믈며 우리가 엇지 이 길을 삼가 조심치 아니ᄒᆞ리오 그런 고로 셩경에 ᄀᆞᆯᄋᆞᄉᆞᄃᆡ 네 길을 창기의게서 멀니ᄒᆞ야 그 집 문에 갓가히 ᄒᆞ지도 말나 네 졍력이 남의게 ᄲᅢ앗기며 네 셩명이 잔인ᄒᆞᆫ 쟈들의

ᄒᆞ야 쥭 슈ᄒᆞᆯ가 두려워ᄒᆞ며 외인이 네 재물을 엇으며 네 슈고ᄒᆞᆫ 거시 외인의 집에 잇슬가 두려워ᄒᆞ라 ᄒᆞ셧고(잠五〇八〜十一) 또 ᄀᆞᆯᄋᆞᄉᆞᄃᆡ 미련ᄒᆞᆫ 녀인은 ᄯᅥ들며 어리셕어 아모것도 알지 못ᄒᆞ고 집 문에 안져 셩즁 놉흔 곳에 잇셔 길노 지나며 졍직히 가ᄂᆞᆫ 쟈를 불너 ᄀᆞᆯᄋᆞᄃᆡ 어리셕은 쟈ᄂᆞᆫ 이리로 도라오라 ᄒᆞ며 지혜 업ᄂᆞᆫ 쟈의게 닐너 ᄀᆞᆯᄋᆞᄃᆡ 도적ᄒᆞᆫ 물은 ᄃᆞᆯ고 몰ᄂᆡ 먹ᄂᆞᆫ ᄯᅥᆨ이 맛시 잇다 ᄒᆞ나 오직 그 어리셕은 쟈ᄂᆞᆫ 죽은 혼들이 거긔 잇ᄂᆞᆫ 줄을 알지 못ᄒᆞ며 그 ᄀᆡᆨ들이 음부 깁흔 곳에 잇ᄂᆞᆫ 줄을 ᄭᆡᄃᆞᆺ지 못ᄒᆞᄂᆞ니라(잠九〇十三〜十八) 또 ᄀᆞᆯᄋᆞᄉᆞᄃᆡ 계집이 여러 가지 고흔 말노 혹ᄒᆞ게 ᄒᆞ며 입셜에 아쳠ᄒᆞᄂᆞᆫ 말노 ᄭᅬ이며 소년이 곳 ᄯᆞ라

연락로와음란로 宴樂路與淫亂路

라가ᄂᆞᆫ거시맛치소가포쥬로가ᄂᆞᆫ것ᄀᆞᆺ고미련ᄒᆞᆫ쟈가쇠사슬에ᄆᆡ여형벌밧으러가ᄂᆞᆫ
것ᄀᆞᆺ도다ᄒᆞ셧ᄉᆞ며(잠七○廿二—廿三)또골ᄋᆞ샤ᄃᆡ대개너희가거륵ᄒᆞ야음란을ᄇᆞ리ᄂᆞᆫ거시하
ᄂᆞ님의ᄯᅳᆺ이라너희가각각거륵ᄒᆞ고존귀홈으로ᄌᆞ긔의안히취ᄒᆞᆯ줄을알고하ᄂᆞ님을
모르ᄂᆞᆫ이방사ᄅᆞᆷ과ᄀᆞᆺ치석욕을좃지말나ᄒᆞ셧ᄉᆞ니(살전四○三—四) 대ᄉᆞ업을일우고져ᄒᆞ
야셩취국(成就國)으로가ᄂᆞᆫ군ᄌᆞ들은삼가이길을피ᄒᆞᆯ지어다

뎨七쟝 ᄌᆞ만로 自滿路

ᄌᆞ만로(自滿路)라ᄒᆞᄂᆞᆫ거ᄉᆞᆫ이길노가ᄂᆞᆫ사ᄅᆞᆷ은ᄌᆞ만ᄒᆞᆫ싱각이ᄉᆞᄉᆞ로나ᄆᆡ제가아ᄂᆞᆫ
것과드른것과힝ᄒᆞᄂᆞᆫ쟈조가셰상사ᄅᆞᆷ우에뛰여난줄아ᄂᆞᆫ고로압흐로나아가지아니
ᄒᆞ고그길에셔늙어죽ᄂᆞ니라예수당시에ᄒᆞᆫ엇더ᄒᆞᆫ쇼년이예수ᄭᅦ나아와셔골ᄋᆞᄃᆡ션
싱님이여내가무ᄉᆞᆷ착ᄒᆞᆫ일을ᄒᆞ여야영싱을엇으리잇가ᄒᆞᆫᄃᆡ예수골ᄋᆞ샤ᄃᆡ네가영싱
에드러가려면계명들을직히라ᄒᆞ신ᄃᆡ골ᄋᆞᄃᆡ어ᄂᆞ계명이오닛가예수골ᄋᆞ샤ᄃᆡ살인
ᄒᆞ지말며간음ᄒᆞ지말며도적질ᄒᆞ지말며거즛증거ᄒᆞ지말며네부모를공경ᄒᆞ며리웃

스랑ᄒᆞ기를네몸과ᄀᆞᆺ치ᄒᆞ라ᄒᆞ셧ᄂᆞ니라ᄒᆞ시니졀은사ᄅᆞᆷ이골ᄋᆞᄃᆡ이여러계명을내가다직히엿ᄉᆞ오니아직도부족ᄒᆞᆷ이무어시잇ᄂᆞ잇가예수ㅣ골ᄋᆞ샤ᄃᆡ네가온젼ᄒᆞᆫ사ᄅᆞᆷ이되고져ᄒᆞ거든네가셔잇ᄂᆞᆫ거슬팔아가난ᄒᆞᆫ이를주라그리ᄒᆞ면하ᄂᆞᆯ에보화가잇슬거시오또와셔나를좃차라ᄒᆞ시니졀은사ᄅᆞᆷ이저물이만ᄒᆞᆫ고로이말ᄉᆞᆷ을듯고근심ᄒᆞ며가니라 (마태十九〇十六—廿二) 볼지어다이졀은사ᄅᆞᆷ의ᄌᆞ만ᄒᆞᆷ이여구세주예수의보배로온교훈을듯고도졔부족ᄒᆞᆷ을ᄭᆡ닷지못ᄒᆞ고도로혀근심ᄒᆞ면셔ᄌᆞ만ᄒᆞᆫ길노다라가ᄉᆞ니영영의복을잃엇도다셩경에골ᄋᆞ샤ᄃᆡ네가스ᄉᆞ로말ᄒᆞ기를나ᄂᆞᆫ부쟈라부요ᄒᆞ야부족ᄒᆞᆫ거시업다ᄒᆞ나네곤고ᄒᆞᆫ것과가련ᄒᆞᆫ것과가난ᄒᆞᆫ것과눈먼것과벗은거시ᄂᆞᆫ거슬아지못ᄒᆞ도다ᄒᆞ셧ᄉᆞ니 (묵三〇十七) 우리압헤잇ᄂᆞᆫᄌᆞ만로(自滿路)를샹가ᄒᆞ지어다

뎨八쟝 이심로 二心路

이심로(二心路)라ᄒᆞᄂᆞᆫ거슨이길로가ᄂᆞᆫ사ᄅᆞᆷ은두가지ᄉᆡᆼ각이저절노니러나셔신ᄒᆞᆨ을비ᄒᆞᆯ가법ᄒᆞᆨ을비ᄒᆞᆯ가농ᄉᆞ를ᄒᆞᆯ가쟝ᄉᆞ를ᄒᆞᆯ가이거슬ᄒᆞᆯ가뎌거슬ᄒᆞᆯ가이두가지ᄉᆡᆼ

각이서로나려나믹ᄒᆞᆫ가지도작뎡치못ᄒᆞ고이령뎌령어물어물금ᄀᆞᆺᄒᆞᆫ세월을다보니너불쳐쳥년시ᄃᆡ가다지ᄂᆡ가고빅발시ᄃᆡ가다ᄃᆞᆺ네ᄒᆞᆫ수업도셩취견에조ᄒᆞᆫ시ᄃᆡ다지ᄂᆡ고속절업시늙어ᄉᆞ니광ᄃᆡ텬디(廣大天地)넓은곳에쓸ᄃᆡ업ᄂᆞᆫ이몸이라탄식ᄒᆞᆫ들엇지ᄒᆞ며락심ᄒᆞᆫ들무엇ᄒᆞᆯ고무졍셰월여류(無情歲月如流)ᄒᆞᆫᄃᆡ탄식로인(歎息老人)이내로다그런고로셩경에ᄀᆞᆯᄋᆞ샤ᄃᆡ두ᄆᆞᄋᆞᆷ을품어모든일에뎡ᄒᆞᆷ이업ᄂᆞᆫ사ᄅᆞᆷ이로다(야고보一〇八ㅣ) 두ᄆᆞᄋᆞᆷ을품은쟈들아ᄆᆞᄋᆞᆷ을졍결케ᄒᆞ라(야고보四〇八ㅣ) 그런즉너희가엇더케힝ᄒᆞᆯ거슬싱각ᄒᆞ야지혜업ᄂᆞᆫ쟈와ᄀᆞᆺ치ᄒᆞ지말고오직지혜잇ᄂᆞᆫ쟈와ᄀᆞᆺ치힝ᄒᆞ야광음을앗기라이ᄯᅢ가악ᄒᆞ니라ᄒᆞ셧스니(엡五〇十五ㅣ十六ㅣ) 나의ᄉᆞ랑ᄒᆞᄂᆞᆫ쳥년동포들아지ᄂᆡ간서ᄃᆡ를ᄯᅳ러당길수업고지금맛닌쳥년시ᄃᆡ를오리머므를수업ᄂᆞ니이됴ᄒᆞᆫ쳥년시ᄃᆡ에이위험ᄒᆞᆫ이심로(二心路)를피ᄒᆞ여용밍스럽게셩취국(成就國)으로다라갈지어다

뎨九쟝 급심로 急心路

급심로(急心路)라ᄒᆞᄂᆞᆫ거슨이길에ᄂᆞᆫ돌이만코수풀이깁허길이험악ᄒᆞᆫ즁에모진바ᄅᆞᆷ이사ᄅᆞᆷ의몸을날니ᄂᆞᆫ고로사ᄅᆞᆷ이바ᄅᆞᆷ을능히이긔지못ᄒᆞ여저절노쌜니다라나다가발이돌에부듸치며몸이수풀에걸녀업더져온몸이샹ᄒᆞ야다시셩취국(成就國)으로ᄃᆞ러가지못ᄒᆞᄂᆞ니이길에셔실픠ᄒᆞᆫ사ᄅᆞᆷ의일을말ᄒᆞᆯ진ᄃᆡ텬로력뎡에급욕(急慾)이라ᄒᆞᄂᆞᆫ아희와인ᄃᆡ(忍待)라ᄒᆞᄂᆞᆫ이두아희가잇ᄂᆞᆫᄃᆡ그쥬인이그두아희의게ᄂᆡ년에주마고허락ᄒᆞᆫ복이잇ᄂᆞᆫ고로인ᄃᆡ(忍待)ᄂᆞᆫ졍대ᄒᆞᆫ얼골노참고기ᄃᆞ리되급욕(急慾)은일년을기ᄃᆞ리지못ᄒᆞ여근심ᄒᆞᄂᆞᆫ빗출ᄯᅴ고급히밧기를ᄇᆞ라더니엇더ᄒᆞᆫ사ᄅᆞᆷ이보물젼ᄃᆡ를급욕(急慾)의압헤솟아노흐ᄆᆡ급욕(急慾)이깃븐ᄆᆞᄋᆞᆷ으로취ᄒᆞ여가지고인ᄃᆡ(忍待)를비웃스며가더니몃날이못되여그보물을다업시ᄒᆞ고람루ᄒᆞᆫ의복으로ᄃᆞᆫ니ᄂᆞᆫ거슬보앗스나인ᄃᆡ(忍待)ᄂᆞᆫ참고기ᄃᆞ리다가그긔한을당ᄒᆞᄆᆡ무궁ᄒᆞᆫ영광의복을밧앗스며녯날에셔ᄂᆞᆫᄒᆞᆫᄯᅢ비곱ᄒᆞᆫ거슬참지못ᄒᆞ야영원ᄒᆞᆫ쟝ᄌᆞ의업을ᄒᆞᆫ그릇팟쥭에팔앗스ᄆᆡ그후에익통ᄒᆞ며구ᄒᆞ엿스나엇지못ᄒᆞ엿고(히브리十二〇十六ㅣ十七ㅣ) ᄯᅩ녯날엇더ᄒᆞᆫ사ᄅᆞᆷ이몃만원가티되ᄂᆞᆫ지극히귀ᄒᆞᆫ보물을엇어가지고비를타고강을건너갈

식강젼나기를증지못ᄒᆞ며 급ᄒᆞᆫᄆᆞ음으로ᄑᆞᆷ속에셔그보물을선ᄂᆡ여보다가실수ᄒᆞ여 그보물을ᄭᆡ트린가온ᄃᆡ 셰ᄭᅡ지쳣스니슬프다이사ᄅᆞᆷ들의ᄉᆞ업을셜패케ᄒᆞᄂᆞᆫ원수ᄂᆞᆫ곳 급ᄒᆞᆫᄆᆞ음이로다 그런고로동양명담에급ᄒᆞᆫ셔에ᄂᆞᆫ일우워던일이업어진다 (急擲成事難)ᄒᆞ엿고또셔경에 ᄀᆞᆯᄋᆞᄉᆡᄃᆡ너희가욕심을ᄂᆡ여도엇지못ᄒᆞ고살인ᄒᆞ며싀긔 ᄒᆞ여도능히취ᄒᆞ지못ᄒᆞᄂᆞᆫ지라너희가다토고싸호ᄂᆞᆫ도다너희가엇지못ᄒᆞᆷ은구ᄒᆞ지 아니ᄒᆞᆷ이오구ᄒᆞ여도밧지못ᄒᆞᄂᆞᆫ거슨졍욕으로쓰랴고잘못구ᄒᆞᆷ이라ᄒᆞ셧고(야고보四〇二三) 또ᄀᆞᆯᄋᆞᄉᆡᄃᆡ그런고로형뎨들아기리ᄎᆞᆷ아주ᄂᆞ리라나시기를기ᄃᆞ리라보지어다농 부가ᄯᅡ에셔나ᄂᆞᆫ귀ᄒᆞᆫ열ᄆᆡ를ᄇᆞ라고기리ᄎᆞᆷ아일으고느즌비를기ᄃᆞ리ᄂᆞ니라ᄒᆞ셧스 니 (야고보五〇七) 이급심로(急心路)를피ᄒᆞ여가ᄂᆞᆫ발조최ᄂᆞᆫ우편발은ᄎᆞᆷ음(右足忍) 이오좌편발은견ᄃᆡᆷ(左足耐)이라이ᄎᆞᆷ고견ᄃᆡ고ᄎᆞᆷ고견ᄃᆡᄂᆞᆫ발조최를조조ᄂᆞᆫ니면잘 피ᄒᆞ여갈수잇ᄂᆞ니라오호(嗚呼)라우리나라동포들은무슴됴흔ᄉᆞ업을시작ᄒᆞᆯ때에 ᄂᆞᆫ급ᄒᆞᆫᄆᆞ음으로곳불일간에셩취ᄒᆞᆯ쥴노ᄉᆡᆼ각ᄒᆞ다가몃날이못되여인내심 (忍耐心)이업셔지며(懈惰)로폐망ᄒᆞᄂᆞ니그런고로우리나라사ᄅᆞᆷ들이셩샹괄구

急心路 급심로

(十常八九)나다이길노다라가셔실패를당ᄒᆞ는도다나의ᄉᆞ랑ᄒᆞ는동포들이여인ᄂᆡ(忍耐)의발조최를샐니놀녀이급심로(急心路)를피ᄒᆞᆯ지어다이우에여러갈ᄂᆡ길노가는사ᄅᆞᆷ들은다ᄉᆞᄉᆞ로패망ᄒᆞ고그즁에졍로(正路)가잇ᄉᆞ니이길은바로셩취국(成就國)으로통ᄒᆞᆫ길이라혹엇더ᄒᆞᆫ사ᄅᆞᆷ들은이길노바로향ᄒᆞ여뎡의문(定意門)으로드러가ᄂᆞ니라

뎨十장 뎡의문 定意門

뎡의문(定意門)이라ᄒᆞ는거ᄉᆞᆫ아모사ᄅᆞᆷ이던지이문으로드러가면무ᄉᆞᆷ셩각이ᄒᆞᆫ가지뜻으로작뎡이되는고로이문일홈을뎡의문(定意門)이라ᄒᆞᆫ거시라이문으로드러가는사ᄅᆞᆷ들은남녀로쇼를물론ᄒᆞ고그문만두ᄃᆞ리면그문직히는쥬인이잇서셔그소리를듯고문을열어주며반가히영졉ᄒᆞ야드리고그사ᄅᆞᆷ들의지질(才質)을시험ᄒᆞ여각각포지를난화주되박ᄉᆞ와셩현과문쟝과목ᄉᆞ와교ᄉᆞ와의ᄉᆞ와대쟝과벼슬과농업과공업과샹업과부쟈와이모든ᄉᆞ업에표니이표를그사ᄅᆞᆷ들의게그지조ᄃᆡ로난화주어셩취국(成就國)으로보ᄂᆡᄂᆞ니라녯날이스라엘나라에모세라ᄒᆞ는셩현은이급궁

즁에잇슬ᄯᅢ에ᄋᆡ급왕바로의위를니어그나라님군이되여이셰상영광을밧아누릴긔회가잇지만은조긔의싱각에이ᄋᆡ급궁즁에셔셰상영광을밧는거시나의동족으로더브러고싱을당ᄒᆞ는것만ᄀᆞᆺ지못ᄒᆞ다ᄒᆞ고조긔의동족을환난즁에셔구원ᄒᆞ여닉기를작뎡ᄒᆞᆫ고로이스라엘빅셩의구쥬가되엿고또이스라엘빅셩들이이ᄋᆡ급을ᄯᅥ나가나안복디로드러갈시열두졍탐군을턱뎡ᄒᆞ야가나안ᄯᅡ에드러보니여그곳졍형을졍탐ᄒᆞ여가지고도라와셔보고ᄒᆞᆯᄯᅢ에가나안민족의강대ᄒᆞᆷ을두려워ᄒᆞ야이스라엘모든빅셩들이그ᄯᅡ에드러가기를작뎡ᄒᆞ지못ᄒᆞ고싱각이도로ᄋᆡ급을향ᄒᆞ엿스나오직갈녑파여호수아는가나안ᄯᅡ에드러갈ᄯᅳᆺ을용밍스럽게작뎡ᄒᆞᆫ고로이스라엘수빅만민족을가나안복디로인도ᄒᆞ여드러가셔대ᄉᆞ업을셩취ᄒᆞ여이스라엘민족으로ᄒᆞ여곰태평안식을누리게ᄒᆞ엿고또덕국에누터션싱은예수교에ᄎᆞᆷ된리치와신령ᄒᆞᆫ도리가사ᄅᆞᆷ의유젼파교황의권셰아릭에가리운바가되여교회가흑암시ᄃᆡ를당ᄒᆞᆷ으로크게기탄ᄒᆞ다가ᄯᅳᆺ을굿게작뎡ᄒᆞ고교회를깅졍(更正)ᄒᆞ여나아가는길에위험ᄒᆞᆫ핍박파쳔만고난을당ᄒᆞ엿스나그작뎡ᄒᆞᆫᄯᅳᆺ을조곰도변ᄀᆡ치아니ᄒᆞᆫ고로현금텬하만국에광명

ᄒᆞᆫ대도를드러닉엿스며이스바니아에골놈보논대륙(大陸)을발견(發見)ᄒᆞ려고ᄯᅳᆺ을작뎡ᄒᆞ고대양(大洋)을건널ᄯᅢ에망망ᄒᆞᆫ히파즁(茫茫海波中)에셔쳔신만고(千辛萬苦)를당ᄒᆞ엿스되처음작뎡ᄒᆞᆫᄯᅳᆺ을변치아니ᄒᆞᆫ고로필경에아미리ᄭᅡ대륙(大陸)을발견(發見)ᄒᆞ여인간에대ᄉᆞ업을셩취ᄒᆞ엿스며또현금시ᄃᆡ에영국스카틀난드사ᄅᆞᆷ안듸류、가너기논본릭집이간난ᄒᆞ야가족싱활이극히곤난ᄒᆞᆷ이비ᄒᆞᆯᄃᆡ업스며그부모량친이ᄆᆡ일탄식으로셰월을보닉더니이ᄯᅢ에안듸류、가너기나히아홉살이라그ᄯᅢ에ᄆᆞᄋᆞᆷ을굿세히작뎡ᄒᆞ기를이호랑이와ᄀᆞᆺᄒᆞᆫ빈궁ᄒᆞᆫ독을내가그혀히나의가뎡밧긔닉여ᄶᅩᆺ고부모의ᄆᆞᄋᆞᆷ을깃브게ᄒᆞ고가뎡에쾌락을누리게ᄒᆞ리라ᄒᆞ고아홉살난그히에미국으로건너가셔처음으로목면공쟝(木棉工塲)에셔로동ᄒᆞᆯᄯᅢ브터그져간볕별ᄒᆞᆫ고싱을만히당ᄒᆞ엿스나그렬셕ᄀᆞᆺ치작뎡ᄒᆞᆫᄆᆞᄋᆞᆷ을ᄯᅳᆺ서지집은고로지금셰계에뎨일갑부가되여강렬대왕의일홈ᄭᅡ지엇은지라또녯날동양에엇더ᄒᆞᆫ로인이잇논ᄃᆡ그로인의집에강산이졀승ᄒᆞ야그경치가심히아름다오나다만그집압헤산봉이가로막힌고로그집을구경ᄒᆞ논사ᄅᆞᆷ마다그압산을혐의ᄒᆞ고그집쥬인로인도그압산

뎡의문 定意門

이막힌거슬ᄒᆞᆼ샹단식ᄒᆞ더니ᄒᆞᆫ날은그로인이뜻을굿게작뎡ᄒᆞ기를내가이산을허러업시ᄒᆞ리라ᄒᆞ고그압산에올나가셔나무를찍어지게를만ᄃᆞᆯ고싸리를버혀삼치를역거가지고ᄆᆡ일일쥭이니러나셔그압산에올나가흙을파셔져다가먼웅ᄃᆡ리에ᄇᆞ리고ᄒᆞ기를몃날이못되여셔ᄒᆞ로아츰에흑운이쳔던을덥흐며뢰셩벽력(雷聲霹靂)이텬디를진동ᄒᆞ더니큰비가폭쥬(暴注)ᄒᆞ여산을문허쳐옴기미쳥강록슈ᄂᆞᆫ압헤흐르고만악쳔봉은좌우에둘녓스니일도에금슈강산을일우운지라크도다이로인의뜻을작뎡ᄒᆞᆷ과ᄆᆞᄋᆞᆷ을결단ᄒᆞᆷ이여산쳔이응답ᄒᆞ며벽력이복죵ᄒᆞ미능히하ᄂᆞᆯ을흔들며싸을음작이ᄂᆞᆫ도다볼지어다뎌로인의결심ᄒᆞᆷ이능히산을옴기거든ᄒᆞ믈며쳥년에결심ᄒᆞᆷ과뜻을작뎡ᄒᆞᆷ이리오우리쳥년의결심ᄒᆞᆷ과뜻을작뎡ᄒᆞᄂᆞᆫ압헤ᄂᆞᆫ귀신이라도통곡을ᄒᆞ고산쳔이라도셜닐거시오만물이라도복죵을ᄒᆞ리로다뎌‖국명담에셰계ᄂᆞᆫ용ᄆᆡᆼ잇ᄂᆞᆫ쟈의소유물이라ᄒᆞ엿고ᄯᅩ우리나라격언에시작이반이라ᄒᆞ엿스니이모든말은뜻을작뎡ᄒᆞᄂᆞᆫ거시만ᄉᆞ를셩취ᄒᆞᆷ에어려온일이업ᄂᆞᆫ거슬ᄀᆞᄅᆞ침이로다셩경에ᄀᆞᆯᄋᆞ샤ᄃᆡ ᄆᆞᄋᆞᆷ을굿게뎡ᄒᆞᆫ쟈를쥬ᄭᅴ셔직히시고온젼히평강을엇게ᄒᆞ심은쥬를의뢰ᄒᆞᆷ이라

(이샤야卅 六ㅇ三ㅣ) 또 ᄀᆞᆯᄋᆞ샤ᄃᆡ 여호와를ᄇᆞ랄지니굿세히셔셔네ᄆᆞᄋᆞᆷ을견고케ᄒᆞᆯ지어다 (시편卄七 ㅇ十四ㅣ) 또 ᄀᆞᆯᄋᆞ샤ᄃᆡ 셔여밋음에굿게셔셔쟝부가되여강건ᄒᆞᆯ지어다 (고젼十六 ㅇ十三ㅣ) 또 ᄀᆞᆯᄋᆞ샤ᄃᆡ 좁은문으로드러가셔문을두ᄃᆞ리면열어주시리라ᄒᆞ셧ᄂᆞ니라 (마태七ㅇ十 三ㅣ七ㅣ)

詩曰 시에ᄀᆞᆯᄋᆞᄃᆡ

定意咫尺間 뎡의문지쳑ᄉᆞ이에

人稀遲沓班 사ᄅᆞᆷ이드물미길에잇기가아르락ᄒᆞ엿도다

水何終流轉 물은엇지ᄒᆞ야맛ᄎᆞᆷᄂᆡ흘너구ᄂᆞ뇨

山自不動閑 산은스ᄉᆞ로동치안코ᄒᆞᆫ가ᄒᆞ도다

十死猶能守 열번죽을지라도오히려맛당히직힐거시오

萬夫不可關 일만그지아비라도가히막지못ᄒᆞ리로다

若非從此去 만일이로좃차가지아니ᄒᆞ면

就國幾時還 셩취국을어ᄂᆞ때에도라올고

뎨十一장 모안로 謀安路

이문을지나면열마가지못ᄒᆞ여셔모안로(謀安路)라ᄒᆞᄂᆞᆫ디경이잇ᄉᆞ니셩취국(成就國)으로가ᄂᆞᆫ사ᄅᆞᆷᄃᆞᆯ은다이디경을지나셔야될터인듸사ᄅᆞᆷ마다이디경에니르러ᄆᆞᄋᆞᆷ가온듸편안케ᄒᆞᆷ을도모ᄒᆞᄂᆞᆫ싱각이ᄉᆞᄉᆞ로니러나셔엇더케이육신을편안케ᄒᆞ며엇더케ᄆᆞᄋᆞᆷ을즐겁게ᄒᆞᆯ고ᄒᆞᄂᆞᆫ이런싱각이나ᄂᆞᆫ고로이디경일홈을모안로(謀安路)라ᄒᆞᆫ거시라그런고로구주에수되셔편안ᄒᆞᆷ을도모ᄒᆞᄂᆞᆫ어리셕은자의게비유ᄒᆞ야ᄀᆞᄅᆞ샤되ᄒᆞᆫ부쟈의밧헤소츌이풍셩ᄒᆞ매심즁에싱각ᄒᆞ야ᄀᆞᆯᄋᆞ되내가곡식ᄊᆞ하둘곳이업ᄉᆞ니엇지ᄒᆞᆯ고ᄒᆞ고ᄯᅩᄀᆞᆯᄋᆞ되내가이리케ᄒᆞ리니내곡간을헐고더크게짓고내모든곡식과물건을거긔ᄊᆞ하두리라ᄒᆞ고ᄯᅩ내가내령혼의게닐ᄋᆞ되령혼아물건이만ᄒᆞ여러ᄒᆡ쓸거슬ᄊᆞ하두엇ᄉᆞ니편안히쉬고먹고마시고즐거워ᄒᆞ자ᄒᆞ되오직하ᄂᆞ님은닐ᄋᆞ샤되어리셕은쟈여오ᄂᆞᆯ밤에네령혼을도로ᄎᆞ질ᄌᆞᆨ인즉네예비ᄒᆞᆫ거시뉘거시되겟ᄂᆞ냐ᄒᆞ셧ᄂᆞ니라(누가十二ㅣ十六ㅡ廿)볼지어다편안ᄒᆞᆷ을도모ᄒᆞᄂᆞᆫ길에ᄂᆞᆫ위티ᄒᆞᆫ일이잇도다셩경에ᄀᆞᆯᄋᆞ샤되편안ᄒᆞᆯ때에위티ᄒᆞᆫ거슬닛지마라ᄒᆞ셧ᄉᆞ니사ᄅᆞᆷ이편안ᄒᆞᆷ을도모ᄒᆞᄂᆞᆫ싱각은위험ᄒᆞᆫ화를부르ᄂᆞᆫ음셩이로다

뎨十二쟝 귀타(懈惰)의형상(形像)

그런고로이모안로디경(謀安路地境)길가온듸ᄒᆞᆫ곤ᄀᆞ피약ᄒᆞᆫ즘싱이잇ᄉᆞ니그형상이괴괴망측ᄒᆞ고그셩품이흉악ᄒᆞ야히리ᄂᆞᆫ길고그몸과머리ᄂᆞᆫ심히크고그입이대단히넓어셔큰사ᄅᆞᆷ이라도능히ᄒᆞᆫ입으로삼키ᄂᆞᆫ지라그러나그비발은심히ᄶᆞᆲ은고로힘써셜니ᄃᆞ라나ᄂᆞᆫ사ᄅᆞᆷ은ᄯᆞ로지못ᄒᆞ야먹지못ᄒᆞᄂᆞ니그런고로이즘싱이주림ᄯᅢ에ᄂᆞᆫᄒᆞᆼ샹먹ᄂᆞᆫ식물이잇ᄉᆞ니그식물일홈은담배와아편이니라

뎨十三쟝 담배 烟草

담배라ᄒᆞᄂᆞᆫ거슨이흉악ᄒᆞᆫ즘싱이즐기ᄂᆞᆫ식물이오사ᄅᆞᆷ을히롭게ᄒᆞᄂᆞᆫ독약이로다쳣지ᄂᆞᆫ사ᄅᆞᆷ의몸을히롭게ᄒᆞᄂᆞᆫ독ᄒᆞᆫ긔운이잇ᄂᆞ니담배를ᄒᆞᆼ샹먹으면담배진이뇌수(腦髓)에ᄇᆡ여그졍신을흐리게ᄒᆞ며그담을셩케ᄒᆞ며그피를드리우며그긔운을감ᄒᆞ고둘지ᄂᆞᆫ지산경제(財産經濟)의방ᄒᆡ가되ᄂᆞ니싱각ᄒᆞᆯ지어다우리나라수다ᄒᆞᆫ동포즁에가령일쳔만명만먹ᄂᆞᆫ거슬싱각ᄒᆞ여도ᄆᆡ명의ᄆᆡ일일젼식만계산ᄒᆞᆯ지라도ᄒᆞᆫ날에

허비ᄒᆞᄂᆞᆫ담빅갑시십만원이오일년에삼쳔륙빅오십만원의거익이연긔롤ᄯᅡ라공즁으로흣터지ᄂᆞ니ᄎᆞᆷ가셕ᄒᆞ도다일년치만가지고라도나라에큰공익을일우울수도잇고불샹ᄒᆞᆫ동포롤위ᄒᆞ야아름다온ᄌᆞ션ᄉᆞ업을셩취ᄒᆞᆯ수잇ᄉᆞ니그런즉나ᄒᆞᆫ사롬이ᄆᆡ일일전식허비ᄒᆞᄂᆞᆫ거슬엇지적게녁이리오셋재ᄂᆞᆫ시간경제(時干經濟)의방히니일쳔만명이담비먹ᄂᆞᆫ시간허비ᄒᆞᄂᆞᆫ거슬ᄆᆡ일십분식만계산ᄒᆞᆯ지라도일년에헛되히지ᄂᆡᄂᆞᆫ광음을도합ᄒᆞᆫ즉륙만구쳔칠빅여년이ᄃᆞ라나ᄂᆞᆫ지라엇지놀납지아니리오

뎨十四쟝 아편 鴉片

ᄯᅩ아편이라ᄒᆞᄂᆞᆫ약이사롬을패망케ᄒᆞᄂᆞᆫ심ᄒᆞᆫ독이잇ᄂᆞᆫ거슬엇지말노다ᄒᆞ리오이아편연을ᄲᆡᆯ거나아편침을맛ᄂᆞᆫ사롬의게이약독이첫재ᄂᆞᆫ그ᄆᆞ음을패케ᄒᆞᄂᆞ니졍신을ᄒᆞᆫ미케ᄒᆞ며용밍의ᄉᆞ샹을소멸ᄒᆞ미아모일에던지작뎡ᄒᆞᄂᆞᆫ결심을일허ᄇᆞ리ᄂᆞᆫ고로이약을먹ᄂᆞᆫ사롬들은이약이괴악ᄒᆞᆫ줄을알고도능히ᄉᆞᄉᆞ로ᄭᅳᆫ허ᄇᆞ리지못ᄒᆞ며둘재ᄂᆞᆫ그몸을망케ᄒᆞᄂᆞ니노(腦)롤약ᄒᆞ케ᄒᆞ며비위(脾胃)의진익을몰니우고폐(肺)롤약ᄒᆞ게ᄒᆞ며피롤몰니우며근육(筋肉)을연약케ᄒᆞᄂᆞ니그셩명이셰샹에오ᄅᆡ머물지못ᄒᆞ고셋재ᄂᆞᆫ지산을패망케ᄒᆞᄂᆞᆫ거ᄉᆞᆫ말ᄒᆞ지아니ᄒᆞ여도다알거시어니와이약을먹ᄂᆞᆫ사롬은무ᄉᆞᆷ실업을ᄒᆞᆯ싱각도업고ᄯᅩ능히ᄒᆞᆯ수도업슬ᄲᅮᆫ더러밋쳔사롬ᄀᆞᆺ치그지산의귀ᄒᆞᆫ거슬셰ᄂᆞᆺ지못ᄒᆞᄂᆞᆫ고로귀ᄒᆞᆫ지산을허랑방탕히허비ᄒᆞ미필경은ᄌᆞ긔쳐ᄌᆞ셔지파라먹ᄂᆞᆫ악습이싱기ᄂᆞᆫ지라오호통지(嗚呼痛哉)라일간두옥찬방안에이십쳥츈ᄭᅩᆺ다온몸이어린ᄌᆞ식의손을잡고긔한을이긔지못ᄒᆞ야한숨으로날을지ᄂᆡ며쇠ᄒᆞᆫ눈물노셰월을보ᄂᆡᄂᆞᆫ뎌쳥년부인이뉘집부인이뇨이아편연을먹ᄂᆞᆫ어리셕은쳥년남ᄌᆞ의안해가아니뇨삼복염텬에루덕이롤주어닙고허리롤구푸리고잔ᄒᆞᆫ긔침을쿨렁쿨렁ᄒᆞ며더러온형샹으로도로방황(途路彷徨)ᄒᆞ야면면걸식(轉輾乞食)ᄒᆞᄂᆞᆫ쟈가뎌누구뇨아편연을먹ᄂᆞᆫ어리셕은쳥년남ᄌᆞ가아니며뎌깁ᄒᆞᆫ옥즁에셔붉근옷을닙고사슬을차고강도절도(强盜竊盜)로딩역을ᄒᆞᄂᆞᆫ뎌쳥년들이다이아편을먹ᄂᆞᆫ악ᄒᆞᆫ쳥년들이아니고누구뇨눈을들어멀니ᄉᆞᆲ혀보라뎌지라에ᄉᆞ억인죡이능히ᄉᆞᄉᆞ로셔지못ᄒᆞ여가련ᄒᆞᆫ지경을당ᄒᆞ고그나라에위태ᄒᆞᆷ이ᄒᆞᆫ기식알이쳔근돌에지줄니운형세롤

일우은거ᄉᆞᆫ젼국인민즁에이악ᄒᆞᆫ아편을먹ᄂᆞᆫ쟈가만흔고로나라형셰가그ᄀᆞᆺ치되엿다홈도과격ᄒᆞᆫ말이아니로다그런즉이담비와아편두가지물건은더흉악ᄒᆞᆫ즘셩이즐겨먹ᄂᆞᆫ식물(植物)이분명ᄒᆞ도다그런고로담비와아편은더모안로(謀安路)디경에소산물(所産物)이니라셩경에ᄀᆞᆯᄋᆞ샤ᄃᆡ맛당히범ᄉᆞ를ᄉᆞᆯ펴됴흔거슬취ᄒᆞ고모든악ᄒᆞᆫ거ᄉᆞᆫ모양이라도ᄇᆞ리라ᄒᆞ셧ᄂᆞ니라(살젼五〇廿一〜廿二)

뎨十五쟝 히타(懈惰)의힝동(行動)

ᄯᅩ이즘셩이입으로악ᄒᆞᆫ내암셔를토ᄒᆞ면악ᄒᆞᆫ긔운이더모안로(謀安路)ᄉᆞ면에가득ᄒᆞ야길힝ᄒᆞᄂᆞᆫ사ᄅᆞᆷ이이내음셔를ᄒᆞᆫ번맛흐면무등쟝ᄉᆞ(無等壯士)라도취ᄒᆞ여업더지ᄂᆞ니그후에이즘셩이즉시그사ᄅᆞᆷ을통으로먹ᄂᆞ니라이즘셩의일홈이히타(懈惰)니이히타ᄂᆞᆫ마귀의ᄉᆞᄌᆞ별명이니라그런고로셩경에ᄀᆞᆯᄋᆞ샤ᄃᆡ맛당히존절ᄒᆞ며셔여라너희의ᄃᆡ뎍마귀가우ᄂᆞᆫᄉᆞᄌᆞ와ᄀᆞᆺ치두루ᄃᆞᆫ니며삼킬쟈를찻ᄂᆞ니라ᄒᆞ셧ᄂᆞ니라(베젼五〇八) 본ᄅᆡ하ᄂᆞ님ᄭᅴ셔텬디만물을창조ᄒᆞ시고아담이와를ᄂᆡ신후에하ᄂᆞ님의명령을슌죵ᄒᆞ야직히면억만년태평ᄒᆞᆫ안락과무궁ᄒᆞᆫ복록을누리게ᄒᆞ셧더니이두사ᄅᆞᆷ이ᄒᆞᆫ번하ᄂᆞ님의명령을어긔고죄를범ᄒᆞᆫ후에이셰샹에여러가지피로온일이싱긴즁에이괴악ᄒᆞᆫ히타(懈惰)즘셩이이모안로(謀安路)디경에비로소싱겻ᄂᆞᆫ지라이즘셩이이길에ᄒᆞᆼ샹업ᄃᆡ여잇다가셩취국(成就國)으로드러가ᄂᆞᆫ사ᄅᆞᆷ마다잡아먹ᄂᆞᆫ고로셩취국(成就國)으로드러가ᄂᆞᆫ사ᄅᆞᆷ이적으ᄆᆡ그나라에직분을맛하누리ᄂᆞᆫ이가별노업ᄂᆞᆫ고로하ᄂᆞ님ᄭᅴ셔소원셩(所願城)사ᄅᆞᆷ들을심히불샹히녁이샤일쳔구ᄇᆡᆨᄉᆞ년젼에구쥬예수를더소원셩(所願城)에강싱식혀셩신의권능으로모든사ᄅᆞᆷ을환란즁에셔구원케ᄒᆞ시고ᄯᅩ신령ᄒᆞᆫ인긔를주샤셩취국(成就國)으로드러가게ᄒᆞ신지라그런고로셩경에ᄀᆞᆯᄋᆞ샤ᄃᆡ이후로브터누구던지나를피롭게말나내몸에예수의인친ᄒᆞᆫ젹을가지고가노라(갈나듸아六〇十七) ᄯᅩᄀᆞᆯᄋᆞ샤ᄃᆡ이셩신으로말미암아너희가인치심을밧아구쇽ᄒᆞᄂᆞᆫ날ᄭᆞ지니르리라ᄒᆞ셧ᄂᆞ니라(엡四〇三十) 그런고로예수를밋ᄂᆞᆫ사ᄅᆞᆷ들은이인긔를주어셩취국(成就國)으로드러가게ᄒᆞ되그나라에드러가셔그직분을다ᄒᆞᆫ후에그나라에셔ᄯᅥ나영싱국(永生國)ᄭᆞ지드러가셔영원ᄒᆞᆫ안락을누리게ᄒᆞ시며예

수를밋는사름마다셩신의인귀를가지고뎡의문(定意門)으로드러가면그문쥬인이
반가히영졉ᄒᆞᆫ후에각사름의지젼을보아무숨표던지난화주고경셩갑옷(警醒甲)을
닙혀모안로(謀安路)를지날때에더히리(懈惰)즁싱의히를피케ᄒᆞᄂᆞ니라

뎨十六장　경셩갑옷　警醒甲

이경셩갑옷은아모사름이나닙으면몸이가바얍고졍신이시로워용맹이나셔거름이
썰나지며히태(懈惰)즁싱이능히샹ᄒᆞ지못ᄒᆞᄂᆞᆫ고로이갑옷일홈을경셩갑옷(警醒
甲)이라ᄒᆞᄂᆞ니라그런고로셩경에골ᄋᆞ샤되깨쟈는자에게주은가오되깨셔니라
라그리스도께셔비취시리라(에五○十四) 또골ᄋᆞ샤되또ᄒᆞᆫ너희가이때를아ᄂᆞ니
곳자다가깰때가이제니우리들구원홈이처음밋을때보다갓가오니라그런고
로맛당히깰지어다어느날에너희주씌셔림ᄒᆞᆯ줄을너희가아지못ᄒᆞᄂᆞ니라(마二十四○四十二)
또예수골ᄋᆞ샤되써어그도ᄒᆞ여시험에들지안케ᄒᆞ여라ᄆᆞᄋᆞᆷ에는원이로되육신이약
ᄒᆞ도다ᄒᆞ셧고(마二十六○四十一) 또골ᄋᆞ샤되하ᄂᆞ님의젼신갑주를닙고능히셔마귀의

궤계를디뎍ᄒᆞ라ᄒᆞ셧스니(에六○十一) 볼지어다이로보건디셰샹에잇는거시원수를막
는츙갑옷이로다

뎨十七장　마귀의회의　魔鬼의會議

예수의인귀를가지고는셩취국(成就國)으로드러가는사름이만ᄒᆞ므로마귀의넘군
사단이제가차디ᄒᆞᆫ셩에잇는빅셩들이다엇서지는거술보고심히근심ᄒᆞ야여러신하
샤귀들을불너모화어젼회의(御前會議)를크게열고분분히서로의론ᄒᆞ야골ᄋᆞ되젼
에는소원셩(所願城)빅셩들이셩취국(成就國)으로드러가는자가적고영싱국(永生
國)이잇는거슬자세히아지도못ᄒᆞ고또ᄒᆞᆫ능히드러가기도어렵더니지금은예수의
인귀를가지고셩취국(成就國)으로드러가기가쉬온고로이소원셩(所願城)에히다ᄒᆞᆫ
빅셩들이모다셩취국(成就國)으로드러갈뿐더러영싱국(永生國)ᄭᆞ지가는사름이만
ᄒᆞ니우리소원셩(所願城)빅셩들이장ᄎᆞ다엇서질지라명령으로ᄆᆞᄋᆞᆷ을다ᄒᆞ야긔히셩
각ᄒᆞ여셩취국(成就國)으로드러가지못ᄒᆞ게ᄒᆞᆯ방칙과영싱국(永生國)에드러가는길

을막을묘칙을궁구ᄒᆞ라ᄒᆞ니문득세신하가일시에나아와알외여ᄀᆞᆯᄋᆞᄃᆡ신등이막을
방칙을올니리다ᄒᆞᆫᄃᆡ왕이ᄀᆞᆯᄋᆞᄃᆡᄒᆞᆫ신하식말ᄒᆞ라ᄒᆞ니ᄒᆞᆫ신하가알외여ᄀᆞᆯᄋᆞᄃᆡ신이
계교를ᄉᆡᆼ각컨ᄃᆡ셩취국(成就國)으로가ᄂᆞᆫ사ᄅᆞᆷ들과말ᄒᆞ기를셩취국(成就國)으로갈
지라도무익ᄒᆞ고영ᄉᆡᆼ국(永生國)이잇다ᄂᆞᆫ말은도모지허망ᄒᆞᆫ말이니이런허망ᄒᆞᆫ일
노공연이고ᄉᆡᆼ만ᄒᆞ지말고ᄲᆞᆯ니소원셩(所願城)으로도라가라ᄒᆞ면족히막을방칙이
될듯ᄒᆞ여이다ᄒᆞᆫᄃᆡ왕이ᄀᆞᆯᄋᆞᄃᆡ이ᄂᆞᆫ무지ᄒᆞᆫ말이니그계교ᄂᆞᆫ도모지쓸ᄃᆡ업다ᄒᆞᆫᄃᆡᄯᅩ
ᄒᆞᆫ신하가나아와알외여ᄀᆞᆯᄋᆞᄃᆡ신이ᄒᆞᆫ묘ᄒᆞᆫ계교가잇ᄉᆞ오니이제그계교를올니리다
신이셩취국(成就國)으로가ᄂᆞᆫ사ᄅᆞᆷ들과말ᄒᆞ기를셩취국(成就國)에드러가ᄂᆞᆫ거시됴
코영ᄉᆡᆼ국(永生國)이잇ᄂᆞᆫ거시분명ᄒᆞ지만은ᄅᆡ일에즐거온거시오ᄂᆞᆯ날즐거온것만
ᄀᆞᆺ지못ᄒᆞ고명년에평안ᄒᆞᆷ이금년에평안ᄒᆞᆫ것만ᄀᆞᆺ지못ᄒᆞᄂᆞ니더모안로(謀安路)지
경에강산이졀승ᄒᆞ고각쳐에경ᄀᆡ가아름다온고로놀기도됴코가히안락을누릴만ᄒᆞᆫ
곳이라ᄉᆞ쳐에혼미화(昏迷花)아름다온빗출구경ᄒᆞ야눈을즐겁게ᄒᆞ며그향긔러온
내음새로코를싀롭게ᄒᆞ고만일목마르면무긔쳔(無氣泉)심물이나ᄯᅥ마시며ᄯᅩ심회

가울젹ᄒᆞᆯ때에ᄂᆞᆫ망리슈(忘理樹)나무아래셔ᄆᆞᆰ은바람이나쏘이고더놉고경치됴ᄒᆞᆫ
다슈산(多睡山)에올나가셔밤낫잠이나자셔그귀중ᄒᆞᆫ육신을평안케ᄒᆞᆷ이됴흐리라
ᄒᆞ면이방칙이막을만ᄒᆞᆫ묘ᄒᆞᆫ방칙이될듯ᄒᆞ올세다

뎨十八장 혼미화 昏迷花

혼미화(昏迷花)라ᄒᆞᆫ쏫은사ᄅᆞᆷ이그쏫에아름다온빗출ᄒᆞᆫ번보고그향긔러온내음새
를ᄒᆞᆫ번ᄆᆞᆺᄒᆞ면졍신이혼미ᄒᆞ여져셔제가위험ᄒᆞᆫ자리에셧ᄂᆞᆫ지멸망ᄒᆞᆯ곳에잇ᄂᆞᆫ지ᄭᆡ
ᄃᆞᆺ지못ᄒᆞ며필경은큰시험에ᄲᅡ지ᄂᆞ니그런고로이쏫일홈을혼미화(昏迷花)라ᄒᆞᄂᆞ
니라셩경에ᄀᆞᆯᄋᆞ샤ᄃᆡ오직각사ᄅᆞᆷ이시험을밧ᄂᆞᆫ거ᄉᆞᆫ제욕심에ᄭᅳᆯ녀미혹ᄒᆞᆷ이라(야곱一〇
十四)ᄯᅩᄀᆞᆯᄋᆞ샤ᄃᆡ내형뎨들아너희중에미혹ᄒᆞ야진리를ᄯᅥ나ᄂᆞᆫ자를누가도라서게ᄒᆞ면
맛당히알거ᄉᆞᆫ이거시니죄인을미혹ᄒᆞᆫ길에서도라서게ᄒᆞᄂᆞᆫ자가령혼을구원ᄒᆞ야죽
지안케ᄒᆞ고허다ᄒᆞᆫ죄를덥흐리라ᄒᆞ셧ᄂᆞ니라(야곱보五〇十九ㅣ卄ㅣ)

뎨十九장 무긔쳔 無氣泉

무긔쳔(無氣泉)이라ᄒᆞᄂᆞᆫ물은사ᄅᆞᆷ이물을ᄒᆞᆫ번ᄯᅥ마시면아모긔운도업서져셔조곰도음작이기가슬흔고로그일홈을무긔쳔(無氣泉)이라ᄒᆞᆫ거시라셩경에무긔ᄒᆞᆫ쟈를쳑망ᄒᆞ야ᄀᆞᆯᄋᆞ샤ᄃᆡ내가네힝위를아노니네가차지도아니ᄒᆞ고더웁지도아니ᄒᆞ도다네가혹차던지혹더웁기를원ᄒᆞ노라네가미지근ᄒᆞ야더웁지도아니ᄒᆞ고차지도아니ᄒᆞ니내입에셔너를토ᄒᆞ야내치리라ᄒᆞ셧ᄂᆞ니(묵시三〇十五一十六一) 범ᄉᆞ에무긔무력ᄒᆞᆫ사ᄅᆞᆷ은만ᄉᆞ의셩취ᄒᆞᆯ희망이만무ᄒᆞ도다

뎨二十쟝　망리수　忘理樹

망리수(忘理樹)라ᄒᆞᄂᆞᆫ나무ᄂᆞᆫ사ᄅᆞᆷ이이나무바람을ᄒᆞᆫ번쏘이면ᄆᆞᄋᆞᆷ가온ᄃᆡ참리치를니저ᄇᆞ리ᄂᆞ니그런고로그일홈을망리수(忘理樹)라ᄒᆞ엿ᄂᆞ니라녯날이스라엘나라에엘니야ᄀᆞᆺ흔션지도대ᄉᆞ업을셩취ᄒᆞᄂᆞᆫ길노나아가다가이세벨의위험ᄒᆞᆫ핍박을맛나여망망ᄒᆞᆫ광야(曠野)로도망ᄒᆞ다가락심ᄒᆞ야로뎀나무아래에안저셔하ᄂᆞ님의신령ᄒᆞᆫ리치를잠간니즌고로하ᄂᆞ님압헤셔ᄌᆞ긔의싱명이죽기를구ᄒᆞ엿ᄉᆞ니

다수산　多睡山

외례ᄂᆞᆫ비록로뎀나무아래안졋스나그ᄆᆞᄋᆞᆷ은망리수(忘理樹)나무아래안졋던거시라ᄯᅩ이망리수(忘理樹)나무바람에츔리치ᄅᆞᆯ아조니져ᄇᆞ린사ᄅᆞᆷ의일ᄂᆞᆯ말ᄒᆞᆯ진ᄃᆡ예수당시에로마방빅빌나도가예수ᄅᆞᆯ심문ᄒᆞᆯᄯᅢ에예수ᄀᆞᆯᄋᆞ샤ᄃᆡ내가진리ᄅᆞᆯ위ᄒᆞ여증거ᄒᆞ려ᄒᆞᆷ이니진리에븟ᄒᆞᆫ사ᄅᆞᆷ은다내말을드르리라ᄒᆞ신ᄃᆡ빌나도ᄀᆞᆯᄋᆞᄃᆡ진리가무어시냐ᄒᆞ엿스니이ᄀᆞᆺᄒᆞᆫ사ᄅᆞᆷ은이망리수(忘理樹)아래오리안져셔이나무에셔늘ᄒᆞᆫ바람을만히쏘여츄ᄒᆞᆫ고로츔리치ᄅᆞᆯ아조니져ᄇᆞ린사ᄅᆞᆷ이니라셩경에ᄀᆞᆯᄋᆞ샤ᄃᆡ너희ᄂᆞᆫ너희아비마귀의게셔나스니너희아비의욕심을너도힝ᄒᆞ고져ᄒᆞᄂᆞ니라처음브터살인ᄒᆞᆫ쟈니진리에쇽ᄒᆞ지아니ᄒᆞᆷ은뎌ᄆᆞᄋᆞᆷ에진리가업슴이오거즛말을ᄒᆞᄂᆞᆫ거손ᄆᆞᄋᆞᆷ에셔나오ᄂᆞᆫᄃᆡ로말ᄒᆞᄂᆞᆫ거시니거즛말ᄒᆞᄂᆞᆫ쟈도되고거즛말ᄒᆞᄂᆞᆫ쟈의아비도되엿다ᄒᆞ셧ᄂᆞ니라 (요한八〇四十四)

뎨二十一쟝 다수산 多睡山

다수산(多睡山)이라ᄒᆞᄂᆞᆫ거손사ᄅᆞᆷ마다이산에올나가면조름이절노만히오ᄂᆞᆫ고로이산일홈을다수산(多睡山)이라ᄒᆞᄂᆞ니라녯날구쥬예수ᄭᅴ셔악ᄒᆞᆫ무리의게잡히시던날밤에뎨ᄌᆞ들이예수를ᄯᅡ라겟세마네동산에드러가셔예수ᄭᅴ셔는ᄯᅡ로홀노계셔서절박ᄒᆞᆫ신ᄆᆞᄋᆞᆷ으로긔도ᄒᆞ실ᄯᅢ에뎨ᄌᆞ들은깁히잠만자ᄉᆞ니그뎨ᄌᆞ들의몸은비록예수와ᄀᆞᆺ치겟세마네동산에잇셔ᄉᆞ나ᄆᆞᄋᆞᆷ은다수산(多睡山)에올나가잇셧ᄉᆞ며ᄯᅩ바울당시에바울션ᄉᆡᆼ이드로아삼층다락에셔밤이ᄉᆡ도록강도ᄒᆞᆯᄯᅢ에유두고라ᄒᆞᄂᆞᆫ쇼년이다락창에걸터안져깁히조을다가삼층다락에ᄯᅥ러져긔절ᄒᆞ엿ᄉᆞ니그쇼년도몸은비록드로아다락에잇서ᄉᆞ나ᄆᆞᄋᆞᆷ은다수산(多睡山)에올나갓던거시라셩경에ᄀᆞᆯᄋᆞ샤ᄃᆡ너는잠자기를됴화ᄒᆞ지말지여다네가빈궁ᄒᆞᆫᄃᆡ니를가두려워ᄒᆞ노니네눈을ᄯᅳ라그리ᄒᆞ면량식에ᄇᆡ부르리라ᄒᆞ셧ᄂᆞ니라 (잠二〇 十三)

뎨二十二쟝 히타(懈惰)의히를밧은쟈의ᄉᆞ젹(事蹟)

마귀왕이그신하의말을듯고ᄀᆞᆯᄋᆞᄃᆡ이계교가심히묘ᄒᆞ야됴코됴타만은아조됴치는못ᄒᆞ다ᄒᆞᆫᄃᆡᄯᅩᄒᆞᆫ신하가나아와알외여ᄀᆞᆯᄋᆞᄃᆡ신의방칙을드르쇼셔신은셩취국(成就國)으로드러가ᄂᆞᆫ사ᄅᆞᆷ들과말ᄒᆞ기를셩취국(成就國)으로드러가ᄂᆞᆫ거시사ᄅᆞᆷ의맛당ᄒᆞᆫ여ᄉᆞ요영ᄉᆡᆼ국(永生國)에무궁ᄒᆞᆫ복락을누리ᄂᆞᆫ거시아름답기ᄂᆞᆫᄒᆞ나그곳에가기가아직급ᄒᆞ지아니ᄒᆞ니조곰잇다가차ᄎᆞ놀면쳔쳔히가도됴타ᄒᆞ고즉시그사ᄅᆞᆷ니마에대왕의인긔를붓쳐준후에모안로(謀安路)디경에히타(懈惰)즘ᄉᆡᆼ으로ᄒᆞ여곰목목이지히다가대왕의인긔를그니마에붓치고오ᄂᆞᆫ사ᄅᆞᆷ이잇거든그ᄯᅢ에히타(懈惰)즘ᄉᆡᆼ이즉시긔운을부려악ᄒᆞᆫ내암ᄉᆡ를토ᄒᆞ면그사ᄅᆞᆷ이취ᄒᆞ야업ᄯᅥ진후에룡으로삼켜먹게ᄒᆞᆫ즉셩취국(成就國)과영ᄉᆡᆼ국(永生國)으로드러갈사ᄅᆞᆷ이적으리다ᄒᆞᆫᄃᆡ마귀의님군사탄이박장대쇼ᄒᆞ야ᄀᆞᆯᄋᆞᄃᆡ션ᄒᆞ다션ᄒᆞ다이계교여긔묘ᄒᆞ다긔묘ᄒᆞ다ᄒᆞ고즉시그신하를명ᄒᆞ야ᄀᆞᆯᄋᆞᄃᆡ이법을샐니힝ᄒᆞ라ᄒᆞ미그신하가명을듯고그ᄃᆡ로힝ᄒᆞ니이ᄯᅢ로브터모안로(謀安路)디경안에히타(懈惰)즘ᄉᆡᆼ이번셩ᄒᆞ야셩취국(成就國)으로드러가ᄂᆞᆫ사ᄅᆞᆷ들을미양히ᄒᆞᄂᆞᆫ지라이디경에셔히타(懈惰)즘ᄉᆡᆼ의해를밧아샹ᄒᆞᆫ사ᄅᆞᆷ의ᄉᆞ젹을대강말ᄒᆞᆯ진ᄃᆡ유로바에ᄒᆞᆫ녀인이잇ᄉᆞ니이녀인이계슈를부즈런이ᄒᆞᆯᄯᅢ에ᄂᆞᆫ일년에두번ᄒᆞ고일즉이니러날ᄯᅢ에ᄂᆞᆫ샹오열두시에니러나고

ᄒᆞᆫ평싱에연락을ᄉᆞ랑ᄒᆞ며담빈ᄃᆡ나먹으며이집뎌집리웃도리나ᄃᆞᆫ니며놀기를됴화
ᄒᆞᄂᆞᆫ고로부모가모화준지산을다허비ᄒᆞ고류리ᄀᆡ걸(流離丐乞)되여비러먹으며ᄃᆞᆫ
니니람루ᄒᆞᆫ의복은살을가리우지못ᄒᆞ고추추ᄒᆞᆫ형샹은사ᄅᆞᆷ보기에더러온지라하로
ᄂᆞᆫ이녀인이길을가다가은젼ᄒᆞᆫ원을엇은고로ᄆᆞᄋᆞᆷ에싱각ᄒᆞ되이돈일원으로무ᄉᆞᆷ장
ᄉᆞ를ᄒᆞ여야리를만히엇을고ᄒᆞ더니ᄒᆞᆫ싱각을엇어ᄀᆞᆯᄋᆞ되져온지본가지고만흔리를
엇ᄂᆞᆫ거슨술쟝ᄉᆞ밧게업다ᄒᆞ고그은젼일원을가지고술집에가셔모쥬를사다가링슈
를타셔저자에놋코오며가ᄂᆞᆫ사ᄅᆞᆷ의게팔시저나가ᄂᆞᆫ사ᄅᆞᆷ들이술이됴코나즌거슨싱
각지안코다만목ᄆᆞ른것만싱각ᄒᆞ고돈을주고사먹으니술을다판후에회계ᄒᆞ여본즉
삼ᄉᆞ원은젼이남은지라심중에크게깃버ᄒᆞ야ᄀᆞᆯᄋᆞ되일원에처로삼ᄉᆞ원리를남겻스
니이ᄉᆞ오원은젼으로술을다시사다가팔면멧십원리를엇으리라ᄒᆞ고그은젼을가족
부ᄃᆡ에너허가지고술집으로모쥬를사려가다가ᄒᆞᆫ강변을다ᄃᆞ르니빅사쟝(白沙場)
모래밧치심히아름답고일긔가화창(日氣和暢)ᄒᆞ야사ᄅᆞᆷ의긔운을히타(懈惰)케ᄒᆞ
ᄂᆞᆫ지라심중에싱각ᄒᆞ되이ᄀᆞᆺ치됴흔날ㅣ이런됴흔모래밧츨당ᄒᆞ야이육신을평안ᄒᆞ

게낫잠이나ᄒᆞᆫ잠자자ᄒᆞ고가족부대를압헤놋코잠을깁히들엇더니쳥텬에ᄯᅥᆫ소리ᄀᆡ
ᄒᆞᆫ놈이살ᄀᆞᆺ치다라내려와셔부대를것어차고공중으로다라ᄂᆞ니그날ᄯᅢ바람소리에
깁히든잠펄쩍셔여공중을쳐다보니소리ᄀᆡ가가족부ᄃᆡ를먹을고기만침알고두발노
움켜쥐고강을건너나라가며강가온ᄃᆡ놉히ᄯᅥ셔부대를물어ᄯᅳᆺ으니부대가ᄶᅵ여지며
속에잇ᄂᆞᆫᄉᆞ오원은젼이모도깁흔물에ᄂᆞ려지ᄂᆞᆫ지라이녀인이탄식ᄒᆞ야ᄀᆞᆯᄋᆞ되물노
엇은돈이물노도로드러가ᄂᆞᆫ고나ᄒᆞ고다시젼젼걸식(轉輾乞食)ᄒᆞ엿스니이ᄀᆞᆺᄒᆞᆫ사
ᄅᆞᆷ의힝동ᄋᆞᆫ더모안로(謀安路)디경에히타(懈惰)즘싱의게해를밧은사ᄅᆞᆷ이라셩경
에이히타(懈惰)즘싱의게해를밧아죽게된쟈를ᄀᆞᄅᆞ쳐ᄀᆞᆯᄋᆞ샤ᄃᆡ게으른쟈의말은ᄉᆞ
ᄌᆞ가밧게잇스니내가거리에나가면반ᄃᆞ시죽겟다ᄒᆞ도다(잠卄二○十三ㅣ)게으른쟈ᄂᆞᆫᄀᆞᆯᄋᆞ
ᄃᆡ길에도ᄉᆞᄌᆞ가잇고거리에도ᄉᆞᄌᆞ가잇다ᄒᆞ도다문이돌ᄶᅧ귀를ᄯᅡ라도라가ᄂᆞᆫ것ᄀᆞᆺ
치게으른쟈ᄂᆞᆫ침샹에셔구ᄂᆞ니라게으른쟈ᄂᆞᆫ그손을그릇에녓코오히려입으로드러
올니기를괴로워ᄒᆞᄂᆞ니라게으른쟈의싱각에ᄂᆞᆫ잘ᄃᆡ답ᄒᆞᄂᆞᆫ사ᄅᆞᆷ닐곱보다ᄌᆞ긔가지
혜롭다ᄒᆞᄂᆞ니라 (잠卄六○十三ㅣ十六ㅣ) 게으른거시사ᄅᆞᆷ을깁히잠들게ᄒᆞᄂᆞ니히타(懈惰)

ᄒᆞᆫ사ᄅᆞᆷ은맛당히주릴지니라(ᄌᆞᆷ十九○十五ㅣ) 게으른쟈의ᄆᆞᄋᆞᆷ은ᄉᆞ모ᄒᆞᄂᆞᆫ거시라도엇지못ᄒᆞ고부즈런ᄒᆞᆫ자의ᄆᆞᄋᆞᆷ은풍부ᄒᆞ리라(ᄌᆞᆷ十三○四ㅣ) 게으른쟈ᄂᆞᆫ치위를인ᄒᆞ야밧갈지아니ᄒᆞᄂᆞᆫ지라그런고로거둘ᄯᅢ에구걸ᄒᆞᆯ지라도엇ᄂᆞᆫ거시업스리라(ᄌᆞᆷ廿○四ㅣ) 게으른자의졍욕은ᄌᆞ긔를죽이ᄂᆞ니이ᄂᆞᆫ그손을움직이지아니ᄒᆞ려홈이라ᄒᆞ셧ᄂᆞ니(ᄌᆞᆷ廿一○廿五ㅣ) 그런고로구쥬예수ᄭᅴ셔부지런ᄒᆞᆫ사ᄅᆞᆷ을칭찬ᄒᆞ시고게으른쟈를칙망ᄒᆞ샤ᄒᆞᆫ비유를베프러ᄀᆞᆯᄋᆞ샤ᄃᆡᄒᆞᆫ사ᄅᆞᆷ이다른ᄃᆡ방에갈제그죵들을불너잇ᄂᆞᆫ거슬각각그지간ᄃᆡ로난화주되ᄒᆞ나ᄂᆞᆫ금닷량즁을주고ᄒᆞ나ᄂᆞᆫ두량즁을주고ᄒᆞ나ᄂᆞᆫᄒᆞᆫ량즁을주고ᄯᅥ낫더니금닷량즁을밧은사ᄅᆞᆷ은바로가셔쟝ᄉᆞᄒᆞ야ᄯᅩ닷량즁을남기고두량즁밧은사ᄅᆞᆷ도그모양으로ᄯᅩ두량즁을남겻ᄉᆞ되ᄒᆞᆫ량즁밧은사ᄅᆞᆷ은가셔ᄯᅡ흘파고그쥬인의돈을감초앗더니오랜후에그죵들의쥬인이도라와그죵들과흠ᄭᅴ회계ᄒᆞᆯ시닷량즁밧앗던쟈ᄂᆞᆫ닷량즁을더가지고와셔ᄀᆞᆯᄋᆞᄃᆡ쥬여내게금닷량즁을주셧ᄂᆞᆫᄃᆡ내가ᄯᅩ닷량즁을남겻ᄉᆞ옵ᄂᆞ이다ᄒᆞ거ᄂᆞᆯ그쥬인이닐ᄋᆞᄃᆡ잘ᄒᆞ엿도다착ᄒᆞ고신실ᄒᆞᆫ종아네가적은일에신실ᄒᆞ엿스매내가만흔거스로네게맛기리니드러와네쥬인의즐거옴을누릴지어다ᄒᆞ고두량즁밧앗던쟈도와셔ᄀᆞᆯᄋᆞᄃᆡ쥬여내게금두량즁을주셧ᄂᆞᆫᄃᆡ내가ᄯᅩ두량즁을남겻ᄉᆞ옵ᄂᆞ이다ᄒᆞ거ᄂᆞᆯ그쥬인이닐ᄋᆞᄃᆡ잘ᄒᆞ엿도다착ᄒᆞ고신실ᄒᆞᆫ종아네가적은일에신실ᄒᆞ엿스매내가만흔거스로네게맛기리니드러와네쥬인의즐거옴을누릴지어다ᄒᆞ고ᄒᆞᆫ량즁밧앗던쟈도와셔ᄀᆞᆯᄋᆞᄃᆡ쥬여그대ᄂᆞᆫ굿은사ᄅᆞᆷ이라심으지아닌ᄃᆡ셔거두고헷치지아닌ᄃᆡ셔모호ᄂᆞᆫ줄을내가알앗ᄉᆞ니이러므로내가두려워ᄒᆞ야나가셔쥬의금을ᄯᅡ에감초앗ᄉᆞ매본젼을밧으쇼셔ᄒᆞ거ᄂᆞᆯ그쥬인이ᄃᆡ답ᄒᆞ야ᄀᆞᆯᄋᆞᄃᆡ악ᄒᆞ고게으른죵아너ᄂᆞᆫ심으지아닌ᄃᆡ셔거두고헷치지아닌ᄃᆡ셔모호ᄂᆞᆫ줄노네가알앗ᄉᆞᆫ즉네가맛당히내돈을취리ᄒᆞᄂᆞᆫ사ᄅᆞᆷ의게나두엇다가내가도라올ᄯᅢ에내본젼과변리를밧게ᄒᆞᆯ거시니라그죵의게셔금ᄒᆞᆫ량즁을ᄲᅢ아셔열량즁가진사ᄅᆞᆷ의게주어라대개아모사ᄅᆞᆷ이던지잇ᄂᆞᆫ쟈의게ᄂᆞᆫ더주어풍족ᄒᆞ게ᄒᆞ고업ᄂᆞᆫ쟈의게ᄂᆞᆫ잇ᄂᆞᆫ것ᄭᆞ지ᄲᅢ아스리라ᄊᆞᆯᄃᆡ업ᄂᆞᆫ죵을밧겻어두은ᄃᆡ로내여ᄶᅩᆺ치라거긔셔슯히울고니를갈니라ᄒᆞ셧고(마례廿五○十四ㅣ卅ㅣ) ᄯᅩ셩경에ᄀᆞᆯᄋᆞ샤ᄃᆡ우리가젼에너희가온ᄃᆡ잇슬ᄯᅢ에도너희의게명ᄒᆞ기를누구던지일ᄒᆞ기슬혀ᄒᆞ거든먹지도말게ᄒᆞ라ᄒᆞ엿다ᄒᆞ셧고

(살후三〇十一) 또골으샤디부지런호야게으르지말고열심을품어쥬를셤기라 (롬十二〇十一)
또골으샤디션을힝호다가락심치말지니게으르지아니호면때가니르매거두리라호
셧ᄂ니라 (갈六〇九) 나의ᄉ랑호는동포들이여더텬하에비홀뒤업는흉악호히타(
懈惰) 즘싱의모양이춤두렵고무셥도다

詩曰 　　　　시에골으디

非獅非虎亦非猿 　　ᄉᄌ도아니오호랑도아니오또잣나비도아니니
恠恠其形不可言 　　괴괴호그형샹을가히말홀수업도다
搖首出來昏黑窟 　　머리를흔들며캄캄호굴노나와셔
磨牙過去敗亡村 　　니를갈며패망호촌으로지나가도다
狐疑作伴難爲信 　　의심만흔여호와작반호니밋음되기어렵고
猶豫同盟未決論 　　미루호는잣나비와동밍호매결단셩이업도다
若使東方除此獸 　　만일동방에셔이즘싱을더러ᄇ렷더면
白頭山下早開門 　　빅두산아릭일죽이문을열렷겟도다

뎨二十三쟝 고난산 苦難山

데히리(懈惰)즘셔을피ᄒᆞ야모인로(謀安路)를지나면얼마가지못ᄒᆞ여셔고난산
(苦難山)이잇스니이산은심히놉고길이험악ᄒᆞ여넘어가는사ᄅᆞᆷ마다고ᄉᆡᆼ이만흔
고로이산일홈을고난산(苦難山)이라ᄒᆞᄂᆞ니라무론누구던지셩취국(成就國)으로
드러가는사ᄅᆞᆷ은불가불이길을지나여더놉흔산을넘어셔야가ᄂᆞ니결단코다른곳으
로가는길은업ᄂᆞ니라불지에다비로브터지금ᄭᆞ지대ᄉᆞ업을셩취ᄒᆞᆫ사ᄅᆞᆷ들중에이길
노가지아니ᄒᆞᆫ셩현군ᄌᆞ가어ᄃᆡ잇스며이산을넘어가지아니ᄒᆞᆫ영웅렬ᄉᆞ가어ᄃᆡ잇ᄂᆞ
뇨대ᄉᆞ업을셩취ᄒᆞ야나아가는길에압헤당ᄒᆞᄂᆞᆫ고난을피코져ᄒᆞᄂᆞᆫ사ᄅᆞᆷ은식물의씨
는ᄇᆞ리고열매는거두고져ᄒᆞᄂᆞᆫ쟈로다뭇노니셩취국(成就國)으로드러갈쟈가누구
뇨이길을지나며산을넘어가는사ᄅᆞᆷ이아니고누가되리오그런고로셩경에ᄀᆞᆯᄋᆞ샤ᄃᆡ
오직우리가텬ᄉᆞ들보다잠간동안못ᄒᆞ게ᄒᆞ심을닙은쟈를보니곳스ᄉᆞ로이고난을밧으
심을인ᄒᆞ야영광과존귀ᄒᆞᆷ으로관쓰신예수라이는하ᄂᆞ님의은혜로말미암아모든사
ᄅᆞᆷ을위ᄒᆞ야죽음을맛보심이니라(히二〇九) 오직내가그리스도의고난에참예ᄒᆞᄂᆞᆫ

텬로력뎡 뎨이십삼쟝 고난산 四一

거ᄉᆞ로즐거워ᄒᆞ라그리ᄒᆞ면그영광을나타내실때에너희가즐거워ᄒᆞ고깃버ᄒᆞ리라
(벳젼四〇十三ㅣ) 너희는밋음을굿게ᄒᆞ야뎌뎍ᄒᆞ고셰샹에잇ᄂᆞᆫ너희형뎨들도이ᄀᆞᆺ치고난
을밧ᄂᆞᆫ줄을알나 (벳젼五〇九ㅣ) 내ᄉᆡᆼ각에이제고난을밧ᄂᆞᆫ것과쟝ᄎᆞ나타낼영광을비
교ᄒᆞ면족히비교ᄒᆞᆯ수업ᄂᆞ니라 (롬八〇十八ㅣ) 또ᄀᆞᆯᄋᆞ샤ᄃᆡ우리가하ᄂᆞ님나라에드러가
랴면여러가지환난을격거야ᄒᆞᆯ거시라ᄒᆞ셧ᄂᆞ니라 (힝十四〇二十二ㅣ)

詩曰　시에ᄀᆞᆯᄋᆞᄃᆡ

下壓人間上抵天　아릐로인간을지주르고우흐로하ᄂᆞᆯ에다ᄒᆞ스니
屹然山勢欲頽然　놉흔산형셰가문허지고져ᄒᆞᄂᆞᆫ듯ᄒᆞ도다
千回百折苦難路　쳔번도라지고ᄇᆡᆨ번셰거진괴롭고어려온길에
適有喚聲導我前　맛ᄎᆞᆷ부르ᄂᆞᆫ소릐가잇셔나를압흐로인도ᄒᆞᄂᆞᆫ도다

뎨二十四쟝　휴식뎡　休息亭

이산에올나가셔경치를ᄇᆞ라보면쳔쟝만쟝(千丈萬丈)놉흔봉은운무중에ᄌᆞᆷ겨잇고
쥬란화각(珠欄畫閣) 빗난집은반공중에소ᄉᆞ잇셔은은ᄒᆞᆫ풍경(風磬) 소릐원긱

고난산　苦難山

(遠客)을부르는듯계변(溪邊)에우는시는츈흥(春興)을노릐ᄒᆞ고암샹(岩上)에뮈는맛은오는킥을반기는듯잔잔(潺潺)ᄒᆞᆫ쳥계슈(淸溪水)는인간(人間)수심씻쳐니니참별유텬디비인간(別有天地非人間)이라쥭장망혜(竹杖芒鞋)로곤고히이산을넘어가는사ᄅᆞᆷ마다이뎡ᄌᆞ에안ᄌᆞ셔쉬이기가ᄆᆡ우됴흔지라그런고로이뎡ᄌᆞ일홈을휴식뎡(休息亭)이라ᄒᆞᄂᆞ니이뎡ᄌᆞ에쥬인이잇서셔이고난산(苦難山)을넘어셩취국(成就國)으로가는사ᄅᆞᆷ을보면이뎡ᄌᆞ에평안히안지운후에팔딘션찬(八珍善餐)을ᄂᆡ오여션히ᄃᆡ졉ᄒᆞ고됴흔말노곤ᄒᆞᆫ몸과괴로온ᄆᆞᄋᆞᆷ을극진히위로ᄒᆞ며그사ᄅᆞᆷ의소원ᄃᆡ로표를써셔만유쥬(萬有主)하ᄂᆞ님의인긔(印記)를쳐셔주고반갑게젼송ᄒᆞ야셩취국(成就國)으로보ᄂᆡᄂᆞ니이산에셔ᄇᆞ라보면셩취국(成就國)이멀지아니ᄒᆞ니라그런즉이뎡ᄌᆞ는더고난산(苦難山)을곤고ᄒᆞ게넘어가는사ᄅᆞᆷ들의편히쉬일만ᄒᆞᆫ아름다온뎡ᄌᆞ로다그런고로셩경에ᄀᆞᆯᄋᆞ샤ᄃᆡ수고ᄒᆞ고무거온짐진사ᄅᆞᆷ들은다내게로오라내가너희를편히쉬게ᄒᆞ리라나는ᄆᆞᄋᆞᆷ이온유ᄒᆞ고겸손ᄒᆞ니나의멍에를메고나를비호라곳너희ᄆᆞᄋᆞᆷ이편히쉬기를엇으리니내멍에는쉽고내짐은가ᄇᆡ얍다ᄒᆞ

成就國 셩취국

시고(마태十一○廿八—廿九) 또ᄀᆞᆯᄋᆞ샤ᄃᆡ대개안식에드러간자ᄂᆞᆫ제가제일을ᄒᆞ고안식ᄒᆞ기를 하ᄂᆞ님이ᄌᆞ긔일을ᄒᆞ시고안식ᄒᆞ심과ᄀᆞᆺᄒᆞ니그런고로우리가맛당히힘써이안식에 드러갈지니이ᄂᆞᆫ누구던지더신종치아니홈을본밧아빠지지안케홈이라ᄒᆞ셧ᄂᆞ니라 (히四○十—十一)

詩曰　시에ᄀᆞᆯᄋᆞᄃᆡ

俗境盡頭有一亭　속된지경이다ᄒᆞᆫ머리에ᄒᆞᆫ뎡ᄌᆞ가잇스니

滿庭風月淡無烟　뜰에찬바람과ᄃᆞᆯ이ᄆᆞᆰ아연긔가업도다

安休眞趣誰能識　편히쉬ᄂᆞᆫ참지취를누가능히알고

世慮空空欲勝仙　세상ᄉᆡᆼ각이뷔고뷔매신션을이긔고져ᄒᆞᄂᆞᆫ도다

뎨二十五쟝 셩취국 成就國

이산을넘어가면멀니가지아니ᄒᆞ여서셩취국(成就國)이잇스니이나라도셩은견고 ᄒᆞ여도적이능히엿보지못ᄒᆞ고님군과신하가다거륵ᄒᆞ야셩현군ᄌᆞ의인의ᄒᆞᆫ셩픔이 가득ᄒᆞ고영웅렬ᄉᆞ의용ᄆᆡᆼᄒᆞᆫ긔상이름름(凜々)ᄒᆞ야서로ᄉᆞ랑ᄒᆞ고서로화답ᄒᆞ매국

가만ᄉᆞ가형통치아니홈이업ᄉᆞ니인민성활은극히부요ᄒᆞ야만물이풍족ᄒᆞ고사ᄅᆞᆷ마다호걸이라ᄋᆞ히들은거리거리골목골목태평국가(泰平國歌)를노ᄅᆡᄒᆞ니강구연월에태평긔샹(康衢烟月泰平氣像)이춤가위(可謂)문명셰계(文明世界)요ᄌᆞ유강산(自由江山)이로다셩경에ᄀᆞᆯᄋᆞ샤ᄃᆡ오직여호와의률법을즐거워ᄒᆞ며그률법을묵샹ᄒᆞᄂᆞᆫ도다이사ᄅᆞᆷ은비컨ᄃᆡ시ᄂᆡ물가에심은나무가그시절을ᄯᆞ차열ᄆᆡ를ᄆᆡ즈며그닙사귀가마르지아니홈ᄀᆞᆺᄒᆞ니므릇그의힝ᄒᆞᄂᆞᆫ일이다형통ᄒᆞ리로다(시편一〇二|三|) ᄯᅩᄀᆞᆯᄋᆞ샤ᄃᆡ오직너희ᄂᆞᆫ택ᄒᆞᆫ신족쇽이오왕ᄀᆞᆺᄒᆞᆫ졔ᄉᆞ쟝들이오거룩ᄒᆞᆫ나라이오그의엇으신ᄇᆡᆨ셩이니이ᄂᆞᆫ너희를불너어두온ᄃᆡ셔나와셔긔이ᄒᆞᆫ영광에드러가게ᄒᆞᆫ신쟈의아름다온거슬드러나게ᄒᆞ려ᄒᆞ심이라ᄒᆞ셧ᄂᆞ니라(벳젼二〇九|) 눈을드러뎌셩취국(成就國)을ᄇᆞ라보라뎌곳에ᄂᆞᆫ만ᄉᆞ가ᄯᅳᆺ과ᄀᆞᆺ지아닌거시업ᄉᆞ니화려(華麗)ᄒᆞᆫ도셩(都城)과명랑(明朗)ᄒᆞᆫ강산이춤태평건곤(泰平乾坤)이오극락셰계(極樂世界)로다나의ᄉᆞ랑ᄒᆞᄂᆞᆫ동포들이여용ᄆᆡᆼ스러온거름발을ᄯᅦ여노ᄒᆞ야뎌곳으로드러갈지어다

詩曰 시에ᄀᆞᆯᄋᆞᄃᆡ

苦難山下一邦新 고난산아ᄅᆡᄒᆞᆫ나라히서로워ᄉᆞ니
都是君臣英傑人 님군과신하가다영웅과호걸이더라
事事完然成就後 일마다완연히셩취ᄒᆞᆫ후에는
泰和天地萬年春 크게화ᄒᆞᆫ텬디에만년봄이더라

데二十六쟝 셩취국(成就國)에드러간쟈의ᄉᆞ젹(事蹟)

더히타(懈惰)즘싱을이긔고고난산(苦難山)을넘어셩취국(成就國)으로드러간사름들의ᄉᆞ젹을대강말ᄒᆞ노니녯날동즁셔(董仲舒)ᄂᆞᆫ집이간난ᄒᆞ야죵용히글공부ᄒᆞᆯ방이업ᄂᆞᆫ고로침방가온ᄃᆡ삼년동안을쟝을드리우고공부ᄒᆞ엿고광형(筐衡)도집이빈한ᄒᆞ야불혈기림이업ᄂᆞᆫ고로ᄌᆞ긔집담을ᄯᅮ르고다른집불빗출인도ᄒᆞ야공부ᄒᆞ엿스며리태빅(李太白)은광산(筐山)에셔엇더ᄒᆞᆫ사름이쇠공이를갈아바ᄂᆞᆯ을ᄆᆡᆫ드ᄂᆞᆫ고져ᄒᆞᆷ을보고즉시그산에드러가셔십년을더공부ᄒᆞ엿ᄉᆞ니이사름들은다문쟝을셩취ᄒᆞ엿고요(堯)님군은졍ᄉᆞ쉽히시기를부즈런히ᄒᆞ샤ᄇᆡᆨ셩의의복을닙으시고ᄒᆞᆼ샹거리에놀으셧고슌(舜)님군은농업을힘ᄡᅳ샤부즈런히력산(歷山)에셔밧갈으시고우(禹)님군은촌음(寸陰)을금ᄀᆞᆺ치앗기셧ᄉᆞ니이들은다셩군이되셧고셔국에이셰텩은우믈방틀을돌이드레줄에다라셔깁히픠운거슬보고부즈런ᄒᆞᆷ을셰다라ᄉᆞ며공ᄌᆞ(孔子)ᄭᅦ셔도가쥭칙이세번식해여지도록공부ᄒᆞ셧ᄉᆞ니이두분은다셩현이되셧ᄉᆞ며인도국에셔가모리(釋迦牟尼)는셰졍을피ᄒᆞ여셜산(雪山)에드러가셔빅랍말경을부즈런히숙독ᄒᆞ시며츰션심공(參禪心工)을힘ᄡᅥ공부ᄒᆞ심으로불셩(佛性)을일우셧고쥬믹신(朱買臣)은곡식몽셔이비에ᄯᅳ는거슬셰ᄃᆞᆺ지못ᄒᆞ도록열심공부ᄒᆞ여벼슬을ᄒᆞ엿고ᄉᆞ도바울은아라비아광야에가셔삼년동안을부즈런히긔도ᄒᆞ여셩도가되엿ᄉᆞ며셩ᄌᆞ(聖子)예수ᄭᅦ셔도열셩긔도ᄒᆞ시고힘ᄡᅥ젼도ᄒᆞ시며모든착ᄒᆞᆫ일을ᄇᆡᆨ셩즁에부즈런히힝ᄒᆞ시고ᄉᆞ망의고난을츰고이긔심으로텬하에구쥬가되셧ᄉᆞ니이우에셜명ᄒᆞᆫ여러분들의ᄉᆞ젹은더히타(懈惰)즘싱을이긔고셩취국(成就國)으로드러간ᄉᆞ젹이니라

詩曰 시에ᄀᆞᆯ오ᄃᆡ

今朝豪坐鈒歌吟 오날아ᄎᆞᆷ에호걸되히안자검가를노래ᄒᆞ니

猶有江山入獵心 오히려강산에크게셔냥ᄒᆞᆯᄆᆞ음이잇도다

凶物終爲吾所獲 흉ᄒᆞᆫ물건이맛ᄎᆞᆷ내내의게잡힌바되엿스니

斬腰不復世間侵 허리를버혀다시인간에침노치못ᄒᆞ게ᄒᆞ겟도다

데二十七쟝 영싱국 永生國

이나라에셔그직분을다ᄒᆞ면이곳에셔ᄯᅥ나얼마가지아니ᄒᆞ여셔무궁안식셰계(無窮安息世界)가잇스니이곳은곳영싱국(永生國)이니라거긔ᄂᆞᆫ영싱ᄒᆞ신하ᄂᆞ님아바지가계신곳이니이나라에드러가ᄂᆞᆫ길은구셰쥬예수를밋ᄂᆞᆫ길밧게다른길은업ᄂᆞ니라그런고로예수ᄭᅴ셔ᄀᆞᆯᄋᆞ샤ᄃᆡ내가곳길이오진리오싱명이니나로말ᄆᆡ암지아니ᄒᆞ면아부지ᄭᅴ로올사ᄅᆞᆷ이업스리라(요한十四○六ㅣ)ᄯᅩᄀᆞᆯᄋᆞ샤ᄃᆡ하ᄂᆞ님이셰샹을이처럼ᄉᆞ랑ᄒᆞ샤독싱ᄌᆞ를주셧스니누구던지더를밋으면멸망ᄒᆞ지안코영싱을엇으리라ᄒᆞ셧ᄂᆞ니라(요한三○十六ㅣ) 이나라에영광을말노다ᄒᆞᆯ수업도다그셩텹은다각석보셕으로ᄡᆞ핫ᄂᆞᆫᄃᆡ금강셕(金剛石)과람보셕(藍寶石)과창옥(蒼玉)과록보셕(綠寶石)과홍마노(紅瑪瑙)와황마노(黃瑪瑙)와황옥(黃玉)과록옥(綠玉)과담황옥(淡黃玉)과비취옥(翡翠玉)과젹옥(赤玉)과ᄌᆞ졍(紫晶)이니이열두가지보셕으로ᄡᆞ핫이고셩문은동셔남북에열두문이잇ᄂᆞᆫᄃᆡ이열두문은다열두진쥬로문드럿스니ᄒᆞᆫ편에세문식이라셩중에길은다졍금으로닥가스매그찬란ᄒᆞᆫ빗치사ᄅᆞᆷ의눈을쏘ᄂᆞᆫ고로능히볼수업도다ᄯᅩ큰길가온ᄃᆡ로싱명슈(生命水)강물이슈졍(水晶)ᄀᆞᆺ치ᄆᆞᆰ게흐르고싱명슈강(生命水江)좌우편에싱명나무가일ᄌᆞ로총총히버려세셔ᄉᆞ시쟝츈푸르럿스며그열ᄆᆡᄂᆞᆫ나무마다열두종류로맷치ᄂᆞᆫᄃᆡ달마다각각다른맛잇ᄂᆞᆫ열ᄆᆡ가맷치ᄂᆞᆫ지라그싱명강(生命江)물에ᄆᆞ옴ᄃᆡ로목욕ᄒᆞ며이싱명나무열ᄆᆡ를임의ᄃᆡ로ᄡᅡ먹으되금ᄒᆞᄂᆞᆫ이가업도다이곳은극히명랑ᄒᆞ야밤이업고항샹낫이며이나라대궐보좌우에ᄂᆞᆫ영성ᄒᆞ신하ᄂᆞ님과셩ᄌᆞ예수ᄭᅴ셔안ᄌᆞ계신곳인ᄃᆡ빗난무지게가보좌ᄉᆞ면에항샹둘너잇고그보좌좌우편에ᄂᆞᆫ녯날셩현군ᄌᆞ들과모든셩도들이며쳔쳔만만쳔ᄉᆞ들이다머리

에금면류관을쓰고손에금거문고를잡고구름ᄀᆞᆺ치시위ᄒᆞ야하ᄂᆞ님의크신권능과구쥬예수의지극히인ᄋᆡᄒᆞᆫ신공덕을찬송ᄒᆞ며영영무궁(永永無窮)ᄒᆞᆫ쾌락셩가(快樂聖歌)를노래ᄒᆞ니참영싱셰계(永生世界)오극락강산(極樂江山)이로다

詩曰　시에골ᄋᆞ되

光華城裏聖徒家　빗나고빗난셩속에셩도들의집에는
春意無窮樂事多　봄뜻이다흠이업스매즐거온일이만토다
永生江水溶溶面　영싱강물흐르고흐르는낫ᄎᆞᆫ
一色琉璃萬里波　ᄒᆞᆫ빗루리가만리에물결이더라

又曰　또골ᄋᆞ되

百年苦海船　빅년괴로온바다에비가
流入永生天　흘너영싱하늘에드러갓도다
城廣萬千里　셩은넓기가일만이쳔리오
江淸左右邊　강은맑아셔좌우에가을ᄒᆞ엿도다

永生國　영싱국

常有榮光照　흥샹영광이빗최여잇스매
不需白日圓　흰날에두렷ᄒᆞᆫ거시쓸데엽도다
古今多謬客　녜와이제날그릇된나그네가만하셔
空學人間仙　속졀엽시인간에신션을비홧도다

뎨二十八쟝　마귀의인귀와하느님의인귀 (魔鬼印記與上帝印記)

더모안로(諜安路)디명을지하ᄂᆞᆫ마귀의인귀표ᄂᆞᆫ국문으로비글ᄌᆞ오한문으로도비글ᄌᆞ니홀수엽다(敢不能爲)ᄒᆞᄂᆞᆫ말이라그런고로셩경에ᄀᆞᆯᄋᆞ샤ᄃᆡ더가또무리들노ᄒᆞ여곰젹은자나큰자나부자나빈궁ᄒᆞᆫ자나ᄌᆞ쥬ᄒᆞᄂᆞᆫ자나죵이나다올흔손에나니마에나표를밧게ᄒᆞ고사ᄅᆞᆷ이만일이표가업ᄉᆞᆫ즉매매를못ᄒᆞ게ᄒᆞᄂᆞ니이표ᄂᆞᆫ곳즘싱의일홈이나그일홈의수라ᄒᆞ셧ᄂᆞ니라(계十三〇十六—十七)더교난산(哲難山)쥬인의인귀표도국문으로비글ᄌᆞ오한문으로도비글ᄌᆞ니홀수잇다(無不能爲)ᄒᆞᄂᆞᆫ말이라그런고로

빈스셩취　뎨이십팔쟝　마귀의인귀와하느님의인귀　五一

셩경에ᄀᆞᆯᄋᆞ샤ᄃᆡ따이나바다이나나무나힘ᄒᆞ지말고우리가우리하ᄂ님의죵의니마
에인치기를기ᄃᆞ리라내가인마즌쟈의수를드르니이스라엘ᄌᆞ손의모든지파즁에인
마즌수가십ᄉᆞ만ᄉᆞ쳔이라ᄒᆞ셧고(묵七〇三|一四)또ᄀᆞᆯᄋᆞ샤ᄃᆡ뎌희게닐은말ᄉᆞᆷ이따에잇ᄂᆞᆫ
푸른풀이나푸른치소나수목이나다샹ᄒᆞ지말고오직니마에하ᄂ님의인맛지아니ᄒᆞᆫ
사ᄅᆞᆷ만샹ᄒᆞ라ᄒᆞ고(묵九〇四|)또ᄀᆞᆯᄋᆞ샤ᄃᆡ너ᄂᆞᆫ예루살렘셩즁에슌힝ᄒᆞ야그가온ᄃᆡ
셔힝ᄒᆞᄂᆞᆫ모든가증ᄒᆞᆫ일을인ᄒᆞ야탄식ᄒᆞ며슯허ᄒᆞᄂᆞᆫ쟈의니마에ᄒᆞᆫ표를두라ᄒᆞ셧ᄂᆞ
니라(에세결九〇四|) 그런즉나의ᄉᆞ랑ᄒᆞᄂᆞᆫ동포형뎨ᄌᆞ미들이여인간만ᄉᆞ에아모일이던
지셩취ᄒᆞᄂᆞᆫ길노나아갈때에비록쳔만가지어려온시험을당ᄒᆞᆯ지라도ᄒᆞᆯ수업다(敢
不能爲)ᄒᆞᄂᆞᆫ이마귀의인긔를떼여ᄇᆞ리고더히타(懈惰)즘싱을쳐셔이긘후에뎌
고난산(苦難山)에올나가셔ᄒᆞᆯ수잇다(無不能爲)ᄒᆞᄂᆞᆫ하ᄂ님의인긔를밧아가지고
셩취국(成就國)과영싱국(永生國)ᄭᆞ지드러가셔태평복락을누리시기를ᄀᆞᆫ졀히ᄇᆞ
라고몃마ᄃᆡ니야기를감히앙달ᄒᆞᄋᆞᆸᄂᆞ이다　아문

大正五年八月八日 印刷
大正五年八月十二日 發行

定價金拾八錢

著述人(져술인) 平壤府館後里六十一番地 吉善宙(길션쥬)

考閱人(고열인) 京城府蓮池洞 文學博士 奇一(긔일)

發行人 平壤府新陽里二十六番地 神學博士 馬布三悅

印刷者 平壤府新倉里二十四番地 朴致祿

印刷所 平壤府館後里九十番地 光文社

發行所 平壤府鈒貫里百四十九番地 光明書觀